Ulrich von Alemann
Grundlagen der Politikwissenschaft

Grundwissen Politik
Herausgegeben von Ulrich von Alemann,
Leo Kißler und Georg Simonis

Band 9
2. Auflage

Ulrich von Alemann

Grundlagen der Politikwissenschaft

Ein Wegweiser

2. Auflage

Leske + Budrich, Opladen 1995

Der Autor:
Ulrich von Alemann, geb. 1944, Dr. phil., Master of Arts, Professor für
Politikwissenschaft an der FernUniversität Hagen.

ISBN: 3-8100-1427-3

© 1995 by Leske + Budrich, Opladen

Satz: Leske + Budrich
Druck: Druck Partner Rübelmann, Hemsbach

Printed in Germany

Inhaltsverzeichnis

Teil II: Der Fächer des Faches

Vorwort

Das Einfache ist das Schwerste. Eine Einführung in eine Wissenschaftsdisziplin für Beginner zu schreiben, die leicht und verständlich formuliert, aber nicht simpel oder oberflächlich ist, und die andererseits anspruchsvoll und auf der Höhe der Fachdiskussion ist, aber die LeserInnen nicht überfordert – ach, es gibt so viele Anforderungen an einen Einführungstext, daß es einem Autor angst und bange werden kann.

Eine Einführung in die Politikwissenschaft zu schreiben, verschärft die Probleme noch. Denn diese Disziplin gerät allzu leicht zwischen widerstreitende Interessen von Wissenschaft und Politik. Man verlangt von ihr Aktualität, aber gleichzeitig abgeklärte Seriosität. Man will eine faire Darstellung aller Facetten des Faches, aber kein unverbindliches Potpourri im Sinne eines schwammigen Pluralismus des „allen wohl, niemand weh". Man will Engagement und Objektivität – gleichzeitig.

Sicher kann ich mit dieser Einführung nicht allen Anforderungen gerecht werden, alle Dilemmata lösen, alle Fallen des Faches umgehen. Ich habe versucht, mich allein am Informationsbedürfnis der neugierigen AnfängerInnen zu orientieren und kein Lehrbuch für die mißtrauische Fachkollegenschaft zu schreiben. Ob dies gelungen ist, macht mich selbst neugierig. Ich bin an kritischer Rückmeldung von beiden Seiten hoch interessiert.

Dieser Text ist zunächst – wie alle Bände dieser Reihe „Grundwissen Politik" – an der FernUniversität Hagen als Kurs entwickelt worden. Im Fach Politikwissenschaft der FernUniversität Hagen haben viele mitgeholfen an diesem Text, denen ich danken will. In erster Linie gilt dies für Frank Löbler, der Entwürfe für die Kapitel 3.3 „Arbeitsmarkt: Politikwissenschaftler in der Leere?", 4.4 „Politikfelder" und 4.6 „Politische Systeme im Vergleich" beigesteuert, sowie Martin List, der das Kapitel 4.5 „Internationale Konflikte und Kooperation" entworfen hat. Daneben haben sich an der Diskussion, der Konzeption und der Redaktion besonders Ralf Kleinfeld, Georg Simonis und Ingeborg Voss beteiligt. Karin Malobecki hat umsichtig und zuverlässig die Textverarbeitung der ersten Auflage organisiert. Für diese zweite, überarbeitete Auflage habe ich neben den Genannten vielen unbekannten Studierenden der FernUniversität zu danken, die mich mit kritischen Lehrtextkommentaren auf manche Lücken und Stolpersteine hingewiesen haben. Die Verantwortung für alle verbliebenen Fehler und Unzulänglichkeiten verbleibt natürlich beim Autor.

Die Herausgeber der Reihe „Grundwissen Politik" wünschen den LeserInnen etwas Lesespaß und viel Informationshunger bei der Reise durch die Grundlagen der Politikwissenschaft. Am Ziel angekommen wäre es schön, wenn man sagen kann, daß sich die Reise gelohnt hat, auch wenn mancher Weg etwas steinig und mancher Wegweiser erst im Rückblick oder beim zweiten Lesen verständlich sein mag.

Hagen, im Juni 1993

Ulrich von Alemann
Leo Kißler
Georg Simonis

Teil I:
Politikwissenschaft – eine normale Sozialwissenschaft

1 Per Anhalter durch die Politikwissenschaft: Urteile und Vorurteile

Für einen Wissenschaftler gibt es weltweit kein größeres Renommee, als den Nobelpreis zu erhalten (und einen prächtigen Batzen Geld dazu). Neben den besonders begehrten Preisen für Literatur und Frieden gibt es wissenschaftliche Nobelpreise für Medizin, Chemie, Physik, Biologie und seit einigen Jahren auch für Wirtschaftswissenschaften, aber keinen für Politikwissenschaft, Soziologie oder Psychologie. Warum? Sind dies keine anerkannten Wissenschaften? Dies ist die falsch gestellte Frage. Auch die Philosophen ehrt kein Nobelpreiskomitee. Dennoch zweifelt keiner an ihrer wissenschaftlichen Dignität. Die Frage ist falsch, aber typisch: Selbst Politologen benagt manchmal der Zweifel an ihrer eigenen Professionalität, außerdem schlägt ihnen Zweifel an ihrer Wissenschaft von außen entgegen. Trost bildet die Erkenntnis, daß Zweifel der Anfang aller Wissenschaft ist.

Warum kein Nobelpreis für Politologen?

Dies ist ein Text über Politikwissenschaft, kein politischer Text. Ich möchte erklären, was Politikwissenschaft ist, was Politikwissenschaftler tatsächlich tun, und vielleicht auch aufzeigen, was Politikwissenschaftler leisten (können). Es handelt sich also um einen erneuten Versuch, die klassische Frage, die ursprünglich Friedrich Schiller an die Universalgeschichte gerichtet hat, zu beantworten: „Was ist und zu welchem Ende studiert man Politikwissenschaft?" (vgl. auch v. BEYME 1987a und ALBRECHT u.a. 1989). Eine Definition, was der Gegenstand von Politik-wissenschaft, also was Politik ist, steht deshalb nicht am Anfang dieses Textes, sondern wird erst später am Schluß versucht. Dennoch komme ich nicht darum herum, wenigstens einiges zum Unterschied zwischen Politik und Politikwissenschaft zu sagen.

Wenige Wirtschaftswissenschaftler sind gleichzeitig erfolgreiche Unternehmer, noch weniger Literaturwissenschaftler Dichter, und erst recht verstehen Biologen nicht besser zu leben. Aber immer wieder wird von einem Politikwissenschaftler erwartet, er habe wohl selbst politische Ambitionen oder besondere politische Gaben. Politikwissenschaftler haben den Beruf, Politik wissenschaftlich zu bearbeiten, sonst nichts. Eine ältere Bezeichnung des Faches heißt deshalb auch Wissenschaft von der Politik. Dies ist plastischer, allerdings auch umständlicher. Es ist durchaus ein Glück, daß es eine wissenschaftliche Politik nicht gibt und nicht geben kann, sonst wäre Politik wissenschaftlich ausrechenbar wie eine komplizierte mathematische Formel oder eine komplexe Programmieraufgabe.

Politik und Wissenschaft sind zwei Welten, sie gehorchen unterschiedlichen Logiken. Politikwissenschaft ist aber deshalb nicht unpolitisch. Politikwissenschaftler helfen der Politik zu planen, zu prognostizieren, zu erklären und sie

Politik und Wissenschaft sind zwei Welten

helfen, die Politik zu kritisieren, zu opponieren, Gegenargumente zu formulieren und durchzusetzen. Insofern ist alles doch viel komplizierter als bei den meisten Naturwissenschaften, sagen wir am extremsten bei der Astrophysik: Sie beobachtet unendlich weit entfernte Galaxien, die stetig auseinanderstreben, und entwickelt Theorien über die für uns Laien vor unvorstellbar langer Zeit vergangene Kosmogenese. Der Sozialwissenschaftler und Politologe dagegen beobachtet Politik in der Gesellschaft, die sich ständig wandelt wie das Wetter. Langfristige Vorhersagen sind unmöglich, mittelfristige Glückssache, kurzfristige leidlich verläßlich. Aber der Politologe ist selbst Teil der Gesellschaft, seine Analyse, seine Wahlentscheidung, seine politische Aktivität kann am Wandel teilhaben, ihn ein kleines Stückchen mitbewirken, während der Astrophysiker die Kosmogenese nicht ändert, der Meteorologe kein Teil des Wetters ist.

Aber auch hier sind heutige Naturwissenschaftler vorsichtiger geworden. Kann nicht doch die Wettervorhersage das Wetter beeinflussen? Kann nicht eine Smog-Warnung z.B. durch entsprechendes Verhalten der Bevölkerung und der Industrie den erwarteten Smog verringern, d.h. die Vorhersage das Ereignis verändern? Auch die moderne Grundlagenphysik geht davon aus, daß jede Beobachtung den Gegenstand verändert. Insofern sind die Grenzen zwischen den Naturwissenschaften und den Gesellschaftswissenschaften nicht mehr so klar geschieden, wie dies um die Jahrhundertwende Wilhelm DILTHEY (1883) zwischen den Natur- und Geisteswissenschaften angenommen hat.

Als junger Student der Politikwissenschaft an der Universität Bonn trampte ich per Anhalter in den Semesterferien quer durch Europa. Unweigerlich kam nach kurzer Zeit, wenn mich ein Autofahrer mitgenommen hatte, die Frage, was ich denn so mache. Das war heikel; denn die ehrliche Antwort, ich studiere Politikwissenschaft, konnte Unabsehbares auslösen. In Deutschland erreichte ich meistens ein zurückhaltendes „Soso, aha." Dies bedeutete meist: Vorsicht, der ist (wird) ein Profi der Politik, jetzt bloß nicht mehr über Politik reden, der könnte einen ja indoktrinieren oder glatt an die Wand reden. Oder die Reaktion war eine entwaffnende Aufmunterung: „Ach, dann werden Sie bestimmt mal Bundeskanzler." Darauf folgte jedesmal ein quälender Versuch von mir, geduldig zu erklären, wofür man Politikwissenschaft studiert, jedenfalls nicht, um Politiker zu werden. Häufig war die Mühe fruchtlos, denn beim Abschied wurde mir der Wunsch auf den Weg gegeben, es doch wenigstens in den Bundestag zu schaffen.

Per Anhalter unterwegs in Frankreich war die Reaktion signifikant unterschiedlich. Oft genug provozierte mein Studienfach einen begeisterten Redeschwall über die aktuelle Politik von de Gaulle, Adenauer, Kennedy oder Chruschtschow. In einem Fall führte dies zu einem denkwürdigen Exkurs über die Gleichheit der Politik aller großen Männer, ob Napoleon, Stalin, Hitler, de Gaulle oder Kennedy. Die große ungelöste Frage für meinen Politikphilosophen am Steuer blieb, ob Adenauer ein großer Politiker war. Und dies alles mußte ich über mich ergehen lassen, bei meinen miserablen Französischkenntnissen.

Ich wurde also vorsichtig, nannte mein Fach oft nicht mehr Politikwissenschaft, sondern allgemeiner Sozialwissenschaften. Das konnte allerdings bewirken, daß ich zur Sozialpolitik im Zuge der letzten Rentenreform examiniert wurde. Dann konnten Rückfragen kommen über Rentenbescheide oder Bemessungsgrenzen der neuesten Krankenversicherungsreform, daß man sich als Politikwissenschaftler so unbehaglich zu fühlen begann, wie es einem Medizinstudenten per Anhalter in der selben Lage gehen mag, dem alle möglichen Krankheiten erzählt werden, zu denen er seinen medizinischen Rat geben soll.

Politik ist wie das Wetter, die Gesundheit oder die Kunst: Jeder glaubt, unendlich viel darüber zu wissen und fröhlich mitreden zu können. Das ist natürlich nichts Schlechtes. Politisches Interesse gilt es zu fördern. Daß man aber über Politik wissenschaftlich arbeitet, scheint dagegen eher befremdlich. Was man den Medizinern durchaus zugesteht, nämlich einen eigenen schwerverständlichen wissenschaftlichen Jargon zu sprechen und bei der Erklärung eines anscheinend einfachen Phänomens, z.B. einer Mandelentzündung, einen ungeheuren Erkenntnisvorsprung zu haben, das sieht man bei Politologen noch lange nicht ein.

Was kann man aus diesen Erfahrungen des Politikwissenschaftlers per Anhalter lernen? Ich will sie in sechs Thesen über das Bild der Politikwissenschaft in der Öffentlichkeit zusammenfassen:

(1) Die Politikwissenschaft ist keine „normale" Wissenschaft.

(2) Politikwissenschaft ist eine „politisierte" Wissenschaft.

(3) Alle reden über Politik, nur die Politikwissenschaftler versteht man nicht.

(4) Politikwissenschaftlern muß man mißtrauen wie den Politikern.

(5) Politikwissenschaftler wollen Politiker werden

(6) Politikwissenschaftler pflegen ihre Komplexe.

1.1 Die Politikwissenschaft ist keine „normale" Wissenschaft

Der Politikwissenschaftler stößt nicht nur in der allgemeinen Öffentlichkeit oft auf Unkenntnis, er trifft sogar in der engeren wissenschaftlichen Öffentlichkeit auf Unverständnis. Diese mangelnden Kenntnisse über die Politikwissenschaft, ihre Ziele und Methoden, ihre Leistungen und ihren Aufbau mag für die breite Öffentlichkeit durchaus verständlich sein, denn die Politikwissenschaft gehört zumindest in Deutschland zu den jungen Disziplinen. Sie ist erst nach dem II. Weltkrieg an den Universitäten etabliert worden.

An den westdeutschen Universitäten faßte sie erst seit den sechziger Jahren überall Fuß, ohne mit den potenten Konkurrenzfächern Geschichte/Zeitgeschichte, Staatslehre/Verfassungsrecht in der Anzahl der Professuren, in der Ausdifferenzierung der Disziplinen und in der öffentlichen Reputation annähernd gleichziehen zu können. Über einen Historikertag oder einen Staatsrechtslehrertag berichten die überregionalen Zeitungen ausführlich, sie sind ein öffentliches Er-

Politikwissenschaft ist eine noch junge Disziplin

eignis. Von Kongressen der Politikwissenschaftler wird dagegen nur am Rande Notiz genommen.

Eifersüchteleien traditioneller Disziplinen

Unkenntnis schlug in teilweise sogar aggressives Unverständnis gegenüber der Politikwissenschaft um, wenn sich die traditionellen Disziplinen des deutschen Fächerkanons, die sich mit Staat und Politik befaßten – wie Geschichte, Philosophie und Staatsrecht –, beeinträchtigt glaubten. So ist der Vorwurf des Philosophen Jürgen von Kempski überliefert, der sagte: „Sie rupft den anderen Fächern die Federn aus, um sich damit zu schmücken." Aus dieser Sicht ist es nicht mehr weit, die Politikwissenschaft schlicht für überflüssig zu halten (vielleicht gleich auch in einem Aufwasch den Politikunterricht an Schulen, der durch Geschichte, Geographie und Religion ersetzt werden könnte). Nicht nur überflüssig, vielleicht sogar gefährlich sei diese moderne Politologie, da linker Subversion verdächtig. Wir werden auf dieses Vorurteil über die Politikwissenschaft als subversive Kritikwissenschaft in unserem nächsten Punkt zurückkommen.

Keine einheitliche Fachbezeichnung

Für die öffentliche Wahrnehmung stehen sich die Politologen oft genug selbst im Wege, weil sie immer noch nicht zu einer einheitlichen Fachbezeichnung gefunden haben. Auch wenn sich heute allmählich die Bezeichnung „Politikwissenschaft" durchzusetzen beginnt, die auch ich verwende und die ich nur der Kürze halber bei der Personalisierung manchmal durch „Politologe" ergänze, so gibt es bei Lehrstuhlbezeichnungen, Institutsnamen und Fachvereinigungen immer noch ein buntes Bild. Die „Politische Wissenschaft" wurde in den Nachkriegsgründungen vorgezogen – so heißt auch der große Fachverband „Deutsche Vereinigung für Politische Wissenschaft". Der manchmal anzutreffende Plural „Politische Wissenschaften" verweist auf den Bündelungscharakter, den das Fach bieten sollte – eine „Integrationswissenschaft", die Gegenstände, Methoden und Theorien der Nachbarwissenschaften zusammenführen sollte. Auch die „Wissenschaftliche Politik" findet sich neben der „Wissenschaft von der Politik" oder „Politologie", die den bekannten akademischen Grad des „Diplompolitologen" prägte.

Die Vielfalt der Namen macht Identitäts- und Identifikationsprobleme deutlich, die beim Neubeginn der Politikwissenschaft in der Nachkriegszeit nur zu natürlich waren. Die Politikwissenschaft war noch nicht „normal" im Sinne des Wissenssoziologen Thomas KUHN (1967). Nach ihm verfügt eine „normale" Wissenschaft über einen anerkannten Gegenstandsbereich und einen ausdifferenzierten Methodenkanon, mit dessen Hilfe wissenschaftliche Erkenntnisse kumulativ, also Stein auf Stein, zu einem Lehrgebäude aufgebaut werden. Sie verfügt, so KUHN, über ein einheitliches Paradigma, d.h. Modell, wie die Wissenschaft zu betreiben sei.

Politikwissenschaft ohne einheitliches Paradigma

Die junge Politikwissenschaft war sich nicht darüber einig, was Politik ist, mit welchen Methoden zu arbeiten sei und welche Ziele sie zu verfolgen habe. Einig ist sie sich auch heute noch nicht über die Architektur ihrer Disziplinen. Aber dies kann sie als Gesellschaftswissenschaft auch weniger sein als die Naturwissenschaften, für die KUHN sein Modell ursprünglich entwickelt hatte. Mittlerweile verfügt sie über eine so ausdifferenzierte Pluralität von Methoden und Theorieansätzen, um sie als eine normale Sozialwissenschaft bezeichnen zu können. Denn Gesellschafts- und Geisteswissenschaften können keinen Monismus des wissenschaftlichen Paradigmas ertragen, ohne Dogmatismus zu produzieren. Dies führt zur Verkrustung und zur Verknöcherung einer Gesellschaftswissenschaft, wie zuletzt beim orthodoxen Marxismus und „wissenschaftlichen Sozialismus", der Politik und Politikwissenschaft, Ökonomie, Geschichte und Philosophie in einem dogmatisierten Gedankengebäude gefangenhielt. Es gibt kein Haus der Politikwissenschaft, aber man kann sich als Politikwissenschaftler in einem ganzen Ensemble von Architekturformen zu Hause fühlen.

Auch wenn die deutsche Politikwissenschaft sich nun innerhalb der Sozialwissenschaften als eine normale Wissenschaft anerkannt fühlen kann, so bleibt sie doch als Studiengang kleiner als z.B. die Soziologie, als Disziplin jünger und als Fach uneinheitlicher, da sogar die einheitliche Fachbezeichnung, das Markenzeichen, die Grundvoraussetzung für eine leichte Wiedererkennbarkeit, fehlt. Kein Wunder also, daß die Politikwissenschaft immer noch als eine unbekannte Wissenschaft gelten kann.

1.2 Politikwissenschaft ist eine „politisierte" Wissenschaft

Ist die Politikwissenschaft eine „politische" Wissenschaft? Ja und Nein. Natürlich ist sie auf den ersten Blick politiknäher als die anderen Sozialwissenschaften, als etwa die Geschichte oder die Staatsrechtslehre. Aber sie ist deshalb nicht notwendig politischer im Sinne von politisierter, politisch beeinflußter oder beeinflussender. Historiker melden sich auch oft zu aktuellen Problemen der Zeit und der Zeitgeschichte zu Wort. Der „Historikerstreit" um die Bewertung des Nationalsozialismus zum Ende der achtziger Jahre hatte eine eminent politische Bedeutung. Staatsrechtler beeinflussen mit ihren Gutachten und Stellungnahmen direkt die Politik, wenn sie nicht sogar als hohe Beamte, als Abgeordnete oder natürlich auch in ihrer Rolle als Bundesverfassungsrichter unmittelbar politisch aktiv sind. Sicher gibt es gerade in Deutschland mehr Juristen als Politikwissenschaftler, die Berufspolitiker sind.

Auch andere Disziplinen beeinflussen die Politik

Die Politikwissenschaft ist also nicht die einzige politische Wissenschaft. Es gibt im Grunde keine völlig unpolitische Wissenschaft. Die alte Idee einer Wissenschaft im hehren Elfenbeinturm der Wahrheitssuche war immer schon Illusion oder Ideologie. Geisteswissenschaften haben eine politische Komponente, selbst die Archäologie ist nicht frei davon. Die Ausgrabungen eines Heinrich Schliemann zur Entdeckung Trojas waren auch ein politisches Faktum und Faszinosum in ihrer Zeit. Sie dienten kulturellen („abendländischen") Hegemonieansprüchen, historischen Mythenbildungen und damit auch im weitesten Sinne ideologischen Sinnstiftungen.

Auch die Naturwissenschaften und die Technikwissenschaften haben eine politische Seite: Naturwissenschaftliche Forschung (und auch die Lehre!) kann z.B. einem unkritisch hingenommenen „technischen Fortschritt" dienen oder aber sich ökologischer Gegensteuerung verschreiben. Auch die kleine Technik des Alltags, die Technisierung der Lebensbedingungen in Kommunikation oder Verkehr und selbst beim Wohnen, all dies hat mit Interessen zu tun, die letztlich auch politisch motiviert sind.

Die Politikwissenschaft kann insofern ehrlicher sein, wenn sie sich ihrer politischen Funktion bewußt ist. Es gibt sicher aber auch Politologen, die einem

Wertfreie Wissenschaft als Ideal der einen

15

reinen, objektivistischen Ideal wertfreier Wissenschaft anhängen und streng aufgrund empirischer Daten, z.B. von Wahlstatistiken und Umfragen, statistische Zusammenhänge zwischen Sozialstruktur und Wählerverhalten analysieren und deren Bewertung mit normativen Kriterien strikt ablehnen. Eine solche Arbeitsweise ist legitim. Trotzdem muß sie in dem Bewußtsein betrieben werden, daß auch eine solche vermeintlich unpolitische Politikwissenschaft eben nicht apolitisch ist, denn auch Ergebnisse vermeintlich wertfreier Forschung können zum Politikum werden. Von Prognosen über den Wahlausgang ist es nicht weit zur Beratung der Wahlkämpfer über Strategien zur Stimmenmaximierung. Und schon die Prognose allein hat politische Auswirkungen.

Normative Wissenschaft als Ideal der anderen Aber auch die gegenteilige Sichtweise hat in der Politikwissenschaft Platz, daß sie nämlich eine primär praktisch politische Aufgabe zur Sinngebung und Wertvermittlung habe oder gar zur politischen Aktion im Sinne gesellschaftlicher Emanzipation aufgerufen sei. Hierin treffen sich konservative Politologen, die davon ausgehen, daß die Lehre von der guten Ordnung seit Platon die Hauptaufgabe der Politikwissenschaft sei, mit marxistischen Autoren, die der Politikwissenschaft eine unmittelbar politisierende Rolle im Klassenkampf zuweisen wollten. Im Gegensatz zu diesen beiden eher extremen Auffassungen, die aber beide eint, daß sie der Politikwissenschaft eine praktisch politische und normative Funktion zuordnen, ist ein breiter mainstream der Politologen überzeugt, daß wertfreie Wissenschaft nicht anzustreben oder zu verwirklichen sei, und darin einig, daß die Politikwissenschaft eine Demokratiewissenschaft ist, die trotz wissenschaftlicher Methodologie immer auch eine aufklärerische Funktion behält.

Politische Bildung als Erstaufgabe Das war auch das Ziel der Neubegründung der Politikwissenschaft nach dem II. Weltkrieg, die besonders von amerikanischen reeducation-Bemühungen mitgetragen worden war. Politikwissenschaft sollte ein Garant politischer Bildung zur Demokratisierung Deutschlands sein. Politikwissenschaft ist deshalb immer auch die Basis von politischer Bildung geblieben. Hier, bei der Funktion von Politikwissenschaft als Weiterbildungsangebot und als Schulfach, hat es in den siebziger Jahren einen erbitterten Streit um konsensorientierte oder konfliktverpflichtete und damit auch „politischere" Politische Bildung gegeben – ein Streit, der sich an den Rahmenrichtlinien für den Politikunterricht in Hessen und Nordrhein-Westfalen entzündete. „Allgemeines Ziel der politischen Bildung ist es, den Menschen zu Rationalität des Urteilens über soziale und politische Sachverhalte zu befähigen" – so die konservative Position, die jegliche „Politisierung" ablehnte. „Demokratisierung und Emanzipation" lautete die progressive Gegenparole, die mit Herrschafts- und Gesellschaftspolitik bewußt die Politische Bildung politisieren wollte (vgl. KUHN/MASSING 1980, S. 267).

Der Streit um das Politische in der Politikwissenschaft und in der Politischen Bildung ist nicht beendet, aber er ist in den Hintergrund gerückt. In der Politikwissenschaft sind die eher wissenschaftlichen Ziele mit eher pragmatisch und nicht puristisch angewandten Methoden in den Vordergrund getreten; in der Politischen Bildung haben Konsensbemühungen und Pluralität die Kontroversen gemildert. Aber Konflikt bleibt doch ein tragendes Element von Politik, Politikwissenschaft und Politischer Bildung.

1.3 Alle reden über Politik, nur die Politikwissenschaftler versteht man nicht

Wenn auch der gute alte deutsche Stammtisch in den Kneipen langsam ausstirbt – an seine Stelle treten die Stellvertreterdebatten in talk shows und politischen Magazinen des Fernsehens –, so bleiben doch Thekensteher und Partylöwen sich einig: Über Politik kann man trefflich streiten. Besonders über schlechte Politik kann man sich immer ärgern. Das mag in anderen europäischen Kulturen, ob in Italien, Griechenland, Frankreich oder Irland, noch beliebter sein als in Deutschland. Hier sind noch manche Ängste, sich politisch zu exponieren, aus Obrigkeitsstaat, Nationalsozialismus oder realem Sozialismus in der politischen Sozialisation und damit in der politischen Kultur verankert geblieben. Um so größer ist dann die Enttäuschung, daß die Politologen oft so reden (und erst recht schreiben!) wie die Meteorologen oder Mediziner. Die versteht man mit ihrem Fachchinesisch oft auch nicht. Seltsam ist nur, daß man es denen weniger nachträgt. Wissenschaftliche Fachsprachen sind aber unerläßlich. Sie dienen der Präzision der Begrifflichkeit und zum Teil der internationalen Kommunizierbarkeit.

Die Wissenschaftssprache unterscheidet sich deshalb mit gutem Grund von der Alltagssprache. Mit scheinbar so leicht verständlichen Begriffen, die gerne in politischen Debatten benutzt werden, wie Macht, Interesse, Frieden, Freiheit oder Staat, ist gerade deshalb schwerer wissenschaftlich umzugehen, weil die Bedeutungspalette so schillert, als mit Fachausdrücken wie Partizipation, Konsens, Legitimität oder Implementation, die sich klarer festlegen lassen. Alltagssprache und Wissenschaftssprache

Die Notwendigkeit einer Fachsprache ist allerdings kein Freibrief für bewußt gespreizte Ausdrucksweise, auch nicht in der Wissenschaft. Sprachliches Imponiergehabe ist durchaus nicht selten der Grund, wenn Sachverhalte unnötig verklausuliert formuliert werden. Auch kann es vorkommen, daß mit einem Bombardement aus Fachausdrücken von der Blässe der Gedankenarmut abgelenkt werden soll.

Die recht hermetisch abgeschlossene Wissenschaftssprache hat in Deutschland eine lange Tradition. Ob Hegel oder Heidegger, Karl Marx oder Max Weber, Adorno oder Habermas – leicht macht es ein deutscher Wissenschaftler seinen Lesern nicht so gern. In der französischen und auch der angelsächsischen Tradition ist das weitgehend anders. Da fehlt sogar die Berührungsangst, mit Spaß an einer farbigen Sprache über Wissenschaft publizistisch zu wirken.

Entscheidend sollten das Ziel und der Kontext der Kommunikation sein. In einem Fachaufsatz oder einer Dissertation, wo innerwissenschaftlich kommuniziert wird, haben Fachausdrücke einen ganz anderen Stellenwert als in Lehrbüchern für Anfänger, Einführungen oder in Aufsätzen und Stellungnahmen, die für die Politik oder die weitere Öffentlichkeit geschrieben werden.

17

1.4 Politikwissenschaftlern muß man mißtrauen wie den Politikern

Politik ist ein schmutziges Geschäft: In diesem Vorurteil sind sich die deutschen Stammtische einig. Die Abneigung gegen Politik ist in der deutschen Geschichte tief verankert. „Ein garstig Lied! Pfui! Ein politisch Lied", hallt es uns aus Auerbachs Keller in Goethes Faust entgegen. Und dieses Sprichwort blieb vom Biedermeier über die Romantik und den wilhelminischen Machtstaat bis in unsere Tage lebendig. Gesteigert noch durch das Schlagwort „Politik verdirbt den Charakter", das Ende des vorigen Jahrhunderts zuerst in dem „Blatt für die Gebildeten aller Stände" mit dem allzu bezeichnenden Untertitel „Eine Zeitung für Nichtpolitiker" verbürgt ist (vgl. BÜCHMANN 1972, S. 748). Das Bildungsbürgertum erklärte sich für unpolitisch. Der deutsche Beamte sollte ein unpolitischer Diener des Staates sein – dies war die „Lebenslüge des Obrigkeitsstaates". Überhaupt der Staat – er wurde hoch über den Parteien und Interessen und deren politischer Geschäftigkeit als Garant von Gemeinwohl und Sicherheit angesiedelt.

Verdirbt Politik den Charakter?

Die „Lüge des Obrigkeitsstaates" von unpolitischen Staatsdienern (Beamten, Richtern, Professoren, Soldaten) überlebte auch noch den Nationalsozialismus und diente vielen zur Verdrängung und Rechtfertigung ihrer Mitverantwortung, da sie doch – ganz unpolitisch – nur ihre Pflicht getan hätten. Noch in den fünfziger und sechziger Jahren wurde an dieser konservativen Haltung festgehalten, den Bereich der Politik eng auf das Handeln des Staates zu begrenzen und jegliche weitere „Politisierung" abzulehnen. Eine klare Zweiteilung von Staat und Gesellschaft wurde versucht aufrechtzuerhalten: hier der Staat als Raum der Politik – dort die Gesellschaft, allenfalls als „vorpolitischer Raum" der Verbände und Interessengruppen in der „Lobby" des Parlaments geduldet.

Ist Politisierung von Übel?

Demokratisierung und Politisierung seien deshalb von Übel. Auch auf der unteren Ebene der Gemeinden und Städte habe Politik nichts zu suchen. Selbstverwaltung nach Sachgesichtspunkten sei hier gefragt. Wir sitzen alle in einem Boot, wir sind doch alle wie eine große Familie – derlei Verbrämungen von Interessengegensätzen in Staat, Gesellschaft, Betrieb und Unternehmen sind immer noch beliebte Beschwörungen von Harmonie. Politik stört da nur. Politik sei kalter Konflikt. Der wird gern übertüncht mit warmer Vanillesoße des Konsens.

Die alten Vorurteile gegen Politik und Politiker sind in den achtziger Jahren durch Skandale und Affären neu belebt worden. Ein deutscher Ministerpräsident, Uwe Barschel aus Schleswig-Holstein, gab im Fernsehen sein „großes Ehrenwort", alle Vorwürfe über seine schmutzigen Wahlkampftricks seien völlig „haltlos". Dieses Ehrenwort erwies sich später als dreist gelogen. Daraufhin scheint er einen als Mord getarnten Selbstmord in der Badewanne eines Schweizer Luxushotels inszeniert zu haben, der einem Krimiautor als überzogenes Schmierentheater angekreidet worden wäre. Korruptionsaffären, Parteienbestechung im Rahmen des Flick-Skandals, Verurteilung der ehemaligen FDP-Wirtschaftsminister Friderichs und Graf Lambsdorff wegen Steuerhinterziehung, Neue-Heimat-Skandal, Rücktritt des baden-württembergischen Ministerpräsidenten Lothar Späth wegen generöser Einladungen der Industrie zu Traumreisen – all dies hat das Vertrauen der Bürger in die Politiker weiter erschüttert, aber er-

18

staunlicherweise die alltägliche Legitimation der Politik (noch) nicht verschwinden lassen. Es wird weiter Politik gemacht. Die Wahlbeteiligung ist deutlich gesunken, aber immer noch höher als in manchen vergleichbaren Ländern. Auch dort haben Politiker nicht das beste Ansehen. Im angelsächsischen Begriff des „politicians" schwingen nicht eben schmeichelhafte Bedeutungsassoziationen mit. In den romanischen und südeuropäischen Ländern ist der Politiker ebenfalls nicht gerade hoch angesehen.

Vielleicht ist in anderen Ländern der Anspruch niedriger. Nicht jeder Parteipolitiker muß Staatsmann sein. Er verfolgt seine Interessen und dies wird ihm in Deutschland eher angekreidet als anderswo. So kleiden sich die Politiker in Deutschland gerne in die Aura von Gemeinwohl und Überparteilichkeit und wundern sich, wenn das Publikum angesichts von Affären und Skandalen ruft: „Er ist ja nackt!"

Politiker haben es überall schwer

Die Politikwissenschaft wird durch diese (gesunde) Skepsis gegenüber der Politik mitbetroffen. So kleidet auch sie sich zuweilen gern in die Robe der Staatsbürgerkunde und die Gala der großen Welterklärung. Dabei ist sie heute nichts anderes als eine normale Sozialwissenschaft von den Interessen, Konflikten und Machtprozessen. Sie sollte sich damit bescheiden und nicht als Königswissenschaft überfordern. Dann bleibt sie glaubwürdiger.

1.5 Politikwissenschaftler wollen Politiker werden

Von allen Vorurteilen über die Politikwissenschaft kann die Meinung, daß Politologen in erster Linie als Politiker Karriere machen wollen, oder anders formuliert, daß die Politikwissenschaft zum Beruf des Politikers ausbildet, am kürzesten abgehandelt werden. Zwar gibt es in der Tat bekannte Politiker, die Politikwissenschaft studiert haben, so John F. Kennedy oder den langjährigen kanadischen Premierminister Pierre Trudeau. Der amerikanische Präsident Woodrow Wilson zu Beginn dieses Jahrhunderts war sogar ein bedeutender Professor für Politikwissenschaft. In Deutschland ist hier weniger zu vermelden. Kein Bundespräsident oder Bundeskanzler war gelernter Politologe, wohl aber einige Ministerpräsidenten der Länder, Bundesminister und zahlreiche Berater oder Abgeordnete. Blättert man das Handbuch des deutschen Bundestages durch, so dominieren hier unter den Akademikern immer noch die Juristen, wie auch in der allgemeinen Verwaltung und der hohen Ministerialbürokratie das Juristenmonopol kaum gebrochen ist. Das Studium der Politikwissenschaft ist auch an keiner deutschen Hochschule auf den Beruf des Politikers ausgerichtet. Anders in Frankreich, an dessen angesehensten Grandes écoles, aus denen die politische Elite sich rekrutiert, Politikwissenschaft gelehrt wird. Die deutsche Politikwissenschaft kann hier nicht mithalten. Sie bildet Wissenschaftler aus, aber auch Journalisten, Öffentlichkeitsarbeiter, Planungsfachleute, Angestellte internationaler Organisationen, Verbände- und Parteienmitarbeiter und viele Spezialisten, die in „Nischen" des Arbeitsmarktes unterkommen, sowie auch Politiklehrer. Aber das Berufsbild des Politikers ist zu diffus, um in Curricula gepackt zu werden.

In der deutschen Elite sind wenig Politologen

1.6 Politikwissenschaftler pflegen ihre Komplexe

Nicht nur der junge Student der Politikwissenschaft hat seine Probleme und Komplexe, wenn er per Anhalter durch Europa reist und sich zu seinem Studienfach bekennen muß. Ähnliches gilt auch für die große Reise per Anhalter durch die Galaxis der Politik und der Politikwissenschaft. So gibt es bekannte Politiker in der Bundesrepublik, die sich lieber studierte Historiker als Politologen nennen. Und es gibt sogar Professoren der Politikwissenschaft, die sich nach ihrer Emeritierung in biographischen Hinweisen eher als Zeithistoriker bezeichnen lassen, wie der bekannte frühere Bonner Professor Karl Dietrich Bracher.

Mangel an fachlichem Selbstbewußtsein

Worauf beruht dieser eigenartige Mangel an fachlichem Selbstbewußtsein? Sicher haben diese Probleme auch mit den vehementen öffentlichen Debatten der Zeit um 1968 zu tun, als eine aktive Politisierung der Studentenschaft besonders in Berlin gerade auch von Politologen und Soziologen getragen wurde, die mit der außerparlamentarischen Opposition (Apo) gegen Große Koalition, Notstandsgesetze und Vietnamkrieg verknüpft war. Vom späteren Bundeskanzler Helmut Schmidt ist der Ausspruch überliefert: „Politologen, Soziologen und andere Ideologen haben die Ortsvereine der SPD unterlaufen ...." Dieses Zitat sagt über die damalige Einstellung zur Politikwissenschaft genug. Diese Stimmung ist aber in Politik und Öffentlichkeit heute doch ziemlich verflogen. Es hat sich herumgesprochen, daß die Politikwissenschaft weder eine linke Wissenschaft von der Systemveränderung noch eine rechte Wissenschaft der guten Staatsbürgerkunde ist – sie ist von allem etwas. Es gibt Politologen in allen politischen Parteien und in vielen politischen Ämtern. Eine klare politische Zuordnung ist nicht möglich.

Politikwissenschaft wurde erwachsen

Die Politikwissenschaft in Deutschland ist nach über 40 Jahren erwachsen geworden, so erwachsen wie die Bundesrepublik selbst, der ja auch in den fünfziger und sechziger Jahren noch beträchtliche Unreife, Labilität und Suche nach Identität nachgesagt wurde. Der manchmal bewunderte, manchmal etwas neidische und zuweilen zu unkritische Blick ins Ausland, insbesondere zum Vorbild USA, wo sich eine ältere und arriviertere Politikwissenschaft (und ebenso eine ältere Tradition der Demokratie) anbot, hat an Attraktion verloren. Die deutsche Politikwissenschaft hat heute einiges zu bieten.

Beenden wir also diese Fahrt durch die Urteile und Vorurteile über die deutsche Politikwissenschaft. Sie kann Herrschaftswissenschaft sein, die die bestehende Ordnung affirmativ stützt; sie kann Oppositionswissenschaft sein, die wider den Stachel löckt. Sie wirkt zuweilen wie eine Modewissenschaft, die aktuelle Trends aufgreift und dem Zeitgeist nachjagt; und sie ist doch schon von Platon und Aristoteles mitbegründet worden. Sie ist praxisnah in dem einen politikberatenden Gutachten und sie ist theoriegesättigt in der anderen Monographie über die Autopoiese („Selbstbezogenheit") des politischen Systems seit

agreement to disagree

Hobbes „Leviathan" bis zu Niklas Luhmann. Frieder NASCHOLD hat die Politikwissenschaft deshalb – vielleicht etwas zu sarkastisch – als ein „agreement to disagree" definiert:

„Politische Wissenschaft wird somit als eine Produktivkraft verstanden, die von einer diffusen, heterogenen und intern gespaltenen Gruppe von Leuten dadurch hervorgebracht wird, daß gesellschaftliche Informationen unter bestimmten, wenn auch stark unterschiedlichen Fra-

20

getellungen ausgewählt, gruppenintern nach spezifischen, wenn auch stark divergierenden Gruppennormen verarbeitet und nach unterschiedlichen Regeln in gesellschaftliche Praxis transformiert werden" (NASCHOLD 1970, S. 12).

Was soll der Anfänger davon halten? Herrscht hier das reinste Chaos? Man will doch klare Begriffe, Definitionen, Termini. Da muß ich den Leser enttäuschen. Diese Art Klarheit ist weder in der Politikwissenschaft noch bei einer der anderen Sozialwissenschaften oder den Geisteswissenschaften überhaupt zu finden. Wer solche Klarheit suggeriert, drängt dem Leser allzu leicht nur seinen eigenen Standpunkt auf. Man muß sich schon selbst mit auf die Suche begeben, um wichtige Strömungen zu erkennen, man muß schon neugierig auf neue Wege sein. Sicher gibt es auch handfeste Methoden und gesicherte Wissensbestände. Aber man muß sich dieses weitgehend selbst zusammenstellen. Einen fertigen Apothekerschrank mit vielen sauber beschrifteten Schublädchen für das ganze System des Wissens kann die Politikwissenschaft nicht bieten. Und wenn die anderen Wissenschaften ehrlich sind, kann dies keine Wissenschaft, auch wenn vom ersten äußeren Anschein die Rechtswissenschaft etwa oder die Biologie ein solches wohlsortiertes System des Wissens anbieten. Nur tote Wissenschaften passen in ein fertiges Kategorienschema. Was lebt, verändert sich.

2 Ein junges Fach mit alter Tradition

Die Politikwissenschaft in Deutschland ist eine junge Universitätsdisziplin, ein Kind der Nachkriegszeit, gezeugt von amerikanischen Reeducation-Offizieren und deutschen Remigranten sowie Protagonisten einer neuen politischen Bildung. Zugleich ist die Politik als Wissenschaft alt, deshalb nennen viele sie eine „Königswissenschaft", die ihre Wurzeln in der griechischen antiken Philosophie verorten kann. Aber die Politikwissenschaft hat sich nicht wie die Chemie oder die Technologie kontinuierlich und kumulativ – d.h. also stetig neues Wissen auf altes aufbauend und dieses damit ersetzend – entwickelt, sondern in Sprüngen und mit Rückschritten und keineswegs kumulativ, sondern oft zurückgreifend auf alte Erkenntnisse, die weiter gelten können.

Alle Politikwissenschaft nur Fußnote zu Platon? Es gibt deshalb heute Politologen, die sagen, „daß die gesamte politische Wissenschaft seitdem (seit der griechischen Antike, U.v.A.) eine Reihe von Fußnoten zu Platon ist" (HENNIS 1987a, Bd. 1, S. 80). Andere dagegen deklassieren die klassische Philosophie als vorwissenschaftlich, da die Politikwissenschaft erst mit empirisch gehaltvollen, erfahrungswissenschaftlichen Analysen als Sozialwissenschaft seit knapp 100 Jahren existiere. In früheren Zeiten herrschte ein „Paradigma" in der Politikwissenschaft jeweils vor, auch wenn die Vorstellung irrig ist, in den Geisteswissenschaften generell habe es eine folgerichtige Entwicklung gegeben. Falsch ist auch, Wissenschaft immer nur als „Widerspiegelung" oder Überbau der Zeitläufte und ihrer sozioökonomischen Basisbedingungen zu sehen. Widersprüchliche, progressive, konservative und anachronistische Ideen hat es zu fast allen Zeiten gegeben. Eine solche vulgärmarxistische, materialistische Auffassung von Basis und Überbau wäre sogar für Marx selbst nicht haltbar, der eine kommunistische Zukunft vordachte unter Zeitbedingungen des Frühkapitalismus.

Vielfalt der Paradigmen heute Heute ist die frühere Vorherrschaft eines einzigen Wissenschaftsmodells, d.h. eines Paradigmas, die eben nie eine Alleinherrschaft war, völlig verlorengegangen. Ganz unterschiedliche Paradigmen stehen neben- und gegeneinander, durchmischen sich aber auch oder bündeln sich, propagieren häufig große wissenschaftliche Revolutionen, die sich aber wenig später als kleinere Konjunkturen bescheiden müssen.

Hier in diesem Text kann nur im Geschwindschritt die Geschichte der Politikwissenschaft durcheilt werden. Die Entwicklung der Politikwissenschaft ist durchaus nicht identisch mit der Geschichte der politischen Ideen bzw. der politischen Philosophie, auch wenn sich vieles überschneidet. Zu letzterer gibt es zahlreiche Reader (NEUMANN 1977, FETSCHER/MÜNKLER 1985bff.) und Überblicke (LENK/FRANKE 1987), aber auf deutsch immer noch keine so umfangreiche Gesamtdarstellung, wie die von SABINE (1961). Trotz so vieler Abrisse der politischen Ideengeschichte liegt eine Gesamtgeschichte der Politikwissenschaft dagegen meines Wissens in keiner Sprache vor.

2.1 Von der Königswissenschaft der Antike bis zur Freiheitswissenschaft der bürgerlichen Revolution

Den griechischen Stadtstaaten (polis) seit dem 5. Jahrhundert vor Christus verdanken wir bis heute nicht nur den Begriff Politik (von politikos = das Gemeinwesen betreffend), sondern auch weitere begriffliche Grundlagen (besonders Demokratie, Ökonomie) und politische Grundfragen, z.B. nach der „besten Verfassung".

Die freien griechischen Städte waren ein großes Experimentierfeld der Politik, da ihre Verfassungen alle damals denkbaren unterschiedlichen Ausprägungen der Willensbildung und der Institutionen aufwiesen. Unter den vielen griechischen Philosophen der Politik ragen besonders Platon (427-347 v.Chr.) und Aristoteles (384-322 v.Chr.) heraus, und sie repräsentieren gleichzeitig zwei Pole des politischen Denkens, die bis heute wichtig geblieben sind. Griechische polis als Experimentierfeld

Für Wilhelm HENNIS bleibt Platon der erste Politikwissenschaftler:

> „Die politische Wissenschaft ist in ihrem Ursprung eine Wissenschaft von dem in der Polis lebenden, in ihr leben könnenden Menschen. Der erste große Politikwissenschaftler, wenn man ihn so bezeichnen kann, Platon, reflektiert diese Erfahrung aus der Perspektive eines Philosophen, eines Gesetzgebers in einem ... emphatischen Sinne, der zu wissen meint, wie die Ordnung geordnet sein müsse, damit die Menschen zu ihrer vollen ‚Natur' kommen können" (HENNIS 1987a, Bd.1, S. 79f).

Platon konzipierte einen idealen Staat, der nur die drei Klassen der Gewerbetreibenden und Landwirte (als Volk), der Wächter (als Soldaten) und der Philosophen (als Herrscher) kennt. Beide letztere sollten ehelos und eigentumslos und die Garanten dieser „moralischen Erziehungsdiktatur" (THRÄNHARDT 1988, S. 32) sein. Platon war rigider Moralist, während sein Schüler Aristoteles mehr pragmatischer Empiriker war. Er sammelte die Verfassungen der damals 158 griechischen Städte und verglich sie miteinander. Er typologisierte Gegensatzpaare der jeweils positiven Form und der Entartungsform zwischen Monarchie und Tyrannis bei der Einherrschaft, Aristokratie (Herrschaft der Besten) und Oligarchie (Herrschaft der Wenigen), Ochlokratie (Herrschaft des Pöbels) und der radikalen Demokratie. Die ideale, beste Verfassung für eine stabile Ordnung sei die gemischte, in der monarchische, aristokratische und demokratische Elemente untereinander verknüpft seien. Diese Grundidee einer gemischten Verfassung ist bis heute in der politischen Theorie, aber auch in der Praxis der Verfassungen aktuell und einflußreich geblieben. Platons idealer Staat Gemischte Verfassung als Aristoteles Vermächtnis

Die griechische polis zerbrach an inneren Widersprüchen und äußeren Machtansprüchen, unterlag Alexander dem Großen und später dem Römischen Reich. Politische Philosophie trat in den Hintergrund. Fast der einzige Autor, den Rom auf dem Gebiet der politischen Theorie hervorgebracht hat, war Cicero (106-43 v.Chr.). Er hatte sich die Ideen der Griechen angeeignet und sie in der politi- Ciceros Macht der Gesetze

23

schen Konstellation des Zusammenbruches der römischen Republik neu gedacht und gestaltet (vgl. MÖBUS 1964, S. 69). Er nimmt den Gedanken auf, daß die römische res publica ein Staat mit gemischter Verfassung sei, in der sich die Elemente des Monarchischen, Aristokratischen und der Demokratie zu einer neuen Einheit verbinden und die den besten Staat überhaupt verwirkliche. Ciceros Werke „Über den Staat" und „Über die Gesetze" sind deshalb das Dokument der einzigartigen Situation in der Weltgeschichte, wo zum ersten Mal die Macht im römischen Weltreich keine Grenzen hatte und ihr Untergang nur aus sich selbst entstehen konnte. Die geistige Größe der Leistung von Cicero besteht deshalb darin, daß er praktische Philosophie mit Zeitkritik verbunden und gefordert hat, diese Macht ohne Grenzen nicht dem Zugriff eines Herrschers oder einer Gottgesandtheit, sondern dem Gesetz zu unterwerfen.

In der Spätantike kommt es unter dem Einfluß des jungen Christentums und nach dem Zerfall des römischen Weltreiches zu einer Umwertung der politischen Wirklichkeit im politischen Denken. Ein Dualismus von weltlicher und geistlicher Sphäre entsteht, der die gesellschaftliche Wirklichkeit und die politische Theorie des ganzen Mittelalters bis weit in die Neuzeit, bis an die Schwelle von Humanismus und Aufklärung bestimmen sollte.

Augustinus'
Zweireichelehre

Der „Kirchenvater" Augustinus (354-430) entwickelte in seinem Hauptwerk „De Civitate Dei" die Lehre von den zwei Bürgerschaften des Menschen, des Erdenbürgers (civitas terrena) und des Gottesbürgers (civitas dei) und hebt damit die bisher geltende Identität von politischer und religiöser, weltlicher und geistlicher Ordnung auf (vgl. STAMMEN 1991, S. 456). Die Kirche nahm dabei zunächst keine weltliche Herrschaft in Anspruch, allerdings reklamierte sie ihren eigenen Bereich und die Durchsetzung ihrer Moral: „Die Paläste gehören dem Kaiser, die Kirchen dem Bischof". Noch in der Reformation Luthers sollte dieser Dualismus von Staat und Kirche prägend bleiben, der sich auf das Bibelwort stützt: „Gebt dem Kaiser, was des Kaisers ist, und Gott, was Gottes ist."

Aquins göttliche
Weltordnung

Thomas von Aquin (1225-1274), der einflußreichste Philosoph der mittelalterlichen Scholastik, konnte auf die Texte von Aristoteles wieder zurückgreifen, die erst in seiner Zeit zum Teil wiederaufgefunden und ins Lateinische übersetzt worden waren. Auch er griff die aristotelische Lehre von der gemischten Verfassung wieder auf und favorisierte eine gemäßigte Monarchie, in der aristokratische Elemente, die Mitwirkung des ganzen Volkes durch Wahlen und Abstimmungen sowie ein gewisses Widerstandsrecht enthalten waren. Aber in seinem Gedankengebäude verblieb noch alle weltliche Macht abgeleitet vom Rahmen der göttlichen Weltordnung.

Eine eigenständige politische Theorie oder gar Politikwissenschaft hatte deshalb im Mittelalter keinen Raum. Erste Ansätze zeigten sich in Italien, wo sich in den oberitalienischen Stadtstaaten seit dem 13. Jahrhundert reiche Republiken auf der Basis von Fernhandel mit hohem Kapitalansatz zu entwickeln begannen.

Volkssouveränität bei
Marsilius von Padua

Marsilius von Padua (1290-1342) begründete als erster die Lehre von der „Volkssouveränität" als eine Kritik an der päpstlichen Autorität und der kirchlichen Hierarchie. Die Gesetzgebung stehe dem Volke zu und sei nicht auf göttliches Naturrecht, sondern menschliche Vernunft zurückzuführen.

Machiavellis Machtlehre

Mit Niccolò Machiavelli (1469-1527) erlebt die politische Theorie ihre erste „moderne" Ausprägung, da er die religiöse Ableitung der Herrschergewalt völlig aufgab. Sein Neuansatz einer realistischen Politikbetrachtung konzentrierte sich auf die Macht, ihren Erwerb, ihre Nutzung und ihre Steigerung. Die Entstehung der modernen Staatslehre aus den Prinzipien von Souveränität und Staatsräson eröffnete der Politikwissenschaft das Neuland der Neuzeit. Die Durchsetzung eines einheitlichen Staatswillens bedingte die Entstehung des modernen Nationalstaates. Moralität des Staatsmannes wird zur Sekundärtugend degradiert. Im Mittelpunkt steht der „heilige Egoismus" des Herrschers, der für die Durchsetzung seiner Ziele auch zur Täuschung und Lüge greifen darf, um seinen Willen in den Kämpfen innerhalb und zwischen den Republiken durchzusetzen – ein Konkurrenzkampf von kleinen Einzelstaaten, der an die Situation der klassischen antiken Stadtstaaten erinnert. Der abwertend gemeinte Begriff „Machiavellismus" gründet darauf, darf aber nicht vergessen machen, daß Machiavelli mit seiner Staatskunstlehre grundlegende theoretische, methodische, praktische und didaktische Prinzipien einer Politikwissenschaft als Lehre von Macht und Interessen etabliert hat.

Der Engländer Thomas Hobbes (1588-1679) schrieb aus einer Bürgerkriegssituation heraus. Er stützte seine „Neue Wissenschaft" von der Politik auf neue systematische Methoden der damaligen Naturwissenschaften. Er ging davon aus, daß die Völker ihren Urzustand des Kampfes aller gegen alle durch einen Gesellschaftsvertrag überwinden, durch den sie aber ihre Rechte dem Staat als einem übermächtigen Leviathan (ein mythisches Seeungeheuer aus dem alten Testament, das aus unzähligen Körpern zusammengesetzt ist) übereignen. Dieser Staat als unbeschränkte Macht rechtfertigt den damaligen Absolutismus, der gerade im England des 17. Jahrhunderts in die Auseinandersetzung mit dem erstarkenden Parlamentarismus geriet.

Hobbes Machtstaat als Leviathan

Der erste Politiktheoretiker, der an diesen Kämpfen während der „Glorious Revolution" (1689) auch selbst beteiligt war und der mit dem Modell der Gewaltenteilung dem Parlament seinen legitimen Platz zuwies, war John Locke (1632-1704). Auch er ging von einem Gesellschaftsvertrag aus, der aber nicht wie bei Hobbes gedanklich das Volk seiner Rechte entäußert, sondern diese garantiert, insbesondere als Recht auf Leben, Eigentum und Freiheit. Die Bürger vereinigen ihre Rechte in einer Legislative, aus der eine Exekutive hervorgeht. Beide sollen ihre Rechte gegenseitig kontrollieren und begrenzen, um Machtkonzentration zu vermeiden. Damit und mit den späteren Arbeiten von Montesquieu sind die Grundlagen für den modernen gewaltenteilenden Konstitutionalismus gelegt, die dann in der französischen Revolution mit der amerikanischen Unabhängigkeitsbewegung und dem britischen Parlamentarismus den europäischen Verfassungsstaat des bürgerlichen Zeitalters praktisch etablieren und gedanklich konsolidieren helfen.

Locke und Montesquieu als Begründer der Gewaltenteilungslehre

Unmittelbar vor der französischen Revolution hat Jean-Jacques Rousseau (1712-1778) mit seinem „Contrat Social" die Idee des Gesellschaftsvertrages sogar zum Titel seines politischen Hauptwerkes gemacht. Er gilt als Begründer eines klassischen Modells der direkten Demokratie, in der Regierende und Regierte identisch sein sollen. Alle Individualrechte werden dem Gemeinwillen (volonté générale) in Form des Gesetzgebers übereignet. Gewaltenteilung wird abgelehnt, ebenso alle Teilinteressen und Interessenorganisationen. Das Gemeinwohl ist nicht die Addition der Einzelwillen, sondern steht darüber, ist Mehrheitsentscheidungen entrückt. Sein Modell ist mit einem pluralistischen System der Interessenwahrnehmung unvereinbar und damit totalitär mißbrauchbar.

Rousseaus radikale Volksherrschaft

Der totale Freiheitswillen Rousseaus („Der Mensch ist frei geboren, und überall liegt er in Fesseln") droht somit in die Gefahr eines neuen Absolutismus der Vernunft umzuschlagen und ermöglichte es, Gewaltherrschaft der jakobinischen Revolutionäre als wahre Volksherrschaft in einem höheren Sinne zu rechtfertigen. Rousseaus Vorschläge erinnern insofern an den Rigorismus von Platons Idealstaat. Damit schließt sich der Kreis der Vor- und Frühgeschichte der Politikwissenschaft, die immer auf antiken Konzepten aufbaute.

2.2 Von der Policey-Wissenschaft des Kameralismus bis zur Republik-Wissenschaft Weimars

Der auch in Deutschland, insbesondere in Preußen entstehende Territorialstaat des 18. Jahrhunderts war ein Verwaltungsstaat. Er benötigte umfassend ausgebildete Verwaltungsbeamte, die in der Lage waren, die Besteuerung zu entwickkeln, um die steigenden Staatsausgaben für Hofhaltung und Kriegsführung, aber auch für Wissenschaft und Bildung zu finanzieren. An den damaligen Universitäten dominierten noch die klassischen vier Fakultäten, die philosophische, die juristische, die medizinische und die theologische.

Policeywissenschaft = Vorläufer der Policy-Forschung

Der preußische König Friedrich Wilhelm I. hatte an den Universitäten in Halle und Frankfurt/Oder die ersten Universitätslehrstühle für „Oeconomie, Policey und Cammer-Sachen" errichtet (vgl. auch zum folgenden MAIER 1986). Policeywissenschaft klingt für uns heute befremdlich, erst recht wenn sie sich Polizeiwissenschaft schreibt. Dies Befremden lichtet sich aber, wenn wir an die aktuelle Policy-Forschung denken, die deutsch meist mit Politikfeldanalyse übersetzt wird. Die Policy-Forschung ist auf die materiellen, inhaltlichen „Politiken" (policies) ausgerichtet und weist damit auf den frühen Vorgänger zurück. „Policey" bedeutete im 18. Jahrhundert nichts anderes als Lehre von der inneren Ordnung des Gemeinwesens, also Verwaltung und Innenpolitik, aber auch Volkswirtschaft und Fiskalistik. Die Policeywissenschaft war die wissenschaftliche Lehre von der inneren Politik des älteren deutschen Territorialstaates vom ersten Drittel des 18. bis in die Mitte des 19. Jahrhunderts. Ihr oblag in erster Linie die Beamtenausbildung in den einzelnen Ländern des alten deutschen Reiches und im Deutschen Bund. Die Policeywissenschaft, die teilweise auch Kameralistik oder Kameralwissenschaft genannt wurde, vereinigte Volkswirtschaftslehre, Gesetzgebungslehre und Verwaltungswissenschaft als Teil der „inneren" Staatswissenschaften – im Gegensatz zur äußeren Politik und Nationalökonomie. Noch heute lebt diese Tradition der Staatswissenschaften in den Wirtschaftswissenschaften fort, die an einigen Universitäten immer noch an „staatswissenschaftlichen" Fakultäten gelehrt werden und den Titel des Dr.rer.pol., d.h. Doctor rerum politicarum, also einen Doktor der politischen Wissenschaft, vergeben, ohne daß dies noch bewußt reflektiert wird.

Staatswissenschaften als Erbe der Policey-Wissenschaft

Im 19. Jahrhundert brach die Policeywissenschaft in ihre Teilgebiete auseinander – in die verschiedenen Fächer der Nationalökonomie, der Verwaltungslehre und in die Verwaltungsrechtswissenschaft. Schon der Name dieser Disziplin, unüberhörbar an den Polizeistaat erinnernd, klang dem Liberalismus

26

der zweiten Hälfte des 19. Jahrhunderts fremd, ja peinlich in den Ohren. Der liberale Rechtsstaat wurde gegen den Polizeistaat des Absolutismus gestellt.

Die ältere Policeywissenschaft, um deren Rehabilitierung sich insbesondere Hans MAIER bemühte, der ein prominenter Vertreter einer normativ-ontologischen Politikwissenschaft ist, wie wir später sehen werden, war eine normative Wissenschaft, die das „gute Leben" des Bürgers in den Mittelpunkt stellte.

Ziel: das gute Leben

„Innerhalb der sich entfaltenden Staatswissenschaften nimmt dieser Zweig (d.h. die Polizeiwissenschaft, U.v.A.) von Anfang an eine zentrale Stellung ein. Das zeigt sich auch im Inhalt der polizeiwissenschaftlichen Schriften. Entsprechend der weiten Bedeutung des älteren Polizeybegriffs behandeln die polizeiwissenschaftlichen Traktate die ganze Breite des inneren staatlichen Lebens: von der Religions- und Sittenpolizei bis zu den Kleiderordnungen; von der noch halb ständischen Zunftverfassung bis zu den ersten Ansätzen einer freieren Gestaltung des Wirtschaftslebens; von bloßer Sicherheitspolizei und Gefahrenabwehr bis zur positiven Vorsorge des Staates für ‚peuplierung' ‚commerzien' und bürgerliche Wohlfahrt der Untertanen (...)

Die Polizeiwissenschaft spiegelt aber nicht nur den Zugriff des modernen Staates auf die im älteren Herkommen wurzelnden Ordnungen des sozialen Lebens wider und treibt ihn selbst voran; sie bemüht sich auch – und das ist eine zweite, oft übersehene Seite – um die Erfassung, Fixierung und Begrenzung jener Maßnahmen, durch die das fürstliche Rechtsgebot formend und umgestaltend in die ältere Sozialverfassung eingreift (...) Es zeigt sich, daß die Polizeiwissenschaft durchaus nicht nur eine Schrittmacherin des absoluten Staates war und sich etwa darauf beschränkt hätte, jeweils den zustimmenden Kommentar zu dem, sic volo sic jubeo! fürstlicher Polizeiordnungen zu liefern. Vielmehr kommt ihr gerade in der Geschichte der Einschränkung und rechtsstaatlichen Domestizierung der fürstlichen Polizeigewalt eine nicht zu unterschätzende Bedeutung zu" (MAIER 1986, S. 7f.).

Im 19. Jahrhundert geht diese umfassende und normative Sicht mit der Ausdifferenzierung der Nachfolgewissenschaften verloren. Rechtswissenschaft und Ökonomie wie auch die frühe Soziologie und die Geschichte verschreiben sich fast ganz dem Positivismus und dem Historismus. Als akademische Disziplin ging aus den Resten der Policeywissenschaft keine Politikwissenschaft in Deutschland hervor. Wohl gab es eine Reihe von Lehrbüchern bzw. Grundrissen mit dem Titel „Politik", so von dem frühliberalen Friedrich Christoph DAHLMANN „Die Politik" (1835) oder später von dem konservativen Historiker Heinrich von TREITSCHKE „Politik" (1865). Diese „Politiken" hatten aber mehr politische Wirkungen (auf den Liberalismus einerseits, wie bei DAHLMANN, oder die Rechtfertigung der Staatsräson und der Bismarckschen Staatskunstlehre andererseits, wie bei TREITSCHKE) und kaum politikwissenschaftliche Auswirkungen.

Darin waren sich Liberalismus, Konservativismus und der entstehende Sozialismus einig: Eine Politikwissenschaft als Policy-Forschung politischer und wirtschaftspolitischer Staatstätigkeit war nicht vonnöten. Für die Konservativen erledigte sich diese Aufgabe durch juristische Verwaltungslehre nach innen und historische Weltgeschichte nach außen; für Liberale waren die Nationalökonomie und rechtsstaatliche Fortschritte wichtiger; für die Sozialisten wie Marx und Engels sollten eine umfassende Politische Ökonomie und der historische Materialismus die Welt neu erklären. Restaufgaben der Politiktheorie konnte die politische Philosophie ausfüllen. Gegen Ende des Jahrhunderts wurden die letzten Politikprofessuren dann schrittweise umgewidmet, wobei die allgemeine Politiklehre nicht mehr berücksichtigt wurde und schließlich nicht mehr vertreten war. Begleitet wurde dieser Weg weg von der „princesse de toutes les sciences" bis zur Abschaffung der Politikwissenschaft von der zunehmenden und mit dem na-

Liberalismus, Konservativismus und Sozialismus verzichteten auf Politikwissenschaft

27

tionalen Machtstaat wachsenden Auffassung, Politik sei irrational und lasse sich nicht rational begreifen, im besten Fall eine Staatskunst, von genialen Staatsmännern beherrscht, im übrigen sei Politik ein „schmutziges Geschäft".

In den meisten Darstellungen der Entwicklung der deutschen Politikwissenschaft klafft nun ein tiefes Loch von fast einem halben Jahrhundert, bis in den zwanziger Jahren des 20. Jahrhunderts in der Weimarer Republik mit der Deutschen Hochschule für Politik in Berlin die eigentliche moderne Geschichte der Politikwissenschaft beginnt. Vorläufer sind in den meisten Darstellungen nur die großen Soziologen, die den Sozialwissenschaften allgemein methodische und theoretische sowie der politischen Soziologie speziell materielle und empirische Grundlagen geliefert haben, so an der Spitze Max WEBER (vgl. bes. seine gesammelten politischen Schriften 1964), der Übervater der deutschen Soziologie, und auch Robert MICHELS (1911), der mit seiner Soziologie des Parteiwesens als Begründer einer politischen Soziologie gilt.

Politik-Wissenschaft nach der Jahrhundertwende

Seit der Jahrhundertwende gab es aber tatsächlich über die Anfänge der jungen Soziologie hinaus in den alten Nachfolgedisziplinen der Politik – in Staatslehre, Geschichte und Nationalökonomie – ein wieder erstarkendes Interesse an Politik als Wissenschaft. So veröffentlichte der Bonner Professor für öffentliches Recht, Fritz STIER-SOMLO 1916 schon die 3. Auflage (zuerst 1907) seines kleinen Bändchens „Politik" in der weitverbreiteten Reihe „Wissenschaft und Bildung" sowie derselbe 1917 seine „Grund- und Zukunftsfragen deutscher Politik", in der er sich auch systematisch um „Wesen und Gegenstände der Politik" bemühte.

Sehr viel ambitionierter noch ist die Edition eines repräsentativen, zunächst zweibändigen Werkes „Handbuch der Politik", das zuerst 1912 erschien, mehrfach wieder aufgelegt und auch noch nach dem Ersten Weltkrieg auf drei Bände erweitert publiziert wurde. Herausgegeben wurde es von führenden Juristen, Historikern und Nationalökonomen jener Zeit, an der Spitze Paul LABAND, Georg JELLINEK, Franz von LIST, Karl LAMPRECHT und Fritz BEROLZHEIMER. Der erste Band ist den „Grundlagen der Politik" gewidmet, der zweite den „Aufgaben der Politik". Dieser zweite Band führt die alte Tradition der Policeywissenschaft fort, er ist ein Kompendium der „policies" jener Zeit: von den politischen Parteien, die nun nach langer Verfemung wissenschaftlich hoffähig geworden waren, über Staatshaushalt, Gemeinwirtschaft, Einzelwirtschaft, soziale Fragen, Schulwesen und Kunstpflege, Grenzlande und Kolonien bis abschließend zu den „politischen Zielen der Mächte der Gegenwart". Und dies insgesamt in beachtlichen 88 Einzelbeiträgen. Der erste Band behandelt Politik als Staatskunst und Wissenschaft, den Staat, Herrschaft und Verwaltung, Gesetzgebung, Rechtsprechung und den Parlamentarismus in 44 Einzelbeiträgen – insgesamt also ein politisches Panorama, das deutlich über die obrigkeitsstaatlich reglementierte Gegenwart des wilhelminischen Kaiserreiches mit der Fassade eines machtlosen Parlamentes hinauswies.

Die Autoren balancieren zwischen dem alten Bismarckschen Politikbegriff als Machtkunstlehre und einem neuen wissenschaftlichen Politikbegriff:

Neuer wissenschaftlicher Politikbegriff zu Beginn des 20. Jahrhunderts

„Politik ist die geistige Fähigkeit, den Staat und dessen öffentliches Leben zu verstehen, und die Kunst, nach Maßgabe dieses Verständnisses auf den Staat und das öffentliche Leben des Volkes einzuwirken. Daraus ergibt sich zugleich der wissenschaftliche Begriff Politik: Politik ist die Wissenschaft, die jenes Verständnis vermittelt und damit den Wegweiser bietet für jenes praktische Handeln"

– so eröffnet Philipp ZORN (1912/13, S. 1) den ersten Band und seinen Artikel Politik als Staatskunst. Im zweiten Artikel „Politik als Wissenschaft" versucht Hermann REHM (1912/13, S. 8) eine Abgrenzung der juristischen Staatsrechtslehre von der „Staatsmachtlehre oder historischen Politik":

„Sie ist die Lehre von den tatsächlichen Machtverhältnissen im Gegensatz zu den rechtlichen (...) Die Staatsmachtlehre beschreibt, wie Einrichtung und Verwaltung des Staates tatsächlich gestaltet sind. Recht und Tatsache, Recht und Macht sind sehr verschiedene Dinge".

REHM geht damit einen entscheidenden Schritt vorwärts in Richtung auf eine erfahrungswissenschaftliche, empirische Betrachtung von Politik und Gesellschaft, die sich vom traditionellen Rechtspositivismus, der nur gelten läßt, was positives, gesetztes Recht ist, emanzipiert. Er ist zwar weiterhin in seiner Definition von Politik ganz auf den Staat fixiert, aber nimmt doch auch schon weitere politische Faktoren zur Kenntnis: *Emanzipation der Politik vom Rechtspositivismus*

„Parteien, Vereine, Presse sind zwar keine rechtlichen Machtfaktoren, können aber sehr erhebliche tatsächliche sein" (REHM 1912/13, S. 8).

Das „Handbuch der Politik" bereitet also schon vor dem Ersten Weltkrieg als ein beeindruckendes Kompendium mit 132 Einzelartikeln im Großformat den Neuanfang der Politikwissenschaft in der Weimarer Republik vor. Das gilt auch für die seit 1908 von Richard Schmidt und Adolf Grabowsky herausgegebene „Zeitschrift für Politik", die älteste deutsche Zeitschrift für Politikwissenschaft, die heute noch existiert, allerdings als „neue Folge", da sie auch im Nationalsozialismus erschien und nach dem II. Weltkrieg neu begründet wurde.

Eine eigenständige Politikwissenschaft als anerkannte Universitätsdisziplin in Forschung und Lehre konnte während der Weimarer Republik nicht enstehen (vgl. KASTENDIEK 1977, S. 94ff.). Der Widerstand in den vorherrschend konservativ geprägten Disziplinen Staatsrechtslehre, Geschichte und Nationalökonomie war zu stark. Aber es gab doch einen Aufschwung der Politikanalyse, gerade auch in der jungen Soziologie, die zwar stärker expandierte, aber ebenfalls den Durchbruch als Universitätsfach nicht durchsetzen konnte.

Der bedeutendste Beitrag zur Entwicklung einer Politikwissenschaft lag zum einen als wissenschaftliche Einzelleistung bei dem Werk von Hermann HELLER und seiner „Staatslehre" (1934); zum anderen bestand dies in der wissenschaftspolitischen und politikdidaktischen Gemeinschaftsleistung des Aufbaus einer „Deutschen Hochschule für Politik" in Berlin. Beide Leistungen, die miteinander verknüpft sind, da Hermann HELLER auch an der Berliner Hochschule lehrte, sollen beispielhaft für die Politikwissenschaft Weimars gewürdigt werden. *HELLERs Staatslehre als politikwissenschaftliches Pionierwerk*

Hermann HELLER (1891-1934) gehörte zu den wenigen Staatslehrern der Weimarer Republik, die vorbehaltlos demokratisch engagiert waren. Weite Teile der übrigen Juristen und Staatsrechtler hatten eine zwiespältige Haltung zum „Weimarer System", waren Positivisten, denen das gesetzte Recht über alles ging, auch wenn es spätestens seit dem Präsidialregime von Reichskanzler Brüning 1930 und den Notverordnungen des Reichspräsidenten von Hindenburg, und schließlich durch die staatsstreichartigen Vorgänge von 1932 (Preußenschlag) vielfach gebeugt worden war. Oder sie waren gar Gegner und Feinde der Republik, wie insbesondere der einflußreiche Carl Schmitt, der wie manche andere mit seinen Theorien vom totalen Staat den Nationalsozialismus vorbereiten und rechtfertigen half. HELLER war für eine sozialstaatliche Demokratie enga-

29

giert und kämpfte wissenschaftlich und politisch gegen die reaktionären Kräfte, bekämpfte gerade auch den verhängnisvollen Einfluß von Carl Schmitt (vgl. MEYER 1967, S. 308f.). Sein Engagement gipfelte in der Prozeßvertretung der sozialdemokratischen Regierung Preußens, die der Reichskanzler von Papen 1932 handstreichartig abgesetzt hatte. Sein Kontrahent in dem aufsehenerregenden Prozeß war Carl Schmitt. HELLER hatte, schwer herzkrank, nur noch zwei Jahre zu leben, bis er 1934 in der spanischen Emigration früh starb, fieberhaft am Abschluß seiner „Staatslehre" arbeitend, die nach seinem Tod unvollendet in Holland erschien.

Diese Staatslehre löste sich vom Positivismus genauso wie von einem Idealismus, der nach dem „Wesen des Staates" oder „der Erscheinung des Staates überhaupt" fragte. HELLERs Programm der Staatslehre, die er in seinem Manuskript meistens „political science" nennt, und die von seinem Herausgeber posthum unglücklich mit „Politikologie" übersetzt wurde, ist folgende:

„Eine Funktion als Wissenschaft hat die Politikologie nur dann, wenn angenommen wird, daß sie imstande ist, eine richtige und verbindliche Beschreibung, Erklärung und Kritik der politischen Erscheinungen zu geben" (HELLER 1934, S. 4).

Beschreibung, Erklärung und Kritik der politischen Wirklichkeit

Das ist das moderne Credo einer erfahrungswissenschaftlichen, sozialwissenschaftlichen, aber nicht wertfreien, sondern politisch engagierten Politikanalyse: Beschreibung, Erklärung und Kritik der politischen Wirklichkeit. Hermann HELLERs Staatslehre ist das wichtigste politikwissenschaftliche Werk, das aus der Weimarer Republik hervorging. Aber auch sein politikdidaktisches und politisches Wirken war wichtig: Sein Auftreten im Prozeß Preußen gegen das Reich 1932 wurde schon erwähnt; er half zu Beginn der Weimarer Republik mit, das ganz neue Volkshochschulwesen aufzubauen; er war an den Debatten in der Sozialdemokratie um Nation und Sozialismus beteiligt; er setzte sich schon 1929 in seinem Buch „Europa und der Faschismus" mit der neuen Bedrohung Europas auseinander. Einzuschränken ist diese positive Würdigung Hermann HELLERs höchstens für die uns heute etwas befremdliche nationale Komponente seines Denkens. Erst 1932 wurde er von Berlin nach Frankfurt/Main zum ordentlichen Professor für öffentliches Recht berufen – gegen den Widerstand der Fakultätsmehrheit, die Carl Schmitt wollte. Und er lehrte in seiner Berliner Zeit an der „Deutschen Hochschule für Politik", an der sich sozialdemokratische, liberale, aber auch deutsch-nationale Dozenten sammelten, die einen Kristallisationspunkt für politikwissenschaftliche Analysen der Weimarer Republik bildeten.

Deutsche Hochschule für Politik als Staatsbürgerschule und Elitenrekrutierung

Die Deutsche Hochschule für Politik (DHfP) wurde 1920 in Berlin als eine überparteiliche private Stiftung von mehrheitlich liberalen Politikern gegründet. Sie geht auf Anregungen des bedeutenden Liberalen Friedrich Naumann, der 1919 verstorben war, zurück, der eine „Staatsbürgerschule" gründen wollte, um eine liberaldemokratische politische Elite heranzubilden, Nachwuchs für die hohe Ministerialbürokratie zu rekrutieren, Parteinachwuchs zu fördern und staatsbürgerliche Erziehung in den Schulen zu etablieren. Bei der DHfP sollte es sich aber um eine unabhängige und überparteiliche, nicht wie bei Naumann um eine Parteihochschule handeln, die Hochschule, Fachschule und Volkshochschule in einem verbinden sollte, ohne das Abitur als Zugangsvoraussetzung wie an den Universitäten zu fordern.

Zur Eröffnung erklärte der damalige Staatskommissar der preußischen Regierung für die Verwaltungsreform, Wilhelm Drews:

„Aufgabe der Hochschule für Politik (ist) nicht die systematisch abgeschlossene wissenschaftliche Kenntnis einer Summe von Tatsachen und Systemen, sondern gerade die Einführung in die in gärendem Werden begriffenen politischen Tagesfragen. Als vornehmlicher Hörerkreis ist nicht in erster Linie an die wissenschaftlich studierende, noch nicht im praktischen Leben stehende Jugend gedacht – die uns aber natürlich von Herzen willkommen ist –, sondern an Männer und Frauen, die ihre wissenschaftliche Berufsausbildung und eventuell auch praktische Lehrzeit schon hinter sich haben, schon im praktischen Leben stehen und den Drang nach Fort- und Weiterbildung speziell auf dem Gebiete der Politik in sich spüren. Irgendeine spezielle Vorbildung, irgendein Befähigungsnachweise wird nicht gefordert. (...)
Von höchster Bedeutung wird es darum sein, daß, ebenso wie wir auf eine Hörerschaft aus allen Parteien rechnen, auch in der Lehrerschaft *alle politischen Richtungen zu gleichen Rechten vertreten sind* (...) Die DHfP muß eine Stätte sein, wo Angehörige aller Parteianschauungen, nicht in den Formen und mit den Mitteln des hitzigen politischen Tageskampfes, sondern in den Formen und mit den Mitteln abgeklärter reiner Wissenschaft, dem politisch Wahrheitsuchenden ihre Gründe für die Echtheit ihres Ringens darlegen" (MISSIROLI 1988, S. 30f.).

Um diese Überparteilichkeit zu sichern, waren im Vorstand und im Vorstandsrat neben dem liberalen Initiator Ernst Jäckh und Theodor Heuss, der später erster Bundespräsident der Bundesrepublik wurde, auch die prominenten Sozialdemokraten Gustav Radbruch und Rudolf Hilferding vertreten.

Aber von Anfang an prägten Vieldeutigkeiten und Mehrdeutigkeiten das ambitionierte, vielleicht zu umfassende Projekt (Literatur zur DHfP: KASTENDIEK 1977, MISSIROLI 1988, GÖHLER/ZEUNER 1991, EISFELD 1991). Trotz eines vielversprechenden Beginns im Sinne des Weimarer Verfassungskonsenses mit Dozenten wie Theodor Heuss, Hermann Heller, Franz Neumann, Hajo Holborn oder Hugo Sinzheimer wurden später auch deutsch-nationale, zu Beginn der dreißiger Jahre sogar nationalsozialistische, aber auch kommunistische Dozenten in den Lehrkörper aufgenommen. Rainer EISFELD (1991, S. 16f.) bündelt die Strömungen in die drei wesentlichen Richtungen:

Problematische Pluralität in der DHfP

– ein funktionalistisches Demokratiekonzept der national-liberalen Strömung, das die liberalen Vernunftrepublikaner sammelt, das Staat und Elitebildung in der Demokratie stärker betonte als Demokratisierung und Sozialstaatlichkeit;

Drei Strömungen

– eine demokratisch-sozialstaatliche Strömung, für die insbesondere Hermann Heller stand und die Politikwissenschaft als eine engagiert sozialstaatliche Demokratiewissenschaft verstand;
– eine deutsch-nationale Minderheitenströmung, die im völkischen Sinne die repräsentative Demokratie als Vehikel zur Wiederherstellung und Stärkung eines nationalen Machtstaates instrumentalisieren wollte.

Seit Ende der zwanziger Jahre erhob die DHfP mehr und mehr den Anspruch, „Politik als Wissenschaft" bzw. „politische Wissenschaft" über die anfängliche Staatsbürgerkunde und Volksbildung hinaus zu betreiben, und wurde damit Keimzelle eines Faches „Politikwissenschaft". Das spiegelt sich auch in der internen Untergliederung wider, die folgendermaßen aussah:

Von der Volksbildung zur Politikwissenschaft

„I. Allgemeine Politik, Politische Geschichte und (seit 1932) Politische Soziologie. Leiter: Prof. Friedrich Meinecke, seit 1931 Hajo Holborn, 1932 Prof. Wilhelm Haas.

II. Außenpolitik und Völkerrecht (seit 1932 statt dessen: Auslandskunde). Leiter: Prof. Otto Hoetzsch.

III. Innenpolitik und Staatslehre (seit 1932: Innenpolitik einschließlich Kulturpolitik und Pressewesen). Leiter: Prof. Hermann Heller, seit 1932: Theodor Heuß.

IV. Wirtschaftsgrundlagen der Politik. Leiter: Prof. Götz Briefs.

V. Politische Psychologie und Auslandskunde. Leiter: Prof. Wilhelm Haas. Diese Studiengemeinschaft wurde 1932 aufgelöst. An ihre Stelle trat eine neue unter der Bezeichnung: Rechtsgrundlagen der Politik. Leiter: Prof. Hermann Heller, seit 1932 Ministerialdirektor Arnold Brecht" (SCHNEIDER 1962, S. 19).

Die DHfP entsprach mit diesem Fachangebot damals durchaus internationalen Standards. Sie hatte einen Stand erreicht, „den später die westdeutsche Politologie lange Zeit nicht erreichen konnte" (KASTENDIEK 1977, S. 137).

Aber das Ende dieser ausdifferenzierten Lehr- und Forschungsanstalt stand kurz bevor. Nach der Machtübernahme der Nationalsozialisten versuchten die liberalen Gründungskräfte noch hilflose Versuche des Arrangements (vgl. EISFELD 1991, S. 19). Die nationalen Kräfte gewannen schnell die Oberhand, die demokratisch engagierten (zum Teil jüdischen) Dozenten wurden ins äußere und innere Exil getrieben, die Hochschule vom Reichspropagandaministerium übernommen und gleichgeschaltet. Später wurde sie in die „auslandswissenschaftliche Fakultät" der Berliner Universität eingegliedert.

Republik-Wissenschaft Die Politikwissenschaft der Weimarer Republik war also keineswegs eine vorbehaltlose Demokratiewissenschaft. Sie war überwiegend eine nüchterne Republik-Wissenschaft auf der Basis des Weimarer Verfassungskonsenses mit schon damals deutlichen deutsch-nationalen Unterströmungen. Es war ein lange gepflegter Mythos der Fachgeschichte, die Politikwissenschaft habe sich als einzige Universitätsdisziplin geschlossen den Nationalsozialisten verweigert, die die DHfP auflösten und alle Fachvertreter in die Emigration trieben. Aber auch einige Politikwissenschaftler versuchten ein Arrangement, machten Karriere an der gleichgeschalteten DHfP und publizierten in der „Zeitschrift für Politik" unsägliche Elogen auf das Regime. Im Gegensatz zu manchen anderen akademischen Gruppen war allerdings der Neuanfang und Einschnitt nach 1945 eindeutiger. Belastete Fachkollegen konnten nach 1945 im Fach kaum wieder Fuß fassen.

2.3 Von der Demokratiewissenschaft in der jungen Bundesrepublik zur normalen Sozialwissenschaft

Explosionsartiges Wachstum der Politikwissenschaft verursacht Wachstumsstörungen

Bei der Neueröffnung der deutschen Universitäten nach 1945 gab es keine Professur für Politikwissenschaft. Für die Politikwissenschaft gab es also tatsächlich eine Stunde Null mit einer völligen tabula rasa. 45 Jahre später, zu Beginn der neunziger Jahre, lehrten an deutschen Universitäten und Hochschulen ca. 800 Professoren und (leider nur sehr wenige) Professorinnen das Fach und ca. 15.000 Studentinnen und Studenten waren in Politikwissenschaft eingeschrieben.

Wissenschaften wachsen langsam. Deshalb ist das Wachstum der Politikwissenschaft fast als explosionsartig zu bezeichnen. Dieses schnelle Wachstum er-

32

klärt auch einige interne Wachstumsstörungen und manche externe Kritik an diesem Emporkömmling, der etablierten Nachbarfächern über den Kopf zu wachsen drohte. Andererseits ist dieses rapide und kontinuierliche Anwachsen kaum anders zu erklären, als daß es eine kräftige Nachfrage nach diesem Fach gab und gibt – auf seiten der Hochschulpolitik, die für die Bewilligung der Lehrstühle zuständig ist, auf seiten der Studierenden, die das Fach attraktiv finden, auf seiten des Arbeitsmarktes, der die Absolventen irgendwie aufnehmen muß, und auf seiten der Abnehmer von Forschungs- und Beratungsleistungen der Politikwissenschaftler in der Wissenschaft sowie in Politik und Gesellschaft. Das zuweilen zu beobachtende Selbstmitleid, die Politikwissenschaft sei ein ungeliebtes Kind in Politik und Wissenschaft, das deshalb laut schreien müsse, um die entbehrten Streicheleinheiten einzuheimsen, ist im Lichte dieser Erfolgsbilanz als ganz normaler Streit um knappe Ressourcen im Wissenschaftsbetrieb zu relativieren.

2.3.1 Die Aufbauphase

Die Impulse zum Aufbau der Politikwissenschaft nach dem Zweiten Weltkrieg gingen von drei Gruppen aus:

Impulse zum Aufbau von:

„(1) Die amerikanische Militärregierung verstand die Einrichtung einer selbständigen *political science* als Bestandteil ihrer *Reeducation*-Politik; ihr Fehlen wurde als echter Mangel empfunden. Die Amerikaner versuchten nicht, ihre Vorstellungen autoritativ durchzusetzen – wie die Sowjets in ihrer Besatzungszone – sie wählten den Weg der indirekten Einflußnahme und der Überredung, z.B. indem sie finanzielle und andere materielle Zuwendungen in Aussicht stellten.

– US-Militärregierung

(2) Die Freiräume, die so entstanden, nutzten deutsche Politiker – überwiegend Sozialdemokraten – zur konkreten Ausgestaltung ihrer Anschauungen. Ohne das Engagement von Persönlichkeiten wie *Erwin Stein* in Hessen, *Otto Suhr* in Berlin oder *Adolf Grimme* in Niedersachsen, Forschung und Lehre einer ,Wissenschaft von der Politik' institutionell abzusichern und schrittweise weiterzuentwickeln, wäre die amerikanische Initiative zweifelsohne ins Leere gelaufen. Die wiederholt zu hörende Behauptung, die Politikwissenschaft sei ein aus den USA importiertes modisches Erzeugnis, ist schon allein aus diesen – und auch aus anderen Gründen – so nicht haltbar.

– deutschen Politikern

(3) Das Bindeglied zwischen den Amerikanern und den Deutschen stellten einige wenige Emigranten dar, die mit den deutschen Verhältnissen bestens vertraut waren und den amerikanischen Besatzungsbehörden auf vielfältige Weise als Berater zur Seite standen" (MOHR 1986, S. 63).

– Emigranten

Alle drei Gruppen waren sich einig, daß es vornehmste Aufgabe der „Wissenschaft von der Politik" oder der „politischen Wissenschaften", wie es damals meist hieß, sei, demokratische Werte zu vermitteln – in der breiten Bevölkerung durch Weiterbildungsangebote und in der gesamten Studentenschaft durch ein für alle verbindliches „studium generale". Eine eigenständige Fachwissenschaft war zunächst kaum intendiert. Für die übergreifende Weiterbildungsinitiative waren insbesondere die Amerikaner aktiv. Denn „political science" ist in den USA nicht zuletzt deshalb so stark in den Hochschulen vertreten, weil die meisten Anfängerstudenten aller Fächer obligatorische Einführungskurse in „American Government" oder anderen politikwissenschaftlichen Angeboten absolvieren müssen.

Politikwissenschaft in die unterschiedlichen Fächerangebote zu integrieren, war deshalb auch Teil einer umfassend gedachten Bildungsreform, die Abschied von einem überkommenen, unpolitischen oder sogar antipolitischen bürgerlichen Bildungsideal nehmen sollte, das den Nationalsozialismus nicht nur nicht verhindert, sondern sogar gefördert hatte. Die westlichen Siegermächte glaubten nicht an eine Selbstreinigungskraft der Deutschen und bemühten sich deshalb um eine neue Grundlage für die Erziehung zu demokratischen Werten. Die Einführung gerade der Politikwissenschaft in die Universitäten wurde durch die westlichen Siegermächte um so dringlicher erachtet, als die traditionellen „politischen Wissenschaften" sich im Nationalsozialismus kompromittiert hatten. Dies galt besonders für das Staatsrecht und die Geschichtswissenschaft, weniger für Soziologie, Philosophie und Nationalökonomie. Das Staatsrecht hatte sich in Weimar mit seinem Legalismus und Positivismus demokratischen Normen nicht geöffnet und dem Nationalsozialismus in vielfältiger Weise gedient. Die Geschichtswissenschaft hatte überwiegend ihr Denken fixiert auf den Nationalstaat, die großen Mächte und ein Geschichtsbild des „Männer-machen-Geschichte".

„Sowohl das Staatsrecht als auch die Geschichtswissenschaft waren in ihrem Kern konservativ und standen der Demokratie fremd gegenüber" (MOHR 1986, S. 63).

Insofern war es plausibel, daß in der Zeit des demokratischen Neuaufbaus nach neuen Kräften Ausschau gehalten wurde, um die junge Demokratie zu entwickeln und zu stabilisieren.

Errichtung der ersten Lehrstühle

Der erste Lehrstuhl für Politik an einer deutschen Nachkriegsuniversität wurde schon um 1946/47 in Köln errichtet, aber durch inneruniversitäre Querelen erst Ende der fünfziger Jahre besetzt.

„Einen spektakulären Schritt unternahm im Mai 1948 das hessische SPD/CDU-Kabinett, als es beschloß, in Frankfurt, Marburg und an der TH Darmstadt jeweils einen Lehrstuhl für Politik zu schaffen. In der Folgezeit wurden weitere Lehrstühle eingerichtet in Tübingen, Kiel, Hamburg, Freiburg, Heidelberg, Bonn, Erlangen, München, an der TH Aachen und an der TH Stuttgart; in Göttingen war der Lehrstuhl verknüpft mit Allgemeiner Staatslehre" (MOHR 1986, S. 65).

Wiederbegründung der DHfP

Inzwischen war 1947/49 auch die „Deutsche Hochschule für Politik" (DHfP) in Berlin wieder gegründet worden, diesmal nicht führend von liberalen, sondern von sozialdemokratischen Bildungspolitikern, insbesondere von Otto Suhr, der damals Vorsitzender der Berliner Stadtverordnetenversammlung und später regierender Bürgermeister war. Die DHfP wurde nicht als private Stiftung, sondern nun als Stiftung des öffentlichen Rechts etabliert. In der Gründungssatzung heißt es zum Ziel der Hochschule:

„Die Hochschule hat die Aufgabe, auf der Grundlage einer demokratischen Staatsauffassung in überparteilicher Weise durch Lehre und Forschung politisch interessierten Angehörigen aller Bevölkerungsschichten die wissenschaftlichen Erkenntnisse zu vermitteln, die zum Verständnis des politischen Geschehens und zur verantwortlichen Mitwirkung am politischen Leben erforderlich sind" (MOHR 1988, S. 55).

Von der Weiterbildungsstätte zum größten politikwissenschaftlichen Institut

In ihrer Gründungskonzeption war die DHfP also eine Fortbildungsstätte für Erwachsene mit wissenschaftlichem Anspruch, die einerseits Weiterbildung in Form eines Aufbaustudiums der Politischen Wissenschaft anbot und andererseits viele politisch Aktive und Interessierte je nach Interessenlage politisch weiterbilden wollte. Der erste Direktor war als treibende Kraft des Wiederaufbaus Otto

Suhr, der nachdrücklich die allgemeine Weiterbildung förderte. Er war Gegner einer Akademisierung durch Diplomvergabe: „Der Diplom-Politologe wäre ein Unding", stellte er apodiktisch fest (vgl. GÖHLER 1991, S. 152). Dennoch war der Trend zur Akademisierung nicht aufzuhalten, denn die Weiterbildungsinteressenten und die dazu notwendigen Gastdozenten aus der Praxis wurden immer weniger, die „Vollstudenten" dagegen immer mehr. Auf Druck dieser Gruppe und gefördert insbesondere durch den aus den USA zurückgekehrten Ernst Fraenkel erfolgte die Abkehr von der Weiterbildung und von einem diffusen Integrationsverständnis einer übergreifenden politischen Wissenschaft hin zu einem Diplom, das die DHfP seit 1953 vergab, und zu einer klaren Entscheidung für ein schärfer konturiertes Fach Politikwissenschaft. Nach längeren Auseinandersetzungen mit der zögerlichen FU Berlin wurde das DHfP-Diplom 1956 als gleichrangig mit universitären Studiengängen anerkannt und schließlich die gesamte Hochschule als interfakultatives Institut 1959 in die Freie Universität eingegliedert, wo sie noch heute als Fachbereich 15 (Otto-Suhr-Institut, kurz OSI) das größte politikwissenschaftliche Institut Deutschlands, vielleicht sogar Europas repräsentiert (vgl. ALBRECHT u.a. 1989).

Auch in der übrigen Hochschullandschaft der Bundesrepublik ging der Trend bald von der allgemeinen oder universitären politischen Weiterbildung in Richtung auf eine Verankerung der Politikwissenschaft an den Universitäten. Diese Etablierung des Faches wurde von wichtigen Gründungskonferenzen geprägt, deren erste in Waldleiningen 1949 stattfand. Auf Einladung der Hessischen Landesregierung trafen sich hier Mitglieder der Landesregierungen, Vertreter der Besatzungsmächte und Wissenschaftler aus Deutschland, aber insbesondere aus dem Ausland, an der Spitze einige deutsche Emigranten aus Amerika unter Führung des aktiven Promotors einer neuen Politikwissenschaft, Karl Loewenstein. Die Veranstaltung trug das Motto „Einführung der politischen Wissenschaften an den deutschen Universitäten und Hochschulen" (vgl. MOHR 1988, S. 97ff.). Eine Entschließung nach langer und ausführlicher Debatte, die heute noch überaus interessant zum Nachlesen ist, forderte:

Konferenz 1949 für ein studium generale

„1. Die Einbeziehung der politischen Wissenschaften in den Studienplan der Universitäten und Hochschulen wird als unerläßlich und dringend angesehen.
2. Aus diesem Grunde wird den Landesregierungen, den Universitäten und Hochschulen nahegelegt, in eine sofortige Prüfung der Art und Weise der Ausführung dieses Vorschlages einzutreten.
3. Als zweckdienlich werden empfohlen:
   a) die Errichtung von Lehrstühlen der politischen Wissenschaften, insbesondere etwa der Weltpolitik, der politischen Soziologie, der vergleichenden Staatenkunde, der auf die Gegenwart bezogenen Universalgeschichte und der politischen Theorien u.a.m.,
   b) daß diese Vorlesungen zum Studienplan aller Studenten gehören und gegebenenfalls zum Gegenstand von Prüfungen gemacht werden,
   c) daß außerdem ausreichende Mittel zur Förderung der Forschung in diesen Fächern zur Verfügung gestellt werden" (Hessisches Ministerium für Erziehung und Volksbildung 1949, S. 155).

Es wird deutlich, daß hier noch eine Addition von „politischen Wissenschaften" für eine Art „studium generale" aller Studenten gefordert wurde. Die anderen Disziplinen standen diesem Vorhaben skeptisch gegenüber. Besonders die Westdeutsche Rektorenkonferenz fühlte sich überrollt und befürchtete überstürzte

Lehrstuhlerrichtungen, ohne daß dafür ausgebildete Dozenten und aufnahmebereite Fakultäten bereitstünden.

Konferenzen 1950 für den Aufbau einer Fachdisziplin

Zwei weitere Konferenzen 1950 in Berlin und in Königstein stellten die Weichen in Richtung auf einen eindeutigen Fachaufbau der Politikwissenschaft an den Universitäten. Auf der Berliner Tagung hatte sich in einer Entschließung voll und ganz die Forderung nach Einrichtung der Politikwissenschaft als eigenständige Disziplin durchgesetzt:

„1. Es gibt eine eigene Wissenschaft von der Politik. Sie soll in Forschung und Lehre entsprechend der besonderen deutschen Situation entwickelt werden.

2. Die Wissenschaft von der Politik untersucht analysierend und zusammenfassend die gesamtgesellschaftlichen und geschichtlichen Verhältnisse unter politischen Gesichtspunkten.

3. Als Gegenstand dieser Wissenschaft erscheint folglich die Gestaltung des öffentlichen Lebens, dessen Grenzen zum Privaten unter den modernen gesellschaftlichen und geistigen Verhältnisse fließend sind.

4. Diese Wissenschaft hat insbesondere zu tun mit dem Erwerb, dem Gebrauch, dem Verbrauch der Macht, mit der Gesittung und ihrem Verfall. Dazu gehört die Behandlung der politisch entscheidenden Probleme des Massenzeitalters, des inneren politischen Aufbaus, der internationalen Beziehungen und die Anwendung der Ergebnisse auf die politische Tagespraxis.

5. Zur Erfüllung ihrer Aufgaben bedarf die Wissenschaft von der Politik der Unterstützung durch Philosophie, Universalgeschichte, Rechtswissenschaft, Wirtschaftswissenschaft und andere Disziplinen.

6. Die gegenwärtige deutsche Wirklichkeit verlangt für die politische Wissenschaft vordringlich die Errichtung eigener Forschungszentren, Lehrstühle und Arbeitsgemeinschaften an allen akademischen Bildungsanstalten sowie die Entwicklung der Wissenschaft von der Politik an eigenen Hochschulen. Diese sollen auch weiteren Kreise offen stehen und sich zugleich in Forschung und Lehre der Ausbildung des politischen Nachwuchses widmen.

7. Die Ergebnisse der Arbeit der politischen Wissenschaft müssen ständig und in vielfältiger Form nicht nur den Studenten und den Schülern, sondern auch den Volkshochschulen, der Publizistik und den anderen Faktoren des öffentlichen Lebens dargeboten werden.

8. Die Wissenschaft von der Politik kann nur einen Beitrag zur politischen Bildung liefern, die Wissen, Erfahrung und Gesittung verbindet. Die Vermittlung eines hohen Maßes politischen Wissens, sachlich und unabhängig dargeboten, ergänzt von Praktikern aus der unmittelbaren Erfahrung, fördert nachhaltig die politische Selbsterziehung des deutschen Volkes" (KASTENDIEK 1977, S. 178f.).

Gründung der DVPW

In Königstein wurde dieser Trend unter Beteiligung von Vertretern der Westdeutschen Rektorenkonferenz fortgesetzt und als Konsequenz die Gründung einer „Vereinigung für die Wissenschaft von der Politik" (später: Deutsche Vereinigung für Politische Wissenschaft, DVPW) vorbereitet, die dann ebenfalls in einer weiteren Tagung in Königstein 1951 erfolgte. Erster Vorsitzender wurde der Heidelberger Kultursoziologe Alexander Rüstow, weitere Vorstands- und Beiratsmitglieder waren unter anderem Wolfgang Abendroth, Otto Suhr, der hessische Kultusminister Erwin Stein, der Freiburger Ludwig Bergsträsser, der Tübinger Theodor Eschenburg und der Heidelberger Dolf Sternberger.

Als Fachzeitschrift war zunächst die wiederbegründete „Zeitschrift für Politik" im Gespräch. Nach langen Querelen mit dessen Herausgeber, Adolf Grabowsky, und dem Verlag wurde schließlich 1960/61 die „Politische Vierteljahresschrift" (PVS) als Verbandsorgan neu gegründet.

Bis 1960 wurden an der Mehrzahl der Universitäten Lehrstühle der Politikwissenschaft errichtet. Als selbständige Disziplin war die Politikwissenschaft im Sommer 1960 an 12 der damals 18 (!) Universitäten institutionalisiert. Daneben bestanden in juristischen Fakultäten Lehrstühle für Staatsrecht und Politik. Es gab insgesamt 24 ordentliche und außerordentliche Lehrstühle für Politische Wissenschaft (vgl. LEPSIUS 1961, S. 91), die an ganz unterschiedlichen Fakultäten beheimatet waren. Die Rekrutierung der Dozenten erwies sich mangels einer politikwissenschaftlichen Tradition und Habilitation als schwierig.

„Ihrer Herkunft nach bildeten die ersten Vertreter des Faches in der BRD eine äußerst heterogene *scientific community*. Sie kamen überweigend aus den klassischen, mit der Politik in Berührung stehenden Disziplinen wie Recht, Geschichte, Ökonomie oder Soziologie, wobei die beiden zuerst genannten Wissenschaften dominierten. Der offensichtliche Mangel an wissenschaftlich qualifiziertem Personal veranlaßte etliche Universitäten, Gastprofessoren, insbesondere aus dem angelsächsischen Ausland, semesterweise einzuladen. Die DHfP in Berlin sah sich gezwungen, eine größere Zahl von Vertretern des öffentlichen Lebens als Dozenten zu verpflichten, um Lücken im Lehrangebot zu schließen" (MOHR 1986, S. 65).

Anfang der sechziger Jahre erlebte die Politikwissenschaft einen deutlichen Aufschwung. Die Zahl der Professorenstellen verdoppelte sich von 1960 bis 1965, die Zahl der Studenten verdreifachte sich sogar auf insgesamt ca. 1.500 (vgl. MOHR 1986, S. 67). Die Bildungspolitiker reagierten zu Beginn der sechziger Jahre erschrocken auf das Auftreten antisemitischer Aktionen von Jugendlichen mit Hakenkreuzschmierereien auf jüdischen Friedhöfen. Zur Stärkung der politischen Bildung wurden neue politikwissenschaftliche Lehrstühle eingerichtet – auch wenn das Ausbauziel, an jeder Universität, deren Zahl mittlerweile stetig angewachsen war, mindestens drei Lehrstühle für Politikwissenschaft (in der Regel Politische Theorie, Innenpolitik, Außenpolitik) einzurichten, bis heute nicht erreicht wurde. Dennoch konnte das Fach bis Mitte der sechziger Jahre an den Universitäten als verankert und als wissenschaftliche Disziplin mit Fachvereinigung und Fachzeitschrift als institutionalisiert gelten.

Aufschwung Anfang der sechziger Jahre

2.3.2 Die kritische Phase

Von Mitte der sechziger Jahre bis gegen Ende der siebziger Jahre bzw. Anfang der achtziger Jahre geriet die Politikwissenschaft in eine „kritische Phase". Dies ist durchaus doppeldeutig gemeint: zum einen im eher physikalischen Sinne, daß die Politikwissenschaft eine kritische Masse erreichte, mit der sie in einen neuen Aggregatzustand umschlug: aus der Aufbauphase in die Professionalisierung als normale Sozialwissenschaft. Zum anderen bedeutet kritische Phase, daß nach der Initiierung als Demokratiewissenschaft der jungen Bonner Bundesrepublik nun eine Phase der Kritik an politischen Fehlentwicklungen in den Vordergrund geriet, bzw. eine „kritische Wissenschaft" auf den Plan trat, die neomarxistische Theorien und Methoden aufgriff.

Die Zahl der Professorenstellen entwickelte sich zwischen 1965 und 1980 sprunghaft, vervierfachte sich fast von 51 auf 201; die der StudentInnen stieg noch stärker von ca. 1.500 auf ca. 8.400, also auf mehr als das fünffache (vgl. MOHR 1986, S. 66). Mit dem Anstieg des Lehrpersonals ging aber nicht eine Verbreiterung der Vertretung an den einzelnen Instituten einher, da auch die vielen neu gegründeten Universitäten und Gesamthochschulen mit meist kleinem politikwissenschaftlichen Grundpersonal ausgestattet wurden.

Bildungspolitisch waren die Steigerungsraten von Personal und Studierenden besonders durch die stärkere Einbeziehung der Politikwissenschaft in die Lehrerausbildung verursacht worden. Anfang der sechziger Jahre wurde zunehmend das Versagen der politischen Bildungsarbeit an den Schulen kritisiert. Ein besonderer Mangel sei das Fehlen fachwissenschaftlich ausgebildeter Lehrer.

Politikwissenschaft in der Lehrerausbildung

„Das bis dahin eindeutig bevorzugte *Unterrichtsprinzip*, wonach die Behandlung politischer Themen jedem Fachlehrer überlassen blieb, mußte durch das *Fachprinzip*, die Einrichtung eines separaten Faches für den politischen Unterricht, zumindest kompensiert werden" (MOHR 1986, S. 66f.).

Seit 1960 sahen die Rahmenrichtlinien der Kultusministerkonferenz vor, für die politische Bildung das Fach „Gemeinschaftskunde" einzuführen, das Geschichte, Geographie und Sozialkunde, bzw. Politik umfassen soll. Zwar war damit Sozialkunde bzw. Politik vorgesehen, aber das Schulfach selbst ein problematisches Konglomerat aus mehreren Bestandteilen. Diese diffuse Situation wurde später nicht besser, sondern bundesweit eher noch unübersichtlicher. Es gibt Bundesländer mit dem Fach Politik an den Schulen, Sozialwissenschaften mit politikwissenschaftlichem Anteil, Sozialkunde, Gemeinschaftskunde und poitische Bildung. An den Schulen herrscht bis heute Konkurrenz von Geschichte bzw. Erdkunde mit starken kulturgeographischen (d.h. sozialwissenschaftlichen) Anteilen gegenüber einer politikwissenschaftlich fundierten Politischen Bildung.

Streit um die Politische Bildung

Seit Ende der sechziger Jahre kam es innerhalb der Politischen Bildung und auch in der Öffentlichkeit zum Streit um die politpädagogischen Leitwerte, entzündet insbesondere an den hessischen Rahmenrichtlinien für Politik. Der traditionellen Grundorientierung, die vom Menschenbild des Grundgesetzes ausgehend eine christlich-ethisch fundierte Ordnung mit dem Staat als Gemeinwohlgaranten formuliert hatte, wurden Positionen gegenübergestellt, die entweder funktional und systemtheoretisch konzipiert waren oder aber zunehmend stärker emanzipatorisch und kritisch engagiert waren. Emanzipatorische Konzepte stellten die Betroffenheit des Schülers und seine Einbeziehung in gesellschaftliche Konflikte in den Vordergrund. Diese Positionen reichten von linksliberalen bis zu neomarxistischen und zur kritischen Theorie der Frankfurter Schule. Bis in Wahlkämpfe wurde der Streit um die Rahmenrichtlinien des Politikunterrichtes hineingezogen, in denen der traditionellen normativen Seite apologetische Harmoniesucht vorgeworfen wurde, die die gesellschaftlichen Konflikte übertüncht oder sogar manipuliert, der anderen Seite wurde Systemveränderung und Aufruf zum Klassenkampf angekreidet. Kaum je zuvor und danach sind politiktheoretische Konzepte so öffentlich und so kontrovers debattiert worden (vgl. SCHÖRKEN 1975, WILBERT 1978, WITTKÄMPER 1988, MICKEL/ZITZLAFF 1988).

Politisierung der Politikwissenschaft in der Studentenbewegung

Dieser Richtlinienstreit in der politischen Bildung spiegelte nicht nur den seit den sechziger Jahren angewachsenen Theorienstreit in der Leitdisziplin Politikwissenschaft wider. Ende der sechziger Jahre zur Zeit der Großen Koalition, als eine außerparlamentarische Opposition gegen die Notstandsgesetzgebung, gegen den Vietnam-Krieg und gegen die Schwächung der Opposition durch die Große Koalition entstand, engagierten sich auch liberale und linke Professoren der Politikwissenschaft aktiv in der Öffentlichkeit und erst recht ihre Studenten in der Studentenbewegung. Der bisher vorherrschenden Orientierung einer normativ auf die demokratische Ordnung verpflichteten, eher konservativen Richtung sowie einer liberalen zeithistorischen oder auch an amerikanischer empirischer

38

Politikforschung ausgerichteten Position wurden nun prononciert links orientierte kritische Ansätze gegenübergestellt, die sich vornehmlich an der neomarxistischen kritischen Frankfurter Schule orientierten oder direkt auf Marx zurückgreifend eine materialistische Politische Ökonomie rekonstruieren wollten. Es kam zu vehementen Auseinandersetzungen innerhalb einiger politikwissenschaftlicher Institute, besonders am Otto-Suhr-Institut (OSI) der FU Berlin (vgl. ALBRECHT u.a. 1989, GÖHLER/ZEUNER 1991), zu Spaltungen von Instituten, Institutsbesetzungen und Streit innerhalb der DVPW. Auf dem Hamburger Kongreß 1973 kumulierten die Vorwürfe darin, daß durch politische Resolutionen der wissenschaftliche Charakter der Vereinigung Schaden nehme. Bereits das Kongreßthema „Politik und Ökonomie – autonome Handlungsmöglichkeiten des politischen Systems" und seine Umsetzung in Arbeitsgruppen erregte Anstoß.

„Die Kritiker sahen hier die Vorherrschaft einer marxistisch bzw. system-kritischen Politikwissenschaft als erwiesen an. Demonstrativ erklärte der frühere Vorsitzende der DVPW *Dolf Sternberger* seinen Austritt. Die Führungsgremien der DVPW wiesen den Vorwurf, einer einseitigen Programmplanung Vorschub geleistet zu haben, aufs entschiedenste zurück; sie wiesen darauf hin, daß Vertreter aller theoretischen Strömungen innerhalb der Disziplin zur Mitgestaltung aufgerufen worden seien" (MOHR 1986, S. 72).

Als repräsentativ für den Versuch, eine Generalkritik der bisherigen Geschichte der Politikwissenschaft mit dem Entwurf einer alternativen, neomarxistischen Sicht von Politik und Ökonomie, Staat und Gesellschaft zu entwickeln, um schließlich „Das Verhältnis von Politik und Ökonomie als Ansatzpunkt einer materialistischen Analyse des bürgerlichen Staates" neu zu bestimmen, kann das zweibändige Werk von Bernhard BLANKE, Ulrich JÜRGENS und Hans KASTENDIEK (1975) gelten (vgl. auch die Darstellung der Auseinandersetzungen am Berliner OSI in ALBRECHT u.a. 1989).

Aber die Politikwissenschaft insgesamt kippte nicht um in dieser kritischen Phase. Vielmehr wurden die kritisch inspirierten Theorien und Methoden in das Fachspektrum aufgenommen und bereicherten den wissenschaftlichen Diskurs (eine systematische Darstellung der unterschiedlichen Ansätze folgt weiter unten). Obwohl in der Öffentlichkeit manche Skepsis gegen die „Diplompolitologen" meist Berliner Provenienz, da erst zögerlich andere Universitäten einen Diplomstudiengang einrichteten, im Zuge dieser Auseinandersetzungen nach 1968 neu entfacht wurde, konnte dies die weitere Expansion des Faches nicht nachhaltig aufhalten. Auch die Deutsche Vereinigung für Politische Wissenschaft überlebte diese turbulenten Jahre überraschenderweise ohne Spaltungen. Erst 1983, als der Zündstoff längst vergessen schien, gründete sich eine kleine, hochschulpolitisch eher konservative „Deutsche Gesellschaft für Politikwissenschaft" als Konkurrenzorganisation, die zunächst nur Professoren und Habilitierte als Mitglieder aufnehmen wollte, aber ihr großes Ziel, die DVPW an Bedeutung bald zu überflügeln, zurückstecken mußte. Die DVPW blieb die klar dominierende Vertretung des Faches. Zu Beginn der neunziger Jahre ist dieser Konflikt in den Hintergrund getreten, und beide Seiten bemühen sich um Kooperation.

Konsolidierung nach kritischer Phase

2.3.3 Die Professionalisierung

Insbesondere die Politikfeld-Forschung hat in den letzten zwei Jahrzehnten die Politikwissenschaft verändert. Zum einen ist die Praxisorientierung stärker in den Vordergrund gerückt. Policy analysis ist immer angewandte Feld-Forschung, ob in den Politikfeldern Bildungspolitik, Gesundheitspolitik, Arbeitsmarktpolitik oder Umweltpolitik. Dadurch sind die öffentliche Förderung und der Einfluß durch Politikberatung angestiegen, obwohl Policy-Forschung und Politikberatung nicht deckungsgleich sind und obgleich die Politikberatung insgesamt immer noch stärker die Domäne der juristischen, naturwissenschaftlichen und ökonomischen Experten in Deutschland geblieben ist. Selbstkritisch muß man deshalb konzedieren: „Politologen spielen bisher bei der Beratung von Politikern keine entscheidende Rolle" (LANDFRIED 1986, S. 113). Die Betonung liegt dabei auf „entscheidend", denn sicher spielen sie doch eine nicht unwichtige Rolle, denn es gilt zu beachten, daß die praktische Relevanz der Politikwissenschaft in einem *„längerfristigen Prozeß* der Aufklärung (besteht), in der Bereitstellung von Konzepten und Denkschemata, mit denen die Realität geordnet wird" (JANN 1985, S. 99f.). Darauf verweist auch Klaus von BEYME:

„Die Planungseuphorie der späten sechziger und frühen siebziger Jahre führte zu einer Entspannung auch des Verhältnisses Politik und Wissenschaft. Beratungsverhältnisse intensivierten sich und blieben vor allem im Policy-Bereich auch von der niedergehenden Konjunktur weniger berührt als in anderen Bereichen" (v. BEYME 1986b, S. 22).

Es gibt aber auch kritische Aspekte der Policy-Orientierung. Die Politikwissenschaft weiß alles, kann alles, macht alles – diesen Eindruck gewinnt man, wenn man die Arbeit der Politikwissenschaft in „Politikfeldern" als „policy-forschung" der letzten 20 Jahre verfolgt. Nicht mehr der systematische Aufbau der älteren Politikwissenschaft nach Theorie, Innenpolitik und Außenpolitik steht dabei im Vordergrund, sondern die Ausrichtung an politischen Problemlagen, Handlungsfeldern und dem Beratungsbedarf der politischen Praxis und ihrer Zuwendungsgeber für die anwendungsorientierte Forschung. Besonders in der

Hochkonjunktur der politischen Reformen und der Planungseuphorie der Praxis nach Antritt der sozialliberalen Koalition im Jahre 1969 entstanden Konzepte der „aktiven Politik", die von der Politikwissenschaft entworfen, geplant und „implementiert" – so ein neues Modewort – werden sollen und können. Der Staat ist steuerbar, wenn man nur die richtigen Instrumente entwickelt und einsetzt.

Politikwissenschaft erhält nach dieser Orientierung – interdisziplinär arbeitend mit Ökonomie, Verwaltungswissenschaft, Psychologie usw. – eine integrierende Funktion, da sie über die übergreifenden Instrumente und Konzepte verfügt und die Ergebnisse evaluiert. Sie droht sich damit aber gleichzeitig aufzulösen in zahlreiche Bindestrichpolitologien: Arbeitsmarktpolitik, Regionalpolitik, Sozialpolitik, Städtebaupolitik, Wohnungsbaupolitik, Umweltpolitik, Wirtschaftspolitik, Gesundheitspolitik, Sicherheitspolitik, Abrüstungspolitik, Bildungspolitik und so weiter und so fort. Es gibt keinen Bereich der Gesellschaft der sich nicht zum Politikfeld für die Planungswut der Bürokraten machen läßt; die Politologen liefern die Forschung, wenn man ihnen Forschungsgelder bewilligt.

Aber auch die Soziologie hat gemerkt, daß die Auflösung in immer mehr Bindestrichsoziologie (von der Familiensoziologie bis zur Alterssoziologie) zu einem Verlust am Profil des Faches führt. In der Politikwissenschaft ist der Euphorie der siebziger Jahre mit ihrem Planungsmythos und Machbarkeitswahn ebenfalls eine Desillusionierung gefolgt, die zunehmend erkannte, daß die schönen Pläne selten umgesetzt werden und daß die unintendierten Folgen des geplanten Handelns kaum zu beherrschen sind. So ist die jüngere Ausrichtung der Debatte um eine „Professionalisierung" der Politikwissenschaft anhand von Politikfeldanalysen bescheidener geworden (zur Kritik Beiträge in HARTWICH 1985 sowie 1987). Es darf kein Hinterherlaufen nach jedem neuen Problem und nach jedem lukrativen Forschungsauftrag geben, um daraus eine neue Bindestrichpolitologie zu kreieren. Obwohl der produktive Beitrag von Politikfeldanalysen zur heutigen Politikwissenschaft nicht mehr wegzudenken und unstrittig ist, so ist doch der Kritik von Udo BERMBACH zuzustimmen:

Professionalisierung bedeutet aber sicherlich auch, daß politikwissenschaftliche Lehre und Forschung thematisch an die jeweils herrschende bzw. sich abzeichnende Mode öffentlicher Diskussionstopoi angekoppelt werden muß. Will das Fach in einem unmittelbaren Sinne, nützlich' sein, d.h. politisch und gesellschaftlich umsetzbares Wissen produzieren – und dies wäre ja wohl ein primärer Zweck von ‚Professionalisierung' –, so müßte es sich in seiner inhaltlichen Arbeit zwangsläufig mit den öffentlichen Themenkonjunkturen parallelisieren. Dies wiederum hätte zur Folge, daß wissenschaftsinterne, sich aus der Logik einer ungebundenen Forschung ergebende Fragestellungen allenfalls noch von sekundärem Interesse sein könnten, daß vielmehr dominiert, was von außen an das Fach herangetragen wird. Mit anderen Worten: Politik und Administration – gewiß unter Mithilfe einiger Wissenschaftler – bestimmen dann die forschungsrelevanten Themen und Programme, und dies ungeachtet der Tatsache, daß die Zukunftssicherheit solcher Themen und Programme vollständig ungewiß ist. Denn niemand kann ausschließen, daß bestimmte technologische Entwicklungen sich im nachhinein als ‚Sackgassen der Evolution' (HABERMAS) erweisen könnten und doch gibt es heute die deutliche Tendenz, ganze Universitätsfächer auf politisch bestimmte und zumeist parteipolitisch identifizierbare Richtungen zu drängen und festzulegen" (BERMBACH 1987, S. 128).

Über die öffentliche Wirksamkeit der Policy-Forschung hinaus muß auch ihre interne Wirkung gesehen werden. Obwohl einige Politologen fürchten, daß eine Zersplitterung der Aufmerksamkeit auf immer neue Politikfelder desintegrierend wirken könnte, herrscht doch überwiegend die Meinung vor, daß ein integrierender Zugzwang zu Interdisziplinarität und zur internen Zusammenarbeit empirischer, normativer und kritischer Wissenschaftler in den einzelnen Politikfeldern entscheidender sei (vgl. zur Policy-Debatte HARTWICH 1985). Die Policy-Forschung hat ganz zweifellos zur Professionalisierung der Politikwissenschaft beigetragen, nachdem eine Ernüchterung und Desillusionierung eingetreten ist dergestalt, daß man nicht die ganze Politikwissenschaft in Politikfelder auflösen und man keine Wunderdinge erwarten soll, als ob die Politikfeldforscher den Stein der Weisen zur Lösung aller Praxisprobleme anbieten werden (vgl. STURM 1986, S. 231ff.).

Die jüngste Herausforderung der deutschen Politikwissenschaft lag in dem Umgang mit der deutschen Einigung seit 1989. Kaum ein Politologe hatte ihre plötzliche Verwirklichung richtig prognostiziert. Nachdem sie vollzogen war, mußte der Neuaufbau einer Politikwissenschaft in den neuen Bundesländern angepackt werden, da in der alten DDR dieses Fach mangels Wissenschaftsfreiheit und Wissenschaftspluralismus praktisch nicht existent gewesen war. Statt dessen betrieb man „Marxismus-Leninismus" in der Form von „wissenschaftlichem Sozialismus", der mit allen Kriterien einer „normalen Sozialwissenschaft" unvereinbar war. Die damalige Vorsitzende der Deutschen Vereinigung für Politische Wissenschaft, Beate KOHLER-KOCH, bemühte sich auf dem ersten wissenschaftlichen Kongreß der DVPW nach der deutschen Einigung in Hannover im Herbst 1991 um eine kritische und selbstkritische Einschätzung:

„Die drei vergangenen Jahre waren eine ungewöhnliche Zeit für die Politikwissenschaft. Der politische Umbruch in Osteuropa, die Selbstaufgabe des sowjetischen Imperiums, der Systemumbruch zunächst in den mitteleuropäischen Staaten und schließlich auch in der Sowjetunion, die Öffnung der Grenzen, die in raschen Schritten aus dem Gegeneinander von zwei deutschen Staaten ein Nebeneinander und schließlich die Vereinigung brachten, haben unsere Aufmerksamkeit als politische Beobachter und analysierende Wissenschaftler gleichermaßen gefesselt. Die Fragen nach den Gründen und Anlässen dieser raschen und tiefgreifenden Veränderungen, das Bemühen um eine angemessene Beschreibung der veränderten globalen Konfliktstrukturen wie der gesellschaftlichen, wirtschaftlichen und politischen Transformationsprozesse in unserer unmittelbaren Nachbarschaft und der Entwurf möglicher Ordnungsmodelle zur langfristigen Sicherung einer friedlichen Zusammenarbeit stellen gerade unsere Wissenschaft vor eine faszinierende intellektuelle Herausforderung.
Man hat der Politikwissenschaft, insbesondere der Osteuropaforschung den Vorwurf gemacht, daß sie diesen Umbruch nicht vorhergesehen hatte. Dies sollte sicher Anlaß zu einer selbstkritischen Befragung der Tragfähigkeit der eigenen Theorieansätze und möglicher blinder Flecken unserer empirischen Forschung sein. Doch der pauschale Vorwurf, versagt zu haben, wird der Komplexität gesellschaftlicher und politischer Vorgänge ebensowenig gerecht wie die von manchen Seiten inzwischen vorschnell angebotenen Erklärungsansätze über die Unumgänglichkeit des Zusammenbruchs des sogenannten realsozialistischen Modells. Seine Defizite gemessen an einem normativen Maßstab demokratischer Werte und auch unter technokratischen Funktionalitätsgesichtspunkten sich selbst stabilisierender Systeme sind immer wieder beschrieben und analysiert worden. Dauer und Form der Überlebensfähigkeit dieses Herrschaftstyps waren umstritten und sicher hatten nur wenige aus unseren Reihen ihm ein so rasches Ende vorhergesagt. Entwicklungsrichtungen und Zeithorizonte angeben zu können, sollte Aufgabe unserer Wissenschaft sein, nicht jedoch die Bestimmung von Zeitpunkt und Konfiguration eines historischen Momentes. Dieses wäre vermessen, denn jener Schmetterlingsflügelschlag, der die Welt der Physik in andere Bahnen zu lenken vermag, ist auch ein Element in der von uns beobachteten Welt" (KOHLER-KOCH 1991, S. 10).

Im Frühjahr 1992, als die erste Auflage dieses Textes geschrieben wurde, war der Aufbau der Politikwissenschaft ebenso wie der Soziologie und der Sozialwissenschaften insgesamt in den neuen Bundesländern in vollem Gange. An allen Universitäten waren Gründungskommissionen, die im wesentlichen von westdeutschen Politologen geprägt wurden, an der Arbeit, politikwissenschaftliche Studiengänge einzurichten, Professuren zu besetzen und die Forschung neu zu gestalten. Letzterem dient auch ein Forschungsschwerpunkt der Deutschen Forschungsgemeinschaft (DFG) „Sozialer und politischer Wandel im Zuge der Integration der DDR-Gesellschaft" sowie eine neu eingerichtete „Kommission für die Erforschung des sozialen und politischen Wandels in den neuen Bundesländern" auf Initiative des Wissenschaftsrates – beide mit Millionenbeträgen an Forschungsförderungsmitteln alimentiert. Im Frühjahr 1993, zum Zeitpunkt der Überarbeitung des Textes, sind viele Professuren neu besetzt, aber der Aufbau des Lehr- und Forschungsbetriebs der Politikwissenschaft in den neuen Bundesländern ist noch nicht abgeschlossen.

Das Wachstum des Lehrkörpers der Politikwissenschaft in Deutschland hatte in den letzten Jahren stagniert. Das ist nicht zuletzt darauf zurückzuführen, daß in der jüngeren Wissenschaftspolitik Disziplinen verstärkt gefördert wurden, die unmittelbaren wirtschaftlichen Nutzen zu versprechen schienen – also Informatik, Betriebswirtschaftslehre, Ingenieurwissenschaften. Die Geistes- und Sozialwissenschaften gerieten in den Schatten und sollten höchstens noch als „Sinnstifter" gepflegt werden. Hierzu wiederum erschienen Geschichte und Philosophie geeigneter als kritische Sozialwissenschaften. Aber gerade der Neuaufbau des Hochschulwesens in den neuen Bundesländern wird auch den Sozialwissenschaften zugute kommen.

3 Politikwissenschaft als moderne Sozialwissenschaft

Zwei-Reiche-Theorie
Naturwissenschaft/
Geisteswissenschaft
überwunden

Es ist nicht selbstverständlich, daß sich die Politikwissenschaft heute als Sozialwissenschaft versteht, früher wurde sie zu den Geisteswissenschaften gezählt. Inzwischen ist der alte Gegensatz zwischen Naturwissenschaften, die die toten, geschichtslosen, außermenschlichen Objekte logisch analysieren, und den Geisteswissenschaften, die die lebenden, geschichtlichen, menschlichen Zusammenhänge durch „Verstehen" durchdringen, überwunden. Dieser Gegensatz geht auf den deutschen Philosophen und Kulturhistoriker Wilhelm Dilthey zurück, der geradezu zwei Wissenschaftswelten in Theoriebildung, Methode und Forschungsgegenstand unterschied. In anderen Kulturkreisen ist die Zwei-Reiche-Theorie einer grundsätzlichen Unterscheidung von Naturwissenschaft einerseits und Geistes-, Human- oder Kulturwissenschaften andererseits nie so konsequent akzeptiert worden wie in Deutschland, so hieß doch beispielsweise in den USA unsere Disziplin ursprünglich „government", und sie gehörte damit zu den „humanities". Erst seit den zwanziger Jahren setzte sich die Bezeichnung „political science" durch. „Science" meint in den USA eigentlich Naturwissenschaft, also „harte" Wissenschaft, die an Fakten orientiert ist und Gesetzmäßigkeiten erforscht.

Auch der Oberbegriff Sozialwissenschaften ist aus dem englischen „social sciences" übernommen, der dort neben der Politikwissenschaft die Soziologie, Psychologie, aber auch die Wirtschaftswissenschaften sowie die Pädagogik und daneben noch die Ethnologie und Anthropologie umfaßt. Heute kann eine so klare Polarisierung zwischen „hard sciences", also Naturwissenschaften, und „soft sciences", also Geisteswissenschaften, als überwunden gelten. Auch die Naturwissenschaften realisieren, daß schon allein durch seine wissenschaftliche Beobachtung der Mensch in die Materie interveniert, und die Sozialwissenschaften reklamieren nicht mehr eine exklusive Methode, etwa des geistigen Durchdringens und Verstehens, als ihre ureigene Domäne.

3.1 Politikwissenschaft im Konzert der Nachbarwissenschaften

Im ersten lexikalischen Handbuch der Politikwissenschaft der Nachkriegszeit, im „Fischer-Lexikon" Staat und Politik, hrsg. von Ernst FRAENKEL und Karl Dietrich BRACHER, hieß es zur Stellung der Disziplin noch vorsichtig: Die politische Wissenschaft

„ist sich der engen Verbindung mit der Geschichte, der Nationalökonomie, der Jurisprudenz und der Soziologie bewußt, zugleich aber auch der besonderen Aufgabe, die ihr als integrierender Sammelwissenschaft mit eigener Methode oder doch Sehweise zukommt" (FRAENKEL /BRACHER 1957, S. 15).

Integrierende Sammelwissenschaft – das klingt sehr kleinmütig, als ob es um das Aufsammeln von Brosamen geht, die vom Tische der Herrschaftswissenschaften fallen. Dieser wissenschaftlichen Vorzeit der Jäger und Sammler ist die Politikwissenschaft heute entwachsen. Statt dessen arbeitet sie in der Forschung gleichberechtigt und arbeitsteilig in engem Verbund mit den Nachbarwissenschaften. Eine sinnvolle Konzertierung ist auch für die Forschungs- und Studienplanung für jeden einzelnen wichtig. Bestimmte Probleme lassen sich ohne Mithilfe der Nachbarwissenschaften nicht lösen (z.B. Fragen der politischen Verwaltung ohne das Verwaltungsrecht, der internationalen Politik ohne das Völkerrecht), spezifische Arbeitsplätze ohne Kenntnisse aus den komplementären Disziplinen nicht sinnvoll ausfüllen (z.B. in der Stadtplanung ohne Kenntnisse der Soziologie). Gerade auch im Hinblick auf die spätere Berufsplanung sollte deshalb die Fächerkombination oder die Schwerpunktbildung im Studium sorgfältig geplant werden. Das gilt weniger für Diplomstudiengänge, die sich ja stärker auf die Politikwissenschaft selbst konzentrieren, umso mehr aber für Magisterstudiengänge, in denen zwei Nebenfächer obligatorsch studiert werden müssen.

Insofern ist es nicht nur aus Gründen der Wissenschaftssystematik, sondern mehr noch wegen der notwendigen Interdisziplinarität in der Forschungskooperation und wegen der sinnvollen Anlage eines fächerübergreifenden Studiums notwendig, die Nachbarwissenschaften der Politikwissenschaft gut zu kennen.

Politikwissenschaft als integrierende Sammelwissenschaft?

3.1.1 Politikwissenschaft und Soziologie

In ihrem gemeinsamen Bezug auf die Probleme der Gegenwartsgesellschaften sind keine anderen Disziplinen so eng verschwistert wie Politikwissenschaft und Soziologie. Besonders in Deutschland gibt es zwischen wenigen anderen Fächern so enge Beziehungen, die bis zum gemeinsamen Studiengang des Diplom-Sozialwissenschaftlers führen. Das schließt nicht aus, daß es dennoch häufig zu verbalen Abgrenzungsversuchen und Eifersüchteleien zwischen den Fächern kommt. Die Soziologie ist an deutschen Universitäten stärker vertreten als die Politikwissenschaft. Sie führt in wissenschaftstheoretischen Debatten und reklamiert zuweilen ein Deutungsmonopol für Gegenwartsprobleme. Beides, die zahlenmäßige Vertretung an den Hochschulen und die gesellschaftlichen Deutungsansprüche sind in den USA eher umgekehrt verteilt zwischen den beiden sozialwissenschaftlichen Hauptdisziplinen. Daran sieht man, daß solche Ansprüche sehr relativ mit wissenschaftsgeschichtlichen Konjunkturen zusammenhängen können.

Soziologie führt an deutschen Hochschulen – in den USA die Politikwissenschaft

Die Soziologie als die gesamtgesellschaftlich umfassendere Sozialwissenschaft blieb in der Theoriebildung „Hauptlieferant angesichts des von fast allen Politologen beklagten Theoriedefizits" (v. BEYME 1986b, S. 18). In einer Umfrage unter deutschen Politikwissenschaftlern nach den wichtigsten Vertretern der politischen Theorie unter den heutigen Professoren nannten die meisten nach Klaus von BEYME gleich zwei Soziologen, nämlich Niklas Luhmann und Jürgen Habermas (vgl. HONOLKA 1986, S. 50). Im Gegensatz zu diesen beiden Soziologen hat die deutsche Politikwissenschaft der Nachkriegszeit in der Tat keine überragenden, international gewürdigten Theoriegebäude aufgebaut.

Die Politische Soziologie teilen sich beide Fächer
Am engsten sind die Beziehungen der beiden Fächer in der „politischen Soziologie", die von beiden Disziplinen als Subdisziplin betrieben wird. Die politische Soziologie befaßt sich mit den Formen der politischen Willensbildung und Interessenvermittlung, ihren Voraussetzungen und Folgewirkungen. Gegenstände sind deshalb besonders die Wahlforschung, Parteien- und Verbändeforschung, Organisationsforschung und die Erforschung von sozialen Bewegungen, Bürokratien und Eliten. In der politischen Soziologie, in der Wahl- und Parteien- oder Verbändeforschung ist es ziemlich bedeutungslos, ob ein Wissenschaftler von Hause aus Soziologe oder Politikwissenschaftler ist, wie auch v. BEYME konstatiert:

„Auf manchen politikwissenschaftlich relevanten Gebieten, wie der Wahlforschung, kam es zu so enger Kooperation, daß einzelne Beteiligte der Köln-Mannheimer Schule die Frage, ob sie sich als Soziologen oder Politologen fühlen, vermutlich für irrelevant erklären würden" (v. BEYME 1986b, S. 19).

Aber nicht nur in der politischen Soziologie sind die Austauschbezüge zwischen Politikwissenschaft und Soziologie eng. Auch die Industriesoziologie, gerade wenn sie Fragen der Mitbestimmung und Partizipation behandelt (KISSLER 1992), und ebenso viele andere „Bindestrichsoziologien", wie die Gemeinde- und Stadtsoziologie, die Jugend- und Bildungssoziologie, arbeiten in Arbeitsteilung mit entsprechenden Schwerpunkten der Politikwissenschaft. Insgesamt urteilt deshalb v. BEYME (1986b, S. 19), daß früher eifersüchtig bewachte Fachabgrenzungen durchlässig geworden sind: „Der Konflikt zwischen Soziologie und Politikwissenschaft ist heute bedeutungslos".

3.1.2 Politikwissenschaft und Rechtswissenschaft

Wenn die Soziologie eine Schwesterwissenschaft der Politologie ist, dann kann die Rechtswissenschaft eher als eine Mutterwissenschaft bezeichnet werden. Zumindest gehört sie zu den Vorfahren der heutigen Politikwissenschaft als eine der Stammdisziplinen der älteren Policey- und Kameralwissenschaften. In der ersten Generation der deutschen Politologieprofessoren der Nachkriegszeit waren mangels eigenen Nachwuchses viele Juristen vertreten, so Wolfgang Abendroth, Ernst Fraenkel oder Theodor Eschenburg.

Rechtsstaat älter als Demokratie
Die deutsche Politik war wohl schon immer stärker durch das Recht geprägt, als dies in anderen Ländern üblich ist. Der „Rechtsstaat" war bereits eine Errungenschaft aus vordemokratischer Zeit und er überdauerte alle Regimewechsel mit nicht unproblematischen Folgen, wenn selbst unter den Nationalsozialisten willfährige Juristen die unmenschlichsten rassistischen „Maßnahmen" in Gesetze, Verordnungen und Erlasse zu verkleiden sich bemühten.

Die Beziehungen zwischen Recht und Politik sind unter den Bedingungen des heutigen beständig sozial, wirtschaftlich und ökologisch intervenierenden Vorsorgestaates noch intensiver geworden. Einer „Verrechtlichung der Politik" vom Sozialrecht bis zum Arbeitsrecht, vom Umweltrecht bis zum Baurecht entspricht andererseits eine „Politisierung des Rechts", wenn von Gerichten politische Entscheidungen gefällt werden, ob zu Kernkraftwerken, zum Schwangerschaftsabbruch oder zu Folgen der deutschen Einheit.

Die internationale Politik wird maßgeblich durch das Völkerrecht mitgeprägt; die Europapolitik ist eine immer schwerer durchschaubare Rechtsmaterie; die nationale Politik basiert auf dem öffentlichen Recht, dem Staatsrecht und dem Verwaltungsrecht, ohne deren Kenntnis kein Politikwissenschaftler das Zusammenwirken der politischen Institutionen, also von Exekutive, Legislative, Judikative, hinreichend analysieren und verstehen kann.

„Für die Politikwiss. ist die Beschäftigung mit dem öffentlichen Recht unerläßlich, weil das Staatsrecht, insbesondere das Verfassungs- und Verwaltungsrecht, aber auch das Völkerrecht, Teil der politischen Realität eines Staates bzw. der Internationalen Beziehungen ist, ohne deren Kenntnis keine zutreffende Analyse und Erörterung politischer Strukturen und Verhaltensweisen erfolgen kann. Das gilt nicht nur von der Kenntnis positiver Rechtsnormen, von Gesetzen, Verordnungen, Satzungen und Geschäftsordnungen, sondern auch von ihrer Auslegung durch die Rechtswiss. und die Rechtsprechung" (BOLDT 1989, S. 841).

Das Verhältnis der beiden so eng aufeinander bezogenen Disziplinen ist allerdings nicht frei von Spannungen. Denn noch ist in der deutschen höheren Verwaltung und auch in der Politik das „Juristenmonopol" ziemlich ungebrochen. Selbst in der Fachpolitik und in den Fachverwaltungen sind mehr Juristen als Fachleute aus den Naturwissenschaften, Technikwissenschaften oder Sozialwissenschaften beschäftigt. Der Zugang zu Beamtenpositionen wird Nicht-Juristen erschwert. Es gibt aber auch noch ein grundsätzlicheres Spannungsverhältnis. Dem statischen Recht mit seiner Bindung an das positiv gesetzte Verfassungsrecht wird der dynamische Charakter der Politik mit ihrer Orientierung an der Verfassungswirklichkeit entgegengesetzt. Interessieren sich Juristen mehr für die Legalität, so sind Politikwissenschaftler eher an der Legitimität politischer Entscheidungen interessiert. Fortschrittliche Staatsrechtler, wie z.B. Dimitris Th. TSATSOS (1976), oder auch juristisch kompetente Politologen, wie z.B. KISSLER (1984) und GÖRLITZ/VOIGT (1985), haben aber diesen alten Gegensatz zugunsten einer arbeitsteiligen Forschung und Lehre und dem lernenden Respekt gegenüber der anderen Disziplin überwunden. | *Spannungen zwischen Rechts- und Politikwissenschaft*

Das engste Zusammenwirken entstand in den letzten Jahren in den Politikfeldanalysen und insbesondere in der Verwaltungspolitik oder politischen Verwaltung als Teilbereichen der Politikwissenschaft, wo nach der Aufgabenerweiterung des Staates durch Aufbau einer modernen Leistungs- und Planungsverwaltung Politikwissenschaft und Verwaltungsrecht eng aufeinander angewiesen sind (vgl. BRUDER 1981, ELLWEIN 1976, JANN 1986).

3.1.3 Politikwissenschaft und Ökonomie

Genauso wie die Staatslehre so gehört die Nationalökonomie zu den alten Staatswissenschaften und damit zum Wurzelbestand der Politikwissenschaft. Die Nachkriegspolitikwissenschaft wurde deshalb auch von Professoren mitgegründet, die aus der Nationalökonomie kamen, so insbesondere Gerd von EYNERN, der mit seiner „Politischen Wirtschaftslehre" (1972) Staat, Wirtschaft und Gesellschaft als interdependente Bereiche analysierte, um den Zusammenhang von | *„Politische Wirtschaftslehre"*

47

politischen, wirtschaftlichen und sozialen Strukturen, Prozessen und Entscheidungen zu erforschen (weitergeführt z.B. von HIMMELMANN 1977).

Die Wirtschaftswissenschaften heute haben sich von der klassischen Politischen Ökonomie mit ihren großen gesellschaftspolitischen und normativen Theoriegebäuden – ob eines Adam Smith oder David Ricardo, später eines Karl Marx oder Friedrich Engels und noch in diesem Jahrhundert eines John M. Keynes oder Joseph Schumpeter – weit entfernt in Richtung auf eine quantifizierte, ausdifferenzierte Mikroökonomie als Betriebswirtschaftslehre und Makroökonomie als Volkswirtschaftslehre mit zahlreichen Subdisziplinen.

Die Grundfragen des Zusammenhangs von „Kapitalismus, Sozialismus und Demokratie", wie eines der Hauptwerke von Joseph SCHUMPETER (1942) heißt, beschäftigen zwar noch heute einige kritische Ökonomen wie J. K. Galbraith oder konservative „Ordoliberale" wie F. v. Hayek und jüngere Politikwissenschaftler, insbesondere während der Renaissance der marxistischen politischen Ökonomie in den siebziger Jahren (vgl. BLANKE/JÜRGENS/KASTENDIEK 1975). Aber die Zusammenarbeit der beiden Disziplinen hat sich heute von der „grand theory" im wesentlichen auf konkrete Einzelbereiche verlagert.

Zu diesen Einzelbereichen zählen besonders zahlreiche Politikfelder in der Policy-Forschung. Sozialpolitik und Strukturpolitik, Wirtschaftspolitik und Technologiepolitik, Arbeitspolitik und auch die internationalen Politiken wie Entwicklungspolitik oder internationale Rüstungs- und Abrüstungsforschung oder auch Energie- und Rohstoffpolitik – sie alle sind ohne Kenntnisse der Methoden und Erkenntnisse der Forschung aus den Wirtschaftswissenschaften nicht umfassend zu bearbeiten.

Ein recht exklusiver Kreis von Politikwissenschaftlern widmet sich der sogenannten „Neuen Politischen Ökonomie" oder auch „Ökonomischen Theorie der Politik" bzw. „public choice Theorie". Das Grundaxiom ist das Prinzip des methodologischen Individualismus, d.h. die Annahme, daß alle Aussagen über soziale, ökonomische und politische Strukturen und Prozesse aus individuellem Verhalten eines idealtypischen „homo oeconomicus" – bzw. auf die Politik übertragen „homo politicus" – ableitbar sind. Dieser „homo oeconomicus", so wird postuliert, verhält sich grundsätzlich rational, d.h. er wählt als Individuum immer diejenige Verhaltensalternative, die den meisten Nutzen verspricht bzw. mit den geringsten Kosten verbunden ist (Axiom der Nutzenmaximierung).

Zwei klassische Werke haben diese Theorie besonders befruchtet. Die auf Joseph SCHUMPETERs (1942) Thesen beruhende „Ökonomische Theorie der Demokratie" von Anthony DOWNS (1968) erklärt das Verhalten von Wählern, Parteien und Regierungen als jeweilige Prozesse der individuellen Nutzenmaximierung in einem Marktmodell. Wird im ökonomischen Markt mit dem Medium Geld zwischen Konkurrenten Gewinn angestrebt, so wird im politischen Markt mit Wählerstimmen von den konkurrierenden Parteien Macht zu maximieren versucht. Der zweite Klassiker der Neuen Politischen Ökonomie ist Mancur OLSONs „Logik des kollektiven Handelns" (1968). Er versucht nachzuweisen, warum rational handelnde Individuen sich gegenüber kollektiven Zielen (public goods) anders verhalten als gegenüber individuellen Zielen (private goods). Interessenorganisationen, die kollektive, unteilbare Ziele anstreben (z.B. Gewerkschaften höheren Lohn für alle oder Bürgerinitiativen eine bessere Umwelt) haben es schwer, ihre Mitglieder für das „Gemeinwohl" zu motivieren, da ja jeder nur seinen individuellen Nutzen anstrebe. Organisationen müßten deshalb konkrete Anreize (z.B. Rechtsschutz) für das Individuum anbieten, um organisationsfähig zu bleiben.

Der Ansatz der Neuen Politischen Ökonomie ist in der Wirtschaftswissenschaft theoretisch breit ausgebaut und formalisiert sowie mathematisiert worden, besonders in der Variante der formalen Spieltheorie, und unter anderem deshalb in der deutschen Politikwissenschaft nur zögerlich rezipiert. Auch wurde die formale Reduktion von Politik auf wenige Basisaxiome als wirklichkeitsfern oder sogar als demokratiefeindlich kritisiert. Dennoch bleibt er ein Ansatz von wachsendem Interesse, mit dessen Hilfe sich politische Planungsverfahren, wie Simulationen, Planspiele und Strategiemodelle, formal überzeugend organisieren lassen (vgl. LEHNER 1981). In den achtziger Jahren sind public-choice-Ansätze insbesondere in den Politikfeldanalysen, aber auch in einigen Bereichen der internationalen Politik stark in den Vordergrund getreten.

3.1.4 Politikwissenschaft und Geschichte

Geschichte ist die dritte der Stammwissenschaften, aus denen die Politikwissenschaft hervorging und aus der sich die Gründergeneration rekrutierte. Karl Dietrich BRACHER oder Hans-Peter SCHWARZ gehören zu den bekanntesten Politologen, die durch ihre zeitgeschichtlichen Untersuchungen – BRACHER besonders über den Zerfall der Weimarer Republik (1964) und den Nationalsozialismus (1969), SCHWARZ über die Nachkriegszeit und durch seine Adenauer-Biographien (1966, 1986) – die Politikwissenschaft geprägt haben. Die Beziehungen zwischen der jungen Wissenschaft von der Politik und der Geschichte waren zunächst so eng, daß man gemeinsame Lehrstühle für „Politische Wissenschaft und Zeitgeschichte", so bis heute an der Universität Bonn, wo zunächst BRACHER, dann SCHWARZ lehrte, einrichtete.

Alles politische Handeln der Gegenwart verwandelt sich in der Sekunde des Jetzt in Geschichte. Abgesehen von den schwierigen Versuchen der Zukunftsprognose und den Entwürfen überzeitlicher Ethik oder ahistorischer politischer Logik gehört also alles stattgefundene politische Handeln ins Reich der Geschichte – ob in den Bereich der allgemeinen Geschichte und politischen Ideenlehre, also der Theoriegeschichte, oder in die Arena der Zeitgeschichte. Gerade durch diese Identität des Gegenstandes sind Konkurrenz und Abgrenzungsversuche zwischen Geschichtswissenschaft und Politikwissenschaft nur zu natürlich. Die Geschichtswissenschaft beobachtete deshalb mit gewissem Argwohn die Expansion des jungen Faches. Streit kam besonders dann auf, wenn um knappe Ressourcen gerungen wurde – insbesondere um die Anteile am Schulfach „Gemeinschaftskunde" oder beim Streit um die politische Bildung. Die Geschichtswissenschaft prägte die junge Politologie, aber auch die Sozialwissenschaften wirkten auf die Geschichte zurück, was sich z.B. im Ansatz der „historischen Sozialwissenschaft" (WEHLER 1973) ausdrückt, der bewußt die stärker soziologisch-statistischen und modellorientierten Methodologien rezipierte. Geschichte ist deshalb heute längst davon abgerückt, sich hauptsächlich mit der Ausbildung des Nationalstaates und dem überspitzten Theorem des „Männermachen-Geschichte" zu beschäftigen.

Was ist Gegenwart?

Politikwissenschaft darf
das Band zur Geschichte
nicht abreißen lassen

Die stärkere soziologische und auch ökonomische Orientierung der modernen Politikwissenschaft hat das Band zur Geschichte recht abrupt abreißen lassen. Damit sind auch die historischen Methoden der peniblen Quellenkritik, der Aktenanalyse und Biographieforschung, die für Politologen so wichtig sind, oft an den Rand der methodologischen Ausbildung geraten. Dabei sind für die meisten Examensarbeiten die Regeln der Textkritik, die man bei Historikern lernen kann, wichtiger als viele statistische Analyseverfahren, wie z.B. die Berechnung eines Regressionskoeffizienten, die man in den soziologischen Methodenkursen lernt, aber in der politologischen Forschungspraxis höchst selten anwendet. Eine stärkere Neubesinnung auf die Bedeutung individueller, personaler und informeller Faktoren in der Politik und in der Politikwissenschaft verlangt deshalb auch eine intensivere Auseinandersetzung mit zeithistorischen Analyseverfahren und Arbeitsweisen.

3.1.5 Politikwissenschaft und Philosophie

Die Philosophie sah sich lange als Königin und als Mutter aller Wissenschaft und reklamierte für sich die Deutungskompetenz sowohl für die Natur des Menschen als auch für die Natur der Dinge. Die moderne Physik, Biologie, Medizin und genauso die Staatsphilosophie der Juristen, die Gesellschaftstheorie der Soziologen oder die Individualtheorien der Psychologen haben diesen Allanspruch der Philosophie untergraben.

Für die Gründungsepoche der deutschen Politikwissenschaft nach dem zweiten Weltkrieg bemerkt v. BEYME noch leicht süffisant:

„Die Philosophie hatte ihren Thron als oberste Deutungswissenschaft räumen müssen, aber es waren noch nicht die Sozialwissenschaften auf die Nachfolgethrönchen geklettert wie in anderen Ländern".

Und er fährt nicht nur mit dem Blick auf Frankreich fort:

„Philosophie und Soziologie aber nehmen im Parnass der öffentlichen Reputation der Intellektuellen noch immer einen höheren Rang ein als die Politikwissenschaft, wie soziologische Surveys aus Frankreich belegen" (v. BEYME 1986b, S. 17).

Philosophie und Politikwissenschaft können gut nebeneinander leben, da sie sich in ihren Fachschwerpunkten – Fundamentalphilosophie einerseits und Analyse politischer Systeme andererseits – wenig ins Gehege kommen. Aber sie eint die Subdisziplinen politische Philosophie, Staatsphilosophie und politische Ethik. Die Fragen nach der Legitimität von Macht und Herrschaft, nach der inhaltlichen Bestimmung und institutionellen Realisierung von Gütern wie Gemeinwohl, Gerechtigkeit, gute Ordnung, Freiheit, Gleichheit, Menschenwürde bestimmen die Themen der politischen Philosophie. Die politische Philosophie ist sowohl historisch als politische Ideengeschichte als auch systematisch als praktische Philosophie und politische Ethik in beiden Fächern verankert.

Die in den fünfziger und sechziger Jahren prägnant hervortretende Freiburger und Münchner Schule der Politikwissenschaft (insbesondere A. Bergsträsser und W. Hennis sowie Hans Maier und N. Lobkowicz), wollten das Fach in der Tradition der praktischen Philosophie rekonstruieren. Dieser „normativ-ontologische" Ansatz (vgl. dazu Kap. 5.1.1) fühlte sich der antiken Philosophie und der christlichen Gesellschaftslehre verpflichtet. Politikwissenschaft wird von MAIER (1966, S. 260) deshalb definiert als „Wissenschaft vom Leben in der *Polis*, Lehre von den Ordnungen des bürgerlichen Lebens, und insoweit mit Ethik und Ökonomik ein Teil der *praktischen Philosophie*". Politikwissenschaft wird damit der praktischen Philosophie zugeordnet, ja untergeordnet. Auch wenn diese Verankerung der Politikwissenschaft in der Philosophie heute keine größere Rolle mehr spielt, so bleiben philosophische Erkenntnisse für die Politikwissenschaft insbesondere in folgenden Bereichen unerläßlich: in der politischen Ideengeschichte, der Ethik, der Logik, der Reflexion über Grundlagenkategorien wie Macht, Legitimation oder Institution und in der Erkenntnistheorie.

3.1.6 Politikwissenschaft im Kontext der Gesellschaftswissenschaften

Soziologie und Jura, Philosophie und Geschichte sowie Ökonomie haben jeweils so enge Austauschbeziehungen mit der Politikwissenschaft, daß es für manche Fachwissenschaftler – z.B. für den politischen Soziologen, den Verwaltungswissenschaftler, den politischen Philosophen, den Zeithistoriker oder den Forscher der neuen politischen Ökonomie – bedeutungslos ist, ob er sich der einen oder der anderen Disziplin formal zurechnet. Allerdings muß er sich in unserer arbeitsteiligen Universität entscheiden, in welcher Fakultät, welchem Fachbereich und welchem Fachverband, also in welcher Scientific Community mit ihren informellen Reputationsregeln und Kommunikationsnetzwerken, er sich mehr zu Hause fühlt. Auch ich selbst habe Geschichte, Soziologie und Staatsrecht in den Nebenfächern studiert und bin nicht nur Mitglied des politologischen Fachverbandes DVPW, sondern auch der Deutschen Gesellschaft für Soziologie und der Deutschen Vereinigung für Parlamentsfragen, in der viele Juristen sind. An meiner Hochschule gehöre ich nicht nur zu meinem Fachbereich für Erziehungs-, Sozial- und Geisteswissenschaften, sondern bin auch kooptiertes Mitglied im Fachbereich Rechtswissenschaften. Obwohl ich also wie viele meiner Kollegen vielfältige Beziehungen zu den Nachbarwissenschaften pflege, bleibt doch eine klare Verankerung in der eigenen Disziplin bestehen. Das läßt sich auch auf das Studium übertragen. Die wichtigste Entscheidung betrifft die Wahl des Hauptfachs. Zu Beginn des Studiums sollte man sich ganz darauf konzentrieren, ob es den Erwartungen wirklich entspricht und andernfalls schnell wechseln. Die Nebenfächer sollte man nicht als lästige Pflicht auffassen, sondern Bezüge zum Hauptfach, zu den eigenen Interessen und möglichen Berufswünschen suchen.

Unter die weiteren Bezugswissenschaften zur Politikwissenschaft rechnen sicher noch viele Disziplinen, insbesondere aber Psychologie und Erziehungswissenschaft, Publizistik und Kommunikationswissenschaft, Geographie, Ethnologie und natürlich auch die Sprachwissenschaften (vgl. BELLERS 1988, S. 81ff.). Die Wertwandelforschung kommt ohne Basiserkenntnisse der Psychologie, wie Werte die Einstellungen und das Verhalten prägen, nicht aus. Die politische Sozialisationsforschung kann ohne erziehungswissenschaftliche Fundamente nicht arbeiten. Die politische Macht der Medien ist ohne Kommunikationswissenschaften nicht zu erforschen. Vergleichende Politikwissenschaft kann Erkenntnisse der Landeskunde, der Kulturgeographie und der Sprachwissenschaften nutzen. In jüngerer Zeit werden für die ökologische Forschung oder die Erfor-

Arbeitsteilige Universität verlangt klare Fachentscheidung

51

schung politischer Folgen neuer Technologien die Natur- und Ingenieurwissen-schaften sowie die Informatik immer wichtiger.

Netzwerk der Nachbar-disziplinen ist groß

Man sieht: Der Kreis wird immer größer, das Netzwerk der Nachbardis-ziplinen immer komplizierter. Wenn man sich für die Politikwissenschaft als Studienhauptfach entscheidet, sollte man mindestens einen weiteren Schwer-punkt aus dem oben kurz porträtierten Kernbereich der Bezugswissenschaften wählen und aus dem übrigen kurz eben angerissenen Umfeld höchstens einen weiteren. Politikwissenschaft ist keine Sammelwissenschaft mehr, wie in der Nachkriegszeit. Aber sie ist weiterhin nur ein Instrument im großen und viel-stimmigen Konzert der Gesellschaftswissenschaften.

3.2 Studium: Politikwissenschaftler in der Lehre

Bisher war vorrangig von der Politikwissenschaft als wissenschaftlicher For-schungsdisziplin die Rede. In diesem Abschnitt sollen die Lehre und das Stu-dium angesprochen werden, um danach wieder auf das inhaltliche Spektrum des Faches zurückzukommen. Auch wenn in diesem Kurs die inhaltlichen Grundla-gen im Vordergrund stehen, sollen die Grundfragen, die für viele am Anfang der Beschäftigung mit dem Fach stehen, nicht ganz ausgeklammert werden: Warum studiert man Politikwissenschaft? Wie studiert man Politikwissenschaft? Wozu studiert man Politikwissenschaft?

3.2.1 Studienmotive

Neigungsmotivation wichtiger als Karrieremotivation

Die erste Frage richtet sich an die Motivation vor Beginn des Studiums. In den Sozialwissenschaften insgesamt herrscht überwiegend die Neigungsmotivation gegenüber der Karriere- und Berufsmotivation vor. So antworteten Absolventen sozialwissenschaftlicher Studiengänge mehrheitlich positiv auf die Frage, ob sie "lieber ein Fach studieren, das einen wirklich interessiert, egal wie die späteren Berufschancen stehen" (GIEGLER/KÄRNER 1989, S. 156). Diese Einstellung blieb auch nach dem Studium stabil, obwohl viele Absolventen von der Akademiker--Arbeitslosigkeit bedroht waren:

"Trotz ihrer gegenwärtigen zum Teil nicht unproblematischen Berufssituation hält die Mehr-heit es nach wie vor für wichtiger, ein Studium zu absolvieren, das den eigenen Interessen und Neigungen entspricht. Verständlich ist allerdings auch, daß sich ein Drittel der Befragten hier nicht entscheiden konnte. Nur eine Minderheit meint aber, daß man bei den heutigen schlechen Berufsaussichten ein Fach studieren müßte, das nicht den Neigungen entspricht, sondern eine ökonomisch abgesicherte Zukunft bietet" (GIEGLER/KÄRNER 1989, S. 156).

Diese Ergebnisse waren aus einer Befragung von Absolventen der Studiengänge Soziologie und Politologie der Gießener Universität gewonnen worden. Generell wissen wir wenig über die Studienmotivation von Politikwissenschaftlern. Flä-chendeckende Studien gibt es kaum. Die meisten Untersuchungen sind an der

FU Berlin über Absolventen des Diplomstudienganges angefertigt worden, die Ergebnisse aber sind sicher nicht repräsentativ für alle Absolventen. Zwar ist die Zahl der Berliner Absolventen sehr hoch, höher als die aller übrigen Diplom-Politologie-Studiengänge zusammen, so daß statistische Aussagen durchaus möglich sind; andererseits ist diese Ortswahl, gerade am OSI der FU Berlin zu studieren, häufig selbst eine bewußte politische Entscheidung, so daß der Berliner Studententypus sicher ein anderer ist als der Bonner, Hamburger oder Münchener. Stellt man diese Relativierung in Rechnung, bleiben die Ergebnisse, die Peter GROTTIAN aus einer Studie über die Diplom-Politologen referiert, die zwischen 1974 und 1980 an der FU Berlin ihr Examen abgelegt haben, dennoch von allgemeinem Interesse (vgl. Tabelle 1).

Tabelle 1: Studienmotive (in Prozent) von Berliner Politologen

Studienmotive Berliner Politologen

		insg	männl.	weibl.
1.	gesellschaftspolitisches Interesse	84,7	85,4	82,3
2.	Interesse am Fach selbst	3,3	52,3	56,5
3.	allgemeines Erkenntnisinteresse	44,1	41,2	53,2
4.	Wunsch nach Selbstverwirklichung	8,4	28,6	27,4
5.	aus konkreten Berufsvorstellungen heraus	15,3	14,6	17,7
6.	Interesse an beruflicher Karriere	6,5	6,0	8,1
7.	Orientierung	5,7	7,0	1,6
8.	Interesse an politischer Karriere	5,4	6,0	3,2
9.	aus Verlegenheit	3,8	4,2	3,2

Quelle: GROTTIAN 1985, S. 641

Die Ergebnisse bestätigen die der übrigen Untersuchungen zur Studienmotivation, nämlich daß Politologen sich eher aus gesellschaftspolitischen als aus berufsorientierten Gründen für ihr Studium entscheiden: Mehr als 80 Prozent gaben ein gesellschaftspolitisches Interesse an. Auch die Gießener Studie hatte bestätigt, daß zwei Drittel der Absolventen überdurchschnittlich politisch engagiert sind (GIEGLER/KÄRNER 1989, S. 156). Die Berliner Ergebnisse zeigen übrigens, daß Frauen noch ausgeprägter eine inhaltliche Studienmotivation angeben. Das Verlegenheitsstudium dagegen spielt als Motiv nur eine höchst marginale Rolle. Ob sich die Motivation in den neunziger Jahren grundlegend geändert hat, darüber kann man nur spekulieren. Die interessierten LeserInnen mögen sich die Frage nach der eigenen Motivation stellen – und wahrscheinlich werden sie sich für eine Mischung der Motive entscheiden.

Hohes politisches Engagement

3.2.2 Studiengänge

Wie studiert man Politikwissenschaft? – so hieß unsere zweite Frage. Die Antwort darauf kann ebenfalls nur höchst pauschal sein. Wissen wir über die Motive des Studiums eher zuwenig, so haben wir hier eher zuviel an Informationen zu Details des Studiums. Die übersichtlichsten Hinweise zu Studiengängen, Abschlüssen und Berufsaussichten finden sich in den Blättern zur Berufskunde der Bundesanstalt für Arbeit, die Joachim RASCHKE und Thomas SARETZKI in der jüngsten Ausgabe für den Beruf „Politologe/Politologin" zusammengestellt haben (RASCHKE/SARETZKI 1991) und deren wichtigsten Informationen ich hier kurz zusammenfassen werde.

Starkes Gefälle zwischen großen und kleinen Fachbereichen

Politikwissenschaft ist heute an fast allen Universitäten als Fach vertreten. Aber der Umfang des Lehrpersonals und damit das Ausmaß an differenziertem Lehrangebot schwanken sehr stark: Die Spannbreite reicht von der übergroßen FU Berlin (52 ProfessorInnen) über eine Mittelgruppe, die zwischen 6 und 20 ProfessorInnen aufweist (Bochum, Duisburg, Frankfurt, Gießen, Hamburg, Heidelberg, Konstanz, Marburg, München), bis zu kleinsten Fächern mit 2 ProfessorInnen (Bamberg, Kaiserslautern, Kiel, Paderborn, Passau, Saarbrücken, Vechta) und als Schlußlicht mit nur einer einzigen Professorin Wuppertal (vgl. CORDES 1987, S. 243ff.). Insgesamt lehren nach dem Hochschullehrer-Verzeichnis des Deutschen Hochschulverbandes von 1991 Politikwissenschaft und Politische Bildung 692 Hochschullehrer an Universitäten und 120 an Fachhochschulen (Deutscher Hochschulverband, 1991).

Es werden an den deutschen Hochschulen insgesamt vier Studienabschlüsse angeboten:

1. Staatsexamen für das Lehramt,
2. Diplom,
3. Magister,
4. Promotion.

Die Blätter zur Berufskunde informieren über diese vier Studiengänge im einzelnen:

Staatsexamen

„Zu 1. (Staatsexamen): Angesichts des Nachfragerückgangs steuerte in den vergangenen Jahren eine abnehmende Zahl von Politologie-Studenten ein Staatsexamen an, um später das Fach Sozialkunde, Gemeinschaftskunde etc. (unterschiedliche Bezeichnungen in den einzelnen Bundesländern) in der Schule unterrichten zu können. Dabei wird Politikwissenschaft als Haupt- oder Nebenfach studiert, mit den je nach Bundesland und Schultyp spezifischen Kombinationen bzw. Prüfungsanforderungen. Es ist unmöglich, (...) einen aktuellen und umfassenden Überblick über die verschiedenen Abschlußmöglichkeiten bzw. ihre Studienvoraussetzungen zu geben. Das liegt an den außerordentlich unterschiedlichen Ausbildungs- und Prüfungsbestimmungen von Hochschule zu Hochschule bzw. von Bundesland zu Bundesland und an dem durch die Studienreform bedingten raschen Wandel dieser Bestimmungen. In dieser Situation ist es für den einzelnen Studierenden notwendig, sich über den jeweils aktuellen Stand der Ausbildungs- und Prüfungsordnungen an der jeweiligen Hochschule zu informieren und Auskünfte bei den Wissenschaftlichen Landesprüfungsämtern bzw. Schulverwaltungen des Bundeslandes einzuholen, in dem sie oder er später Lehrer werden will.

An die staatliche fachwissenschaftliche Prüfung (Fakultasprüfung) schließt sich die länderweise unterschiedlich geregelte Referendarausbildung an.

Diplom

Zu 2. (Diplom): Ein Diplom in Politikwissenschaft verleihen derzeit 7 Hochschulen: In Bamberg, Berlin (FU), Bremen, Frankfurt a.M., Hamburg und Marburg kann der akademische Grad des ‚Dipl.-Pol.' erworben werden. Von der Universität München wird der akademische Grad des ‚Dipl. sc. pol. Univ.' (= Diplomaticus scientiae politicae Universitatis) verliehen, wobei dieses akademische Diplom aber nur an der ‚Hochschule für Politik München' erworben werden kann.

An der Universität Augsburg wird die Einführung eines Diplom-Abschlusses geplant, das bayerische Kultusministerium hat die Entscheidung über die Einrichtung dieses Diplom-Studienganges aber einstweilen ‚ausgesetzt'.

Seit dem 1.10.1990 gibt es an der Universität der Bundeswehr Hamburg einen politikwissenschaftlichen Diplom-Studiengang, in dem Bundeswehrsoldaten im Rahmen einer langjährigen Dienstverpflichtung Politikwissenschaft studieren und den Grad eines ‚Diplom-Politologen (Dipl.-Pol.)' erwerben können.

An einigen Universitäten bzw. Universitäten – Gesamthochschulen der Länder Hessen, Niedersachsen und Nordrhein-Westfalen gibt es integrierte sozialwissenschaftliche Studiengänge, die nicht mit einem Diplom in Soziologie oder Politikwissenschaft, sondern mit dem akademischen Grad ‚Diplom-Sozialwissenschaftler/Diplom-Sozialwissenschaftlerin' abgeschlossen werden. In Hessen bietet z.B. die Universität Gießen seit einigen Jahren diesen Abschluß an. In Niedersachsen kann dieser Grad an der TU Hannover und der Universität Oldenburg erworben werden. In Nordrhein-Westfalen ist dieser Abschluß an der Universität Bochum und den Universitäten – Gesamthochschulen Duisburg und Wuppertal möglich. An der Universität – Gesamthochschule Duisburg kann im Hauptstudium eine Spezialisierung im Hinblick auf die ‚Studienrichtung Politikwissenschaft' gewählt werden.

In Konstanz hat die Politikwissenschaft an der Ausbildung von Diplom-Verwaltungswissenschaftler(innen) im Grund-, vor allem aber im Hauptstudium starken Anteil.

Zu 3. (Magister bzw. Magistra): An den meisten Universitäten besteht die Möglichkeit, Politikwissenschaft für eine Magisterprüfung (Magister Artium, abgekürzt: M.A.) als Hauptfach zu wählen, z.T. kann es im Rahmen eines Magister-Studienganges aber nur als Nebenfach studiert bzw. geprüft werden. Auch bei diesem Abschluß empfiehlt es sich, Auskünfte über den jeweils letzten Stand der Fächerkombination und Prüfungsanforderungen an den einzelnen Universitäten einzuholen. {.margin Magister}

Zu 4. (Promotion): Grundsätzlich gilt, daß die Promotion die Kenntnisse eines abgeschlossenen Hauptfachstudiums in Politischer Wissenschaft und die Fähigkeit zu eigener wissenschaftlicher Arbeit voraussetzt. Den Studierenden wird empfohlen, erst nach Ablegung eines Staatsexamens, einer Magister- oder einer Diplomprüfung zu promovieren. In der Regel ist einer dieser Abschlüsse formelle Voraussetzung für die Zulassung zur Promotion" (RASCHKE/ SARETZKI 1991, S. 23ff.). {.margin Promotion}

In den neuen Bundesländern sind Ausbildungsgänge für Politikwissenschaft im Frühjahr 1993 noch im Aufbau bzw. im Umbau. In wenigen Jahren werden hier sicher interessante Ausweitungen des Studienangebotes für Politikwissenschaft bestehen. In den alten Bundesländern wird der Magister-Studiengang von knapp 30 Hochschulen angeboten, während der Diplom-Studiengang nur an größeren Fachvertretungen (Ausnahme Bamberg) studiert werden kann. Der Magister ist damit zwar in der Fläche am stärksten verbreitet, dennoch studierten 1985 von den ca. 14.000 HauptfachstudentInnen der Politik- und Sozialwissenschaften 7.800 in Diplomstudiengängen (davon allein zwei Drittel am OSI der FU Berlin) und 6.300 in Magister-Studiengängen. Über die Lehramtsstudiengänge liegen keine aktuellen Daten vor. Sie spielen zur Zeit mangels Lehrernachfrage eine geringe Rolle.

Diplom und Magister sind also derzeit die Regelabschlüsse. Worin unterscheiden sie sich? Die überregionale Studienreformkommission für die Fächer Politikwissenschaft und Soziologie hat 1985 in ihren Empfehlungen zur Studienreform für das Fach Politikwissenschaft auf folgende Unterschiede in der Anlage von Diplom- und Magisterstudiengängen hingewiesen, die auch in den empfohlenen Musterprüfungs- und Studienordnungen ihren Niederschlag finden. {.margin Diplom oder Magister?}

Der *Diplom-Studiengang* soll zu einem ersten berufsqualifizierenden Abschluß führen. Er ist deshalb stärker auf eine sozialwissenschaftliche Professionalisierung angelegt.

55

„Im Unterschied zu den Magisterstudiengängen und ihrer traditionellen Offenheit für individuelle Studiengestaltung und Vertiefung sollen Diplomstudiengänge immer auch Kenntnisse und Fertigkeiten vermitteln, welche mehr oder weniger standardisiert und überprüfbar sind, zu einer übereinstimmenden Spezialisierung und Qualifikation führen, bestimmten Erwartungen oder Anforderungsprofilen entsprechen und damit unmittelbar der künftigen Berufstätigkeit zugutekommen. Solche Kenntnisse und Fertigkeiten können sich z.B. auf Planungs- oder Organisationstechniken, statistische Verfahren oder medienspezifische Vorgehensweisen beziehen: Immer läßt sich – womit Professionalisierung erreicht wird – in wissenschaftlicher Lehre vermitteln, was unter Einhaltung oder Weiterentwicklung der erlernten Regeln in Wissenschaft oder Praxis anzuwenden ist und was die Profession, zu der solche Kenntnisse gehören, von anderen Professionen unterscheidet" (Sekretariat der Kultursministerkonferenz 1985, S. 44).

Im Magisterstudiengang kann und soll man die Nebenfächer frei wählen können. Beim Diplom ist oft neben dem Hauptfach ein ergänzendes Wahlpflichtfach vorgesehen. Der Kernbereich Politikwissenschaft wird mit einer Schwerpunktbildung innerhalb des Hauptfaches verknüpft, der möglichst auch einen inhaltlichen Bezug zu dem Wahlpflichtfach aus den Nachbardisziplinen hat. Die gesamte Schwerpunktbildung soll immer vorrangig berufsfeldorientiert sein. Diese Berufsfeldorientierung des Diploms soll auch durch Praxisanteile während des Studiums ergänzt werden. Nur wenige Hochschulen können allerdings ein Berufspraktikum verbindlich vorschreiben, da Praktikumsplätze schwer zu bekommen sind und großen Organisationsaufwand für die Hochschule verlangen.

Im *Magisterstudiengang* wird auf die im Diplomstudiengang deutliche sozialwissenschaftliche Professionalisierung und Berufsorientierung verzichtet.

„Daraus ergibt sich einerseits der Verzicht auf eine straffere inhaltliche und formale Reglementierung des Studiums im Hauptfach Politikwissenschaft, die im Diplomstudiengang die Bildung bestimmter professioneller Kompetenzen gewährleisten soll. Andererseits wird auch die Wahl der weiteren Studienfächer weniger stark reglementiert als im Diplomstudiengang, in dem in der Regel bestimmte Wahlpflichtfächer vorgesehen sind" (RASCHKE/SARETZKI 1991, S. 26).

Magister freier - Diplom berufsorientierter

Die Studienreformkommission faßt die Unterschiede der Magisterstudiengänge gegenüber dem Diplom folgendermaßen zusammen:

„Magisterstudiengänge unterscheiden sich von Diplomstudiengängen grundsätzlich durch

- ein relativ hohes Maß an Freiheit des Studenten bei der Komination verschiedener Fächer;
- ein relativ geringes Maß an verbindlicher curricularer Organisation des einzelnen Fachstudiums, so daß dem Studenten auch innerhalb der von ihm gewählten Fächer in gewissem Umfange die Möglichkeit geboten wird, nach individuellen Neigungen Lehrveranstaltungen auszuwählen;
- eine Betonung allgemeiner Ziele wissenschaftlicher Bildung und ein Zurückstellen von Zielen spezieller Berufsausbildung" (Sekretariat der Kultusministerkonferenz 1985, S. 57).

Soll man nun eher den Diplom- oder den Magisterstudiengang wählen? Für viele Studierende besteht die Alternative nicht, weil sie für die Wahl des Studiums den Studienort berücksichtigen müssen, an dem nur das eine oder andere angeboten wird. Frei vom Studienort ist man nur beim Studium an der FernUniversität in Hagen, die aber nur das Magisterstudium anbietet. Für die Arbeitsmarktchancen bietet das Diplom zusammen mit einem einschlägigen Schwerpunkt und einer guten Methodenausbildung sowie einer Praxisorientierung schon während des

Studiums sicher gewisse Vorteile. Die können aber durch größere Fächerwahl-freiheit beim Magister durchaus ausgeglichen werden. Den Königsweg gibt es also nicht, da der akademische Arbeitsmarkt der Zukunft sowieso eine höchst unkalkulierbare Größe ist.

Nach dem Abschluß des Studiums mit dem Diplom, Magister oder Staatsexamen stellt sich oft die Frage, ob man nun auch noch promovieren soll. Die Entscheidung für eine Promotion ist ambivalent, denn eine Promotion kann zu „Überqualifizierung" führen und, da sie zu Lasten des Erwerbs von Berufspraxis geht, manchmal eher einstellungshemmend wirken. Das gilt besonders dort, wo die zukünftigen Vorgesetzten seltener promoviert sind, wie in den Stadt- oder Gemeindeverwaltungen und in mittleren Unternehmen. Dann sollte man sich die Entscheidung, einen Doktorgrad anzustreben, genau überlegen. Früher Einstieg in den Beruf, z.B. als Journalist, ist oft besser.

Die allgemeine wissenschaftliche Weiterbildung nach einem einschlägigen oder auch ganz andersartigen Studium bekommt angesichts des schnell sich verändernden Arbeitsmarktes und wachsender Qualifikationsanforderungen eine immer höhere Bedeutung. Auch hier bietet die FernUniversität den Berufstätigen ein Gasthörer- oder Teilzeitstudium, das sich neben der Erwerbstätigkeit unabhängig vom Ort absolvieren läßt. Aber auch immer mehr traditionelle Hochschulen erkennen die Bedeutung der wissenschaftlichen Weiterbildung an und stellen sich darauf ein. Hier sind allerdings noch viel stärkere Anstrengungen nötig. Die Fachverbände der Politikwissenschaft haben sich mit curricularen Anforderungen an die Weiterbildung noch zu sehr zurückgehalten.

Für Politologen, die in den Staatsdienst als Beamte des höheren allgemeinen Verwaltungsdienstes gehen wollen, ist die Ableistung eines zweijährigen Wirtschafts-, Verwaltungs- bzw. Regierungs-Refendariats vorgeschrieben, das nicht alle Bundesländer für PolitikwissenschaftlerInnen eröffnen. Hier ist eine genaue Information bei den zuständigen Einstellungsbehörden notwendig.

Bedeutung der Weiterbildung

3.2.3 Studienvoraussetzungen und Inhalte

An den Universitäten wird für Magister- und Diplomstudiengänge überall die allgemeine Hochschulreife, das Abitur, verlangt, das aber auch durch fachbezogene Einstufungsprüfungen nach Berufsausbildung und -erfahrung in einigen Bundesländern ersetzt werden kann. An Gesamthochschulen in Nordrhein-Westfalen kann zum Teil durch Brückenkurse die fachgebundene Hochschulreife während des Studiums nachgeholt werden.

Sonstige Voraussetzungen sind insbesondere Sprachkenntnisse, teilweise das Kleine oder auch Große Latinum. Das Große Latinum wird besonders von traditionellen philosophischen Fakultäten gepflegt. Viel wichtiger sind dagegen Kenntnisse in modernen Sprachen. An der Universität Bonn wird wohl die höchste Sprachenhürde gelegt, da für das Magister-Studium das Große Latinum und zwei moderne Fremdsprachen verlangt werden. An anderen Hochschulen müssen mindestens gute Englischkenntnisse nachgewiesen werden. Diese sind in der Tat absolut unvermeidlich, denn schon im Grundstudium muß vielfach Literatur in Englisch gelesen werden. Für die Methodenausbildung ist es durchaus hilfreich, wenn man keine Berührungsängste gegenüber Zahlen, Daten und Statisti-

Voraussetzungen: Abitur

Sprachkenntnisse: Englisch unvermeidlich

Computerkenntnisse nützlich

ken hat. Grundkenntnisse des Umganges mit einem Computer sind ebenfalls sehr nützlich, insbesondere der Textverarbeitung am PC. Politisches Interesse müßte eigentlich selbstverständlich sein – dazu gehört es, regelmäßig Tageszeitungen zu lesen (und zwar eher mehrere Blätter), Wochenmagazine und Monatszeitschriften sowie Fernsehberichterstattungen zu verfolgen.

Die Inhalte des Studiums variieren von Hochschule zu Hochschule ganz beträchtlich. Die wichtigste Variable ist dabei die Größe des Lehrkörpers, die eine bessere Ausdifferenzierung ermöglicht. Wichtig ist bei kleineren Fächern auch die wissenschaftspolitische Orientierung der Hochschullehrer bzw. die Ausbildung von „Schulen". Diese sind aber heute nicht mehr hermetisch abgeschlossen, sondern erlauben doch meist gewisse Spielräume.

Kernbereiche des FachesIn der Mitte der achtziger Jahre hat die überregionale Studienreformkommission für die Diplomstudiengänge Empfehlungen verabschiedet, die ein politikwissenschaftliches Studium von 160 Semesterwochenstunden vorsehen, das ca. 110 bis 120 SWS im Diplomfach und 40 bis 50 SWS in einem Ergänzungsfach vorsieht. Die Kommission hat für den „Kernbereich" des Faches sechs zentrale Problemfelder vorgeschlagen, bei denen jeweils die historische Dimension, die rechtlichen Aspekte und die gesellschaftlichen Bezüge mit zu berücksichtigen seien (vgl. Tabelle 2 auf der folgenden Seite).

Die Vorschläge für das Magisterstudium sind fast identisch, aber reduzieren die Problemfelder von sechs auf fünf, da „Politik und Wirtschaft" in die übrigen Bereiche einbezogen wird. Die tatsächlichen Studien- und Prüfungsordnungen der Hochschulen weichen allerdings von diesen Vorgaben oft beträchtlich ab. Gesammelte Beispiele für konkrete Prüfungsordnungen der Hochschulen finden sich in den Blättern für Berufskunde (RASCHKE/SARETZKI 1991, S. 33ff.)

Qualität der LehreAbschließend soll noch darauf eingegangen werden, wie die Studierenden das Studium eigentlich selbst bewerten. Die „Qualität der Lehre" ist in jüngster Zeit neu thematisiert worden, nicht zuletzt durch die spektakuläre Publikation von studentischen Befragungen im SPIEGEL (SPIEGEL-Spezial 1990 und 1993). Methodisch ist die Studie sehr umstritten, da die Fallzahlen für einzelne Fächer an konkreten Universitäten zu klein waren. Die Sozialwissenschaften insgesamt kamen aber auch in einer größeren anderen Studie nicht gut weg. Sie werden in der Arbeitskultur als anforderungsarm und unübersichtlich kritisiert. „Für die Unterforderung und
DesorientierungStudierenden bedeutet dies vielfach Unterforderung bei gleichzeitiger Desorientierung" (BARGEL 1990, S. 14) sowie Defizite im Praxisbezug und bei der Forschungsorientierung. Die Politikwissenschaft liegt bei der Bewertung der Qualität der Lehre aus der Sicht der Studierenden immerhin auf einem guten Mittelplatz mit der Gesamtnote 3,9 zwischen der Bestnote 3,5 für Mathematik und den Schlußlichtern Rechtswissenschaften 4,2 und Humanmedizin 4,3. Trotz aller Kritik am Studium antworteten allerdings 65,9 % aller Befragten einer Münsteraner Verbleibsstudie, sie würden, wenn sie es könnten, noch einmal ein politikwissenschaftliches Studium beginnen (vgl. BELLERS u.a. 1990, S. 668).

In einigen Bundesländern, so in Berlin und Nordrhein-Westfalen, sind seit Beginn der neunziger Jahre Programme zur Steigerung der Qualität der Lehre im Probelauf, um hier Verbesserungen zu schaffen, die offensichtlich auch von studentischer Seite dringend nachgefragt werden. Auch diese Einführung will einen kleinen Beitrag dazu leisten, daß das Studium nicht anforderungsarm und unübersichtlich erfahren wird, sondern leistungsgerecht und transparent.

Tabelle 2: Zentrale Problemfelder des politikwissenschaftlichen Studiums (Kernbereich)

1. Politische Theorie und politische Philosophie
– Grundbegriffe der Politikwissenschaft und deren theoretische Zusammenhänge,
– Geschichte der politischen Ideen,
– zeitgenössische politische Theorien und Ideologien.

2. Methoden der Politikwissenschaft
– Wissenschaftstheorie und Methodologie,
– Quantitative und qualitative Methoden, insbesondere der empirischen
   Sozialforschung,
– Statistische Verfahren,
– Thematisch orientierte Einführung in die Techniken des wissenschaftlichen Arbeitens.

3. Das politische System der Bundesrepublik Deutschland
– Geschichtliche Grundlagen,
– Verfassungs- und Regierungssystem incl. Verwaltung,
– Politische Sozialisation und Kommunikation, Wahlen, Parteien, Verbände, Eliten,
   soziale Bewegungen,
– Wirtschafts- und Sozialstruktur.

4. Analyse und Vergleich unterschiedlicher Systeme
– Westlicher Industriegesellschaften,
– Sozialistischer Gesellschaften,
– der Entwicklungsgesellschaften.

5. Internationale Beziehungen und Außenpolitik
– Grundfragen und Strukturen internationaler Beziehungen,
– Auswärtige Beziehungen der Bundesrepublik Deutschland,
– Internationale Organisationen, regionale Gemeinschaften, transnationale Prozesse
(Internationales Recht).

6. Politik und Wirtschaft
– Wirtschaftssystem und Wirtschaftsprozesse,
– Ausgewählte Probleme der Wirtschaftsentwicklung in Deutschland

Quelle: Sekretariat der Kultusministerkonferenz 1985, S. 41f.

3.3 Arbeitsmarkt: Politikwissenschaftler in der Leere?

3.3.1 Berufsfelder

Charakteristisch für die Tätigkeit von Politikwissenschaftlern ist die Heterogenität möglicher Aufgaben, das Arbeitsfeld ist breit gestreut. Nüchtern formuliert kann man sagen, daß es keinen Beruf gibt, der allein Politikwissenschaftlern vorbehalten ist. Festzuhalten ist, daß „Politikwissenschaftler" keine geschützte Berufsbezeichnung ist, sondern die Bezeichnug für Absolventen und Absolventinnen einer bestimmten Studienrichtung.

Auch die scheinbar naheliegenste Tätigkeit von Politikwissenschaftlern – nämlich Politiker zu sein – ist nur ein Klischee. Ausnahmen wie die Minsterpräsidenten Björn Engholm, der in Hamburg, oder Bernhard Vogel, der in Heidelberg Politikwissenschaft absolvierte, bestätigen die Regel.

Politikwissenschaftler fassen Fuß in der Praxis

Allerdings haben Politikwissenschaftler in den Spitzen von Exekutive, Parlament, Parteien und politischen Organisationen, und zwar von konservativen bis zu alternativen Parteien, insbesondere auch in Stabsstellen für Planung, Organisation und als persönliche politische Referenten durchaus Fuß gefaßt (vgl. BÜCKER-GÄRTNER u.a. 1977). Es gibt ein bemerkenswertes Mißverhältnis zwischen dem Anspruch von Politikwissenschaftlern in bezug auf ihre (gesellschaftliche) Relevanz und der Uneindeutigkeit des Berufsfeldes. So wird die Frage, wer voll ausgebildete Politikwissenschaftler bzw. im weiteren Sinne Sozialwissenschaftler braucht, von Joachim RASCHKE und Thomas SARETZKI (1991) folgendermaßen beantwortet:

„Die hochdifferenzierte, arbeitsteilige Industriegesellschaft hat offensichtlich Funktionen hervorgebracht, die mit Hilfe der traditionellen Universitätsdisziplinen nicht mehr adäquat erfüllt werden können, und sie hat einen Bedarf an Informationen über sich selbst entwickelt, der nur durch Verwendung sozialwissenschaftlicher Theorien und Methoden befriedigt werden kann. Vor allem in der Funktionen der Planung, der wissenschaftlichen Entscheidungshilfe, der Lösung von Organisationsproblemen, der Organisationssteuerung und der Vermittlung von Informationen bzw. von Legitimationssystemen [...] sind Sozialwissenschaftler in unserer Gesellschaft unerläßlich" (RASCHKE/SARETZKI 1991, S. 3).

Bisher ist es aber der Politikwissenschaft nur unzureichend gelungen, diese Erkenntnis zu vermitteln und in ein Angebot an Tätigkeitsfeldern umzusetzen. Da die berufliche Tätigkeit über eine Vielzahl von Berufsbereichen streut, ist sie mit einer Vielzahl von Tätigkeitsmerkmalen verknüpft. Diese sind Forschung, Lehre und Bildung, wissenschaftliche Beratung, Konzeption und Planung, Organisation und Management, Verwaltung sowie Dokumentation und Information. Man kann acht große Bereiche von Ausübungs- und Aufstiegsformen (vgl. RASCHKE-SARETZKI 1991, S. 8ff.) unterscheiden, die im folgenden vorgestellt werden:

Politische Bildung

Im Bereich der *politischen Bildung* sind Politikwissenschaftler seit Ende der 60er Jahre vertreten. In allgemein- und berufsbildenden Schulen konkurrieren sie – je nach Tradition des Bundeslandes – mit Historikern, Germanisten oder Geographen um den Sozialkundeunterricht. Eine genuine politikwissenschaftliche Ausbildung von Lehrenden in diesem Gebiet ist selten. In der politischen

Jugend- und Erwachsenenbildung befassen sich Politikwissenschaftler neben der Lehre mit organisatorischen Aufgaben wie Seminarplanungen und Tagungsleitungen. Typische Arbeitgeber sind Volkshochschulen, politische Akademien, Verbände, die (auch) der politischen Bildung dienen, staatliche Stellen für politische Bildung (z.B. Bundeszentrale für politische Bildung) sowie Kirchen, Polizei und Bundeswehr.

Im Bereich der *Massenmedien* arbeiten Politikwissenschaftler in Rundfunk- und Fernsehanstalten, bei Zeitschriften und Zeitungen und in Buchverlagen. Die Tätigkeit besteht hier in der Sammlung von Material, deren Aufbereitung sowie Management-Funktionen der Leitung einer Abteilung, eines Verlages oder einer Rundfunkanstalt, der Organisation von Redaktionskonferenzen etc. Insgesamt zeichnet sich dieser Bereich durch die Verbindung von journalistischen Erfahrungen und Politikwissenschaft aus. Durch das Wachstum der „neuen Medien" ist hier vielleicht ein expandierender Arbeitsmarkt auch für Politologen. Massenmedien

Im Bereich von *Parteien* können Politikwissenschaftler zum einen in den Funktionen wissenschaftliche Beratung und Entscheidungsvorbereitung beschäftigt sein. Typisch sind hier Assistenztätigkeiten. Hinzu kommen mögliche Tätigkeiten in der eher journalistisch ausgerichteten Öffentlichkeitsarbeit und Tätigkeiten in Organisation und Verwaltung, z.B. Mitgliederwerbung, Management von Veranstaltungen oder auch (parteispezifische) Vorbereitung und Durchführung von Wahlen. Parteien

In *Parlamenten* bestehen drei Sorten von wissenschaftlichen Hilfsdiensten. Die wissenschaftlichen Dienste beim Bundestag und bei den Landtagen beschäftigen sich im wesentlichen mit der Zusammenstellung und Auswertung von Material im Rahmen der Gesetzgebungsarbeit, mit der Erstellung von Gutachten zu Einzelfragen der Gesetzgebung sowie der Hilfe bei der Formulierung. In diesem Bereich sind Politikwissenschaftler gegenüber Juristen bisher im Hintertreffen. Die wissenschaftlichen Assistenten bei den Fraktionen des Bundestags und der Landtage werden von diesen selbst angestellt und haben die Aufgabe, politische Entscheidungen in den Fraktionen fachlich vorzubereiten und mitzuberaten, besonders in den Arbeitskreisen. Die Assistenz bei Bundestagsabgeordneten stellt aller Erfahrung nach einen Übergangsjob dar. Er besteht aus einer individuell höchst vielfältigen Mischung von konzeptioneller und planerischer Assistenz im Bundestag oder im Wahlkreis, kann aber auch zur Sekretariatsarbeit oder zum Aktentaschenträger degenerieren. Der Anteil der Akademiker und hier insbesondere der Politikwissenschaftler ist gering. Parlamente

In der *öffentlichen Verwaltung* sind Politikwissenschaftler mit einem wachsenden Anteil vertreten, ohne aber das Juristenmonopol ernsthaft in Gefahr zu bringen. Die Verändererung der Einstellungs-(Refendar-)Ordnungen stellt nur einen formalen Fortschritt dar, die Praxis ist vielfach eine andere. Im Bund und in einigen Bundesländern besteht für Politikwissenschaftler unter bestimmten Voraussetzungen die Möglichkeit zur Referendarausbildung, wobei allerdings juristische (z.B. Staats- und Verwaltungsrecht) und wirtschaftswissenschaftliche Kenntnisse Bedingung sind. Öffentliche Verwaltung

Auf Gemeindeebene sind – trotz gegebenem Potential – die Positionen für akademisch Ausgebildete recht schmal und nicht zuletzt abhängig von der jeweiligen Haushaltslage. Es besteht keine eigene Referendariatsausbildung, Vorbedingung ist lediglich ein abgeschlossenes Hochschulstudium oder das abgelegte zweite Staatsexamen.

Internationaler Bereich

Im *internationalen Bereich* eröffnen sich neue Perspektiven für die Berufstätigkeit von Politikwissenschaftlern, z.B. im Auswärtigen Dienst haben sich in letzter Zeit vermehrt Tätigkeitsmöglichkeiten ergeben. Mit abgeschlossenem Studium und sehr guten Sprachkenntnissen wird nach einer schwierigen Aufnahmeprüfung eine gesonderte Diplomatenausbildung absolviert. Die Tätigkeiten umfassen den diplomatischen und konsularischen Dienst, das Presse- und Informationswesen, Sozialpolitik und Kulturpolitik („Goethe-Institute"). In inter- und supranationalen Institutionen und Organisationen sind teils Beamte aus nationalen Verwaltungen tätig, die von diesen auf Zeit oder Dauer entsandt werden. Teilweise werden sie auch wie beim Beispiel Europäische Gemeinschaft von diesen selbst rekrutiert. Bei letzterer Organisation stehen sie in Konkurrenz mit Bewerbern aus elf anderen Nationen. Die Auswahl wird nach umfangreichen Tests durchgeführt, wobei insbesondere die Beherrschung einer zweiten Amtssprache, aber auch Berufspraxis eine große Rolle spielen. Auch nicht-staatliche Organisationen – Parteibündnisse, internationale Konzerne und Verbände bis zu Greenpeace oder amnesty international – entdecken Tätigkeitsfelder für Politologen.

Privatwirtschaft

In der *Privatwirtschaft* sind, für viele unerwartet, durchaus Politikwissenschaftler zu finden. Hierbei sind es vor allem größere Unternehmen mit komplexerem Verwaltungsunterbau, in denen spezialisierte Aufgaben für Entscheidungsvorbereitung, Aus- und Weiterbildung, innere und äußere Informationsarbeit von Politologen wahrgenommen werden können. Dazu gehört z.B. die Analyse der politischen und ökonomischen Probleme bestimmter Länder oder Tätigkeiten in Presseabteilungen und in den Abteilungen für Public Relations. Die Tätigkeit ist aber in besonderer Form zielorientiert:

„Im Wirtschaftsbereich ist die Tendenz der dort beschäftigten Politologen sehr stark, sich an bestehende, auf kurzfristige Effizienz abgestellte Tätigkeitsnormen anzupassen" (RASCHKE/ SARETZKI 1991, S. 19).

Wissenschaft

Im Bereich der *Wissenschaft* sind Politikwissenschaftler an Universitäten, Fachhochschulen, Technischen und Pädagogischen Hochschulen tätig. Hinzu kommen Beschäftigungsmöglichkeiten an staatlich und privat geförderten Forschungsinstituten, wie z.B. dem Wissenschaftszentrum Berlin oder dem Max-Planck-Institut für Gesellschaftsforschung in Köln. Auch hier gibt es Restriktionen. So haben bei den Fachhochschulen Politikwissenschaftler nur eine Chance, wenn sie eine mindestens fünfjährige Berufspraxis aufweisen können, davon drei Jahre außerhalb des Hochschulbereichs.

Zu allem fähig – aber zu nichts zu gebrauchen?

Damit sind die Aufgaben und Tätigkeiten von Politikwissenschaftlern im wesentlichen abgesteckt. Im folgenden Abschnitt soll der konkrete Verbleib von Politikwissenschaftlern dargestellt werden. Sind sie, wie die Überschrift einer neueren Verbleibsstudie ironisch formuliert, wirklich „zu allem fähig – aber zu nichts zu gebrauchen" (FIEBELKORN u.a. 1989)?

3.3.2 Politologen auf dem Arbeitsmarkt

Im Zuge der Akademisierung und der Bildungsexpansion hat die Zahl der Hochschulabsolventen seit Beginn der sechziger Jahre deutlich zugenommen. Das gilt erst recht für die Politikwissenschaft, die ja auch seit dieser Zeit erst nennenswerte Zahlen von Studienabschlüssen produzieren konnte. Wie haben sich nun die PolitikwissenschaftlerInnen auf dem akademischen Arbeitsmarkt etabliert und durchgesetzt? Sie konkurrieren hier mit den Absolventen der Nachbardisziplinen, die wir oben dargestellt haben (vgl. Kap. 3.1), also mit Soziologen, Juristen, Ökonomen und anderen Geistes- und Gesellschaftswissenschaftlern um die knappen Stellen.

Um herauszufinden, wo die jungen PolitikwissenschaftlerInnen auf dem Arbeitsmarkt verblieben sind, wurden eine Reihe von „Verbleibsstudien" angefertigt – sowohl für Politologen im engeren Sinne (vgl. z.B. BELLERS u.a. 1990, FIEBELKORN u.a. 1989, GRÜHN 1984, EBBIGHAUSEN u.a. 1983) als auch für Sozialwissenschaftler insgesamt (BÜCKER-GÄRTNER u.a. 1977).

Kontinuierliche, längerfristige Daten mit genügend hohen Fallzahlen können allerdings nur die großen Ausbildungsstätten liefern, an der Spitze das Otto-Suhr-Institut der FU Berlin. Deshalb sind die Ergebnisse nicht repräsentativ für das gesamte Bundesgebiet. Das ist mißlich, aber die Daten werfen doch ein interessantes Licht auf die tatsächlichen Tätigkeitsbereiche der PolitikwissenschaftlerInnen. Die fehlende Repräsentativität ist auch ein Problem für die Entwicklung von Ausbildungsgängen und Studienordnungen. So basieren die bisherigen Studienreformvorschläge eher auf vermuteten, als auf empirisch abgesicherten Anforderungsprofilen (vgl. STEIN 1990, WITTKÄMPER 1988).

> Keine repärsentativen Daten vorhanden

Das empirische Material über die Absolventen des OSI in Berlin liegt in bisher vier Verbleibsstudien zwischen 1951 und 1986 vor. Die Ergebnisse werden von RASCHKE/SARETZKI (1991, S.4ff) zusammengefaßt und aufbereitet. Ich werde hier nur die Ergebnisse aus der vierten und letzten Verbleibsuntersuchung der Absolventenjahrgänge 1979-1986 referieren (vgl. FIEBELKORN u.a. 1989). Die wesentlichen Ergebnisse, auch im Vergleich zu den früheren Studien, sind die folgenden (vgl. Tabelle 3):

– Der größte Anteil der Absolventen arbeitet im Bereich Universität und Forschung, allerdings meist befristet oder über Honorar- und Werkverträge;
– der Anteil der Absolventen im Medienbereich hat gegenüber früher zugenommen, allerdings oft in ungeschützten Arbeitsverhältnissen ohne festen Arbeitsvertrag;
– weiterhin zu den „traditionellen" Arbeitgebern gehören die Öffentliche Verwaltung, Verbände, Stiftungen, Parteien und Gewerkschaften;
– weitere Schwerpunkte sind die privaten Dienstleistungen und der Sozialbereich, wo allerdings der Anteil ausbildungsfremder Tätigkeiten sehr hoch bzw. das Diplom nicht Einstellungsvoraussetzung ist;
– der Bereich alternativer oder selbstverwalteter Projekte ist rückläufig und hat kaum noch besondere Bedeutung für die Beschäftigung.

Tabelle 3: Beschäftigungsbereiche von Berliner Diplom-Absolventen der Jahre 1979-1986

Beschäftigungsbereich	Absolventen	Prozent
Universität / Forschung	65	15,9
Medien	57	13,9
Private Dienstleistungen	55	13,4
Verwaltung	51	12,4
Sozialer Bereich	39	9,5
Verbände	33	8,0
Industrie	19	4,6
Stiftungen	13	3,2
Parteien	10	2,4
Handel	10	2,4
Freizeit / Infrastruktur	8	2,0
Gewerkschaften	8	2,0
Verlage	6	1,5
Kirche	6	1,5
Verarbeitendes Gewerbe	6	1,5
Mehrere Bereiche	9	2,2
Sonstige	10	2,4
Keine Angaben	5	1,2
	410	

Quelle: RASCHKE/SARETZKI 1991, S. 6

Neuere Trends

Immerhin waren 58,7% Prozent der befragten Absolventen in der Lage, die politikwissenschaftlichen Qualifikationen beruflich zu nutzen, sei es in qualifikationsadäquaten und statusadäquaten Positionen (47%), in qualifikationsadäquaten, aber statusinadäquaten Positionen (5,3%) oder im Rahmen von Honorartätigkeiten (6,4%). Dem steht gegenüber, daß ein Fünftel der Befragten eine so labile Arbeits- und Lebensperspektive hat, daß sie von Monat zu Monat die Gefahr sehen, mit ihren beruflichen Vorstellungen radikal brechen zu müssen. Trotzdem sind Absolventen offenbar findig oder flexibel oder beides: Die Arbeitslosigkeit ist geringer als erwartet (4,9%).

Politologen sind findig und flexibel

Die Tätigkeiten selbst waren breit gestreut. Die Beschäftigten gingen entweder journalistischen Tätigkeiten (16,6%), einer Tätigkeit als wissenschaftlicher Mitarbeiter (16,1%), als Erzieher und Familienhelfer (7,5%) Sekretär oder Referent (7,3%), in der Erwachsenenbildung (5,1%), als Angestellte in der Verwaltung (5,1%) oder in EDV-Berufen (4,8%) nach. Die übrigen Absolventen (44,8%) verteilen sich auf immerhin 21 (!) unterschiedliche Tätigkeitsgruppen.

Grauzonen und Rotations-Arbeitsmarkt

Insgesamt zeigen sich in den empirischen Verbleibsstudien Tendenzen, die sich mit den Stichworten Grauzonen-Arbeitsmarkt und Rotations-Arbeitsmarkt beschreiben lassen (vgl. GRÜHN 1984, GROTTIAN 1986, EBBIGHAUSEN u.a. 1983, FIEBELKORN u.a. 1989):

- Es gibt eine Spaltung in good jobs/bad jobs: Einerseits finden einige Absolventen qualifikationsadäquate und entsprechend honorierte Beschäftigungsverhältnisse, andererseits lebt eine wachsende Anzahl von Absolventen mit einer deutlichen Einkommensverschlechterung und einer längerfristig labilen beruflichen Perspektive.
- Viele „Arbeitslose" melden sich aufgrund fehlender materieller Ansprüche (ohne Berufspraxis kein Geld) oder einer geringen Einschätzung der Vermittlungsfähigkeit von Arbeitsämtern nicht beim Arbeitsamt; stattdessen qualifiziert sich die Mehrzahl beruflich weiter (Promotion, Zweitstudium etc.).
- Die „Grauzone" besteht aus der Vielzahl der Beschäftigungsmöglichkeiten zwischen ausbildungsadäquater Vollbeschäftigung und Arbeitslosigkeit, wobei ganz unterschiedliche Kombinationen von Voll- und Teilzeitbeschäftigung, Werkvertrag und Arbeitslosigkeit bestehen. Sie erstreckt sich auf fast ein Drittel der Beschäftigungsverhältnisse von Politikwissenschaftlern.
- Die erste ausbildungsadäquate Einstellung ist zunehmend nicht mehr das Ende der Berufsfindung, immer mehr Absolventen müssen auf mittlere und lange Sicht mit Phasen der Erwerbslosigkeit oder inadäquater Beschäftigung rechnen. Es ist somit davon auszugehen, daß Politikwissenschaftler zwischen traditionellem Beschäftigungssystem, Erwerbslosigkeit, teilweiser Unterbeschäftigung und ausbildungsfremder Erwerbstätigkeit (im doppelten Wortsinne) „rotieren".

Alle diese Daten und Informationen beziehen sich, wie gesagt, auf die Berliner Diplompolitologen, die am besten beforscht sind, die aber durch ihre Sonderlage auch auf dem Arbeitsmarkt besonders schwierige Verhältnisse vorfinden. An kleineren und praxisnah ausbildenden Hochschulen mag die Situation günstiger oder jedenfalls anders aussehen. Zumindest in Konstanz wird in Verbindung mit Verwaltungswissenschaften ein Praktikum vorgeschrieben, auch an der Universität Bonn wurde ein Praktikum eingeführt, an der Universität Münster bemüht man sich ebenfalls darum. Die Arbeitsplatzchancen der Absolventen werden dadurch sicher erhöht.

Fazit: Fallen PolitikwissenschaftlerInnen aus der Lehre in die Leere? Sicher nicht, die Lage ist ernst, aber nicht trostlos. Es gibt zahllose Nischen auf dem Arbeitsmarkt, die von Politologen als Inseln für den Berufseinstieg erreicht und mit Geschick durchaus zu Halbinseln oder Festland ausgebaut werden können. Das Allerwichtigste ist die Aufgabe von der Vorstellung zweier Welten, Studium und Beruf, die voneinander abgeschottet sind. Wenn im Studium bereits durch eine gute Schwerpunktbildung und Nebenfachauswahl, durch Praktika, Volontariate, Auslandsaufenthalte, Sprachstudien und Spezialkenntnisse Kontakt zu späteren Berufsfeldern gesucht und aufgebaut wird, kann der Wechsel von der Hochschulwelt in die Berufswelt durchaus gelingen.

Man kann diese Informationen zur Arbeitsmarktsituation von PolitikwissenschaftlerInnen auch mit den zwei Einleitungssätzen schließen, mit denen WELZ/ MAIER eine jüngste Untersuchung über den Soziologen als Akteur auf dem Arbeitsmarkt eröffnen:

„Soziologie macht weder arbeitslos noch unzufrieden. Doch garantiert sie keinen bestimmen Beruf" (WELZ/MAIER 1992, S. 13).

Aus der Lehre in die Leere?

3.4 Die deutsche Politikwissenschaft ist erwachsen geworden

In den letzten beiden Jahrzehnten, also seit Beginn der achtziger Jahre, ist die deutsche Politikwissenschaft zu einer „normalen" Wissenschaft herangereift. Was heißt das? Wissenschaften wachsen, entwickeln sich, differenzieren sich aus. Im Lichte der historisch-vergleichenden Wissenschaftsgeschichte und der Wissenssoziologie ist die Entwicklung der Politikwissenschaft deshalb gar nicht so einmalig, wie manche Fachvertreter mit Larmoyanz oder mit einem guten Schuß Selbstmitleid beklagen (vgl. dazu und zum folgenden v. BEYME 1986b, S. 12ff). Die Dynamik der Entwicklung von wissenschaftlichen Disziplinen kann man auf wenige Stadien reduzieren:

„(1) *experimenteller Empirismus*, mit dem Vorrang der Entdeckung vor der Erklärung, (2) die Phase der *Konzeptualisierungsstrategie*, in der Klassifikationen und Modellbildung überwiegen, (3) die Phase der großen *theoretischen Erklärungsversuche*, (4) die Entwicklung zur *„normal science"* bei Festigung eines Paradigmas, das nur noch gelegentlich modifiziert wird, und (5) schließlich die Periode der *Finalisierung* der Wissenschaft, welche die von außen definierten Problemfelder auf der Basis allgemein anerkannter Theorien als Forschungsgebiet akzeptiert" (v. BEYME 1986b, S. 12).

Dieses allgemeine Ablaufschema ist zwar stärker an empirischen und naturwissenschaftlichen Disziplinen entwickelt worden, kann aber mit einigen Modifikationen auch auf Geistes- und Sozialwissenschaften angewandt werden. Die wichtigste Abänderung liegt darin, daß in diesen „Diskurswissenschaften" nie ein einziges Paradigma so eindeutig dominiert wie in den Naturwissenschaften. Es existieren immer konkurrierende Ansätze nebeneinander und nacheinander. So können stärker theoretisch geprägte Phasen wechseln mit praktisch und empirisch dominierten. Deshalb ist auch eine „Finalisierung" der Sozialwissenschaften umstritten, da eine solche Zielbezogenheit eine gewisse Sättigung des Erkenntnisprozesses suggeriert, die in den Gesellschaftswissenschaften kaum vorstellbar ist. Stellt man diese Einschränkungen in Rechnung, dann kann die

Politische Wissenschaft wurde zur normal science

Politikwissenschaft seit den achtziger Jahren durchaus als „normal science" gelten, wie dies auch von BEYME konstatiert:

„Die Politikwissenschaft ist eine ‚normale Wissenschaft' geworden, die weitgehend für einen wissenschaftlichen Binnenmarkt produziert und mit dem Aufgeben des demokratischen Belehrungspathos zunehmend weniger abhängig von direkten politischen Einflüssen zu sein scheint, andererseits aber die Finalität des wissenschaftlichen Tuns weniger verkrampft akzeptiert als in der Gründungsphase der neuen Disziplin" (v. BEYME 1986b, S. 22).

Die Normalität zeigt sich auch darin, daß ein anerkannter Theoriefundus und ein weitgefächerter Methodenkanon existieren, daß die Professionalisierung durch die Nachfrage nach angewandter Forschung und die Akzeptanz der Absolventen auf den Arbeitsmärkten (wenn auch oft nur in Nischen) durchgesetzt wurde sowie eine internationale Verflechtung der Forschung zu beobachten ist.

Internationalisierung

Die Internationalisierung der Politikwissenschaft wird oft als eine Amerikanisierung beklagt. Dies ist aber kein rein deutsches Problem, obwohl gerade hier eigentlich naheliegend, da die Neugründung nach dem Zweiten Weltkrieg von den amerikanischen Besatzungsmächten und von aus den USA zurückgekehrten deutschen Emigranten, wie wir oben gesehen haben, maßgeblich inspi-

66

riert und nachhaltig geprägt worden war. In den kleineren westeuropäischen Demokratien, wie in Skandinavien, den Niederlanden oder auch in Italien, ist diese amerikanische Dominanz fast noch stärker, so daß in diesen Ländern eine eigenständige, national geprägte Politikwissenschaft sich noch weniger hat aufbauen können. So wird in diesen Ländern viel stärker als in Deutschland auf englisch und für die angelsächsische scientific community publiziert. Die wichtigsten Fachzeitschriften erscheinen deshalb dort auf englisch (z.B. Scandinavian political studies), und die Wissenschaftler versuchen noch stärker, durch Forschungsaufenthalte, Gastprofessuren und Lehrstühle in den USA Fuß zu fassen.

Diese Dominanz der US-amerikanischen Politikwissenschaft ist aber keineswegs ein bewußter Wissenschaftsimperialismus, sondern weitgehend durch die schiere Überzahl von amerikanischen Politologen bedingt. Mit einiger Übertreibung ist deshalb gesagt worden, daß über 90% aller Politologen der Welt Amerikaner seien, oder es wurde der Schreckensruf ausgestoßen: „In ganz Deutschland lehren weniger Politologen als in Berkeley" (zit. nach v. BEYME 1986b, S. 20f.). Eine solche Dramatisierung aus den sechziger und siebziger Jahren ist heute allerdings überholt.

US-Wissenschafts-imperialismus?

„Westdeutsche Politikwissenschaftler liegen seit den 70er Jahren auf der Ebene der ‚International Political Science Association‘ nach den USA und Kanada – vielfach vor Großbritannien und Frankreich – an dritter oder vierter Stelle in der Partizipation, obwohl sie nicht das Privileg genießen, eine zugelassene ‚Verhandlungssprache‘ der Weltvereinigung zu sprechen. Indikatoren dafür sind die Teilnahme an Kongressen – die man vielleicht noch mit dem deutschen Hang zum Tourismus abwerten konnte –, aber auch gewichtigere Anzeichen, wie: Initiativfunktionen, Beiträge zu internationalen Zeitschriften und Round Tables.
In der umfangreichen Bestandsaufnahme der ‚American Political Science Association‘ (FINIFTER 1983, S. 595ff.) sind deutsche Politikwissenschaftler die am häufigsten genannte Gruppe aus dem Ausland, auch wenn die Auswahl überwiegend auf die empirisch-analytische Kernmannschaft beschränkt wird. Die ‚Amerikanisierung‘ – wie das Resultat dieser internationalen Kooperation vereinfachend genannt wird – ist stärker fortgeschritten als in Ländern vergleichbarer Größe, wie Frankreich und Großbritannien, mit älteren Traditionen einer institutionell verselbständigten Politikwissenschaft, als sie Deutschland besitzt" (v. BEYME 1986b, S. 21).

Die internationale Anerkennung der deutschen Politikwissenschaft wird auch dadurch dokumentiert, daß Klaus von BEYME 1982 bis 1985 als Präsident der International Political Science Association (IPSA) amtierte und der dreijährliche IPSA-Kongreß 1972 in München stattfand und für 1994 nach Berlin vergeben worden ist – eine Megaschau des Faches, auf der Hunderte von Referenten und sicher Tausende Teilnehmer in vielen Arbeitsgruppen aus aller Welt die neuesten Forschungsergebnisse debattieren. Die Durchführung von großen Kongressen ist die wichtigste und sichtbarste Tätigkeit der IPSA wie auch der deutschen DVPW.

Internationale Anerkennung

Die nationale Anerkennung des Faches hat ebenfalls eine Stärkung erfahren. Die politische Polarisierung der 68er Zeit, als die Politikwissenschaftler als linke Systemveränderer galten, ist abgeklungen. Beispielsweise gibt es in beiden großen deutschen Parteien einige, wenn auch wenige Spitzenpolitiker, die ausgebildete Politologen sind, etwa zu gleichen Teilen. Professionalisierung und Internationalisierung haben zur Normalisierung der deutschen Politikwissenschaft als einer modernen Sozialwissenschaft geführt.

Teil II:
Der Fächer des Faches

4 Das inhaltliche Spektrum

Mit der Politik geht es wie mit der Zeit: Man weiß, was das ist, aber je mehr man darüber nachdenkt, desto schwieriger wird eine klare Erklärung oder gar eine eindeutige Definition. So geht es mir nicht nur mit der Politik, sondern auch mit der Politikwissenschaft. Statt sie abstrakt zu definieren, will ich versuchen, ihre Kernbereiche zu porträtieren. Aber welche Bereiche gehören zu diesem Kern? Wie soll man sie übersichtlich und erschöpfend aufteilen? Wie war es früher doch noch so bequem. In den Anfängen der Politikwissenschaft nach dem zweiten Weltkrieg wurde das Fach schlicht in drei Bereiche eingeteilt:

Klassische Dreiteilung des Faches

1.   Politische Theorie
2.   Innenpolitik
3.   Außenpolitik

Tabelle 4: Spektrum der Politikwissenschaft nach UNESCO 1950

I. Politische Theorie
   1.   Politische Philosophie, Ethik und Herrschaftstheorie
   2.   Geschichte der politischen Ideen
   3.   Wissenschaftstheorie und Methodologie

II. Politische Institutionen und Systeme
   1.   Verfassung
   2.   Die jeweilige (nationale) Regierungsform
   3.   Regionale und lokale Regierungsformen
   4.   Vergleichende Institutionenlehre
   5.   Öffentliche Verwaltung
   6.   Wirtschaftliche und soziale Aufgaben des Staates

III. Politische Soziologie
   1.   Politische Parteien
   2.   Gruppen und Verbände
   3.   Beteiligung der Bürger an Regierung und Verwaltung durch Wahlen und
          Partizipation
   4.   Öffentliche Meinung, Medien, Politische Sozialisation

IV. Außenpolitik und Internationale Politik
   1.   Außenpolitik der Staaten
   2.   Internationale Beziehungen und Organisationen
   3.   Sicherheitspolitik und Friedensforschung
   4.   Völkerrecht
   5.   Entwicklungsländerforschung
   6.   Transnationale Politik

Quelle: v. ALEMANN/FORNDRAN 1990, S. 29.

Auf diese Dreiteilung gründete sich auch die Forderung, an allen Hochschulen mindestens drei Lehrstühle für das junge Fach einzurichten. Aber diese Einteilung erwies sich doch bald als zu grob. Durch Aufteilung der Innenpolitik in politische Institutionen und politische Soziologie erweiterte man die Bereiche auf vier, die wiederum mehrfach ausdifferenziert wurden. Auf diese Weise entwickelte eine internationale Konferenz der UNESCO in Paris bereits 1950 eine Fachgliederung, die 19 Teilgebiete umfaßte (s. Tabelle 4, Vorseite):

Es ist bei der schnellen Entwicklung der Disziplin erstaunlich, daß diese Fachaufgliederung auch nach 40 Jahren durchaus noch diskutabel ist. Sie weicht nicht radikal von den Vorschlägen der Studienreformkommission Politik-wissenschaft ab, die 1985 formuliert und im Kap. 3.2.3 zu den Inhalten des Studiums referiert wurden. Die Unterschiede bestehen hauptsächlich darin, daß einerseits die Bereiche Methoden, die Analyse und der Vergleich unterschiedlicher Systeme sowie Politik und Wirtschaft als eigene Gebiete hervorgehoben wurden, andererseits die immer wieder neu diskutierte Unterscheidung von Politischen Institutionen und Politischer Soziologie in der Innenpolitik wieder aufgehoben wurde.

Mein Vorschlag zur Fachuntergliederung orientiert sich weiterhin an den sechs Kernbereichen, die von der Studienreformkommission vorgeschlagen wurden, jedoch ohne ein eigenes Gebiet Politik und Wirtschaft, da in allen Bereichen ökonomische Determinanten der Politik mitreflektiert werden müssen. An dessen Stelle wird der in den letzten Jahren geradezu kometenhaft aufgestiegene Bereich Politikfeld-Analysen separat ausgewiesen. Damit erhalten wir folgendes Spektrum der Politikwissenschaft, das auch das Curriculum des Faches Politikwissenschaft an der FernUniversität Hagen bestimmt:

Spektrum des Faches aus 6 Teildisziplinen

Tabelle 5: Teilgebiete der Politikwissenschaft im Curriculum der FernUniversität

1. Methoden der Politikwissenschaft
2. Politische Theorie
3. Politisches System der Bundesrepublik
4. Politikfelder
5. Politische Systeme im Vergleich
6. Internationale Konflikte und Kooperation.

Als Besonderheit besteht an der FernUniversität Hagen noch eine enge Kooperation mit dem Lehrstuhl „Deutsches und Ausländisches Staatsrecht und Staatslehre", Prof. Dr. Dimitris Th. Tsatsos, so daß im Hauptstudium ein weiterer Schwerpunkt „Verfassungsrecht und Völkerrecht" gewählt werden kann.

Bevor die sechs politikwissenschaftlichen Teildisziplinen im einzelnen kurz porträtiert werden, werfen wir noch einen Blick darauf, wie die unterschiedlichen Themenfelder in der deutschen Politikwissenschaft tatsächlich in der Forschung bearbeitet werden. Carl BÖHRET hat dazu 1985 eine sehr ausdifferenzierte Umfrage unter Hochschullehrern und wissenschaftlichem Nachwuchs publiziert, in der diese u.a. nach ihren bisher bearbeiteten, derzeit in Arbeit befindlichen und zukünftig geplanten Themenfeldern gefragt wurden. Die Tabelle 6 auf der folgenden Seite gibt das Ergebnis der Umfrage wieder.

Die Zuordnung der BÖHRETschen Ergebnisse zu unseren sechs Themenbereichen ist nicht ganz einfach, da die Politikfelder quer zu dieser Gliederung gesondert ausgewiesen wurden und auch nicht immer erkennbar ist, welche Themenfelder vergleichend bearbeitet wurden (z.B. Parteiensysteme oder politische Kultur). Jedenfalls läßt sich erkennen, daß die Forschung zum Politischen System der Bundesrepublik bei weitem dominiert. Internationale Konflikte und Kooperation sowie Politikfelder werden danach mit einigem Abstand ebenfalls sehr häufig bearbeitet. Vergleichende Studien sowie die Politische Theorie dagegen deutlich weniger. Und am Schluß stehen Fragen der Methodik und der Methodologie.

Forschung zum politischen System der BRD dominiert

Tabelle 6: Themenfelder der Politikwissenschaft (Spanne ca. 10 Jahre; zusammengefaßt: bisher bearb., derzeit, geplant)

lfd. Nr.	Themenfelder	Hoch-schul-lehrer	Wissen-schaftl. Nach-wuchs	Insge-samt
		n	n	n
1	Regierung/Verwaltung; politisches „Aktivsystem"	229	47	276
2	Politische Theorie und politische Ideengeschichte	160	18	178
3	Politische Ökonomie (mit „Weltmarkt")	89	27	116
4	Analyse von Regierungssystemen (mit Willensbildung)	83	23	106
5	Konflikt- und Friedensforschung (Rüstungspolitik)	71	28	99
6	Komparatistik (politische Systeme, auch Teilaspekte)	65	24	89
7	Sozialstruktur	66	22	88
8	Systematische (allgemeine) Theorie und Methodologie	72	14	86
9	Parteien/Parteiensysteme	71	12	83
10	Zeitgeschichte	55	18	73
11	Internationale Beziehungen allgemein	45	25	70
12	Soziale Bewegungen und Partizipation	40	15	55
13	Politische Kultur	44	5	49
14	Verbände	38	10	48
15	Recht und Politik (mit Verfassung)	38	4	42
16	Europa (politische Systeme, Europapolitik)	26	12	38
17	Außenpolitik BRD (Deutschlandpolitik)	30	8	38
18	Internationale Institutionen (Organisationen, Recht, EG)	23	12	35
19	Politische Bildung und Fachdidaktik	31	3	34
20	Außenpolitik anderer Staaten	27	6	33
21	Wahlstudien/Wählerverhalten	24	6	30
22	Wertewandel	18	6	24
23	Politische Wissenschaft als Disziplin	20	2	22
	insgesamt:	1365	347	1712

Quelle: vgl. BÖHRET 1985, S. 234 (neu gruppiert nach Häufigkeit)

Wenn im folgenden nun die sechs Segmente des Fächers unseres Faches entfaltet werden, kann dies nur in hochkondensierten Kurzabrissen der Subdisziplinen geschehen. Diese finden sich auch zum Nachschlagen in den führenden Handbüchern der Politikwissenschaft (NOHLEN 1989, HOLTMANN 1991, MICKEL 1983) sowie ausführlicher in einigen neueren Einführungen und Fachüberblicken wieder (v. BEYME 1986a, GÖRLITZ/PRÄTORIUS 1987, v. BEYME u.a. 1987a, 1987b sowie FETSCHER/MÜNKLER 1985a und PATZELT 1992)

Die Skizze der Subdisziplinen soll aber darüber hinaus mit Kurzporträts wichtiger Forscherpersönlichkeiten und ihrer Forschungsleistungen angereichert wer-

Verknüpfung von Forscherpersönlichkeiten und Forschungsleistungen

den. Dadurch soll die persönliche wissenschaftliche Leistung stärkere Berücksichtigung finden als in der Politikwissenschaft – im Gegensatz zur Soziologie – im allgemeinen üblich. Es existiert in unserem Fach erst eine Einführung, die in biographischen Skizzen die „Gründungsväter" der Politikwissenschaft würdigt (RUPP/NOETZEL 1991). Das ist durchaus ein Nachteil für die Orientierung eines Studienanfängers, der häufig mit den bekannten Namen in der Literatur konfrontiert wird, ohne diese einordnen zu können. Biographische Lexika, wie in der Soziologie (BERNSDORF/KNOSPE 1980/1984), helfen ihm in unserem Fach nicht weiter.

Das heikle Problem der personalen Auswahl wurde recht empirisch-pragmatisch gelöst. Harro HONOLKA hat 1986 die Ergebnisse einer ersten Reputationsuntersuchung unter deutschen Politologen publiziert. In einem Fragebogen wurden die deutschen Politikwissenschaftler hier unter anderem gefragt: „Und wenn man nun nach einzelnen Forschungsfeldern unterscheidet: Wer zählt da gegenwärtig zu den wichtigsten Vertretern"? (HONOLKA 1986, S. 50). Leider sind die Forschungsfelder wieder nach einer anderen Untergliederung als hier angewandt eingeteilt. So lassen sich die Ergebnisse nicht umstandslos übertragen. Aber sie wurden als eine grobe Orientierung genutzt, um für jedes der fünf Themenfelder (das Themenfeld Methodik wurde nicht nachgefragt, es eignet sich auch kaum zur Personalisierung, weil es reine Methodiker in der Politikwissenschaft praktisch nicht gibt) vier Persönlichkeiten auszuwählen, die etwas ausführlicher gewürdigt werden. In Einzelfällen habe ich mir allerdings die Freiheit genommen, geringfügig von der (im Fach nicht unumstrittenen) Umfrage abzuweichen, um unterschiedliche und kontrastierende Ansätze in den einzelnen Bereichen besser zu Wort kommen zu lassen.

4.1 Methoden der Politikwissenschaft

Keine ureigene politikwissenschaftliche Methode

Es gibt keine Methodik für die Politikwissenschaft allein. Wenn das so ist, dann könnte ich es eigentlich bei diesem Satz belassen und auf Methoden der Nachbarwissenschaften verweisen. Aber das Problem ist doch vielschichtiger. Es gibt keine ureigene Methode, die von der Politikwissenschaft erfunden, entwickelt und fast ausschließlich angewandt würde. Aber aus dem großen Werkzeugschrank aller denkbaren Methoden gibt es doch einen für die Politikwissenschaft passenden Werkzeugkasten, mit dem die hier anstehenden besonderen Probleme am besten behandelt werden können. Ich muß noch etwas vorsichtiger formulieren: Es gibt nicht den Methodenkasten mit der Aufschrift Politikwissenschaft, sondern die unterschiedlichen Politologen stellen sich ihre je unterschiedlichen methodischen Instrumentarien zusammen – je nach eigener methodischer Grundorientierung und abhängig von der Forschungsfrage, die zu lösen ist.

Es fehlen Methodenbücher

Im Gegensatz zur Soziologie spielen in der Politikwissenschaft Methodendiskussionen deshalb nur eine recht geringe Rolle. Gegenüber einer fast unübersehbaren Fülle von Methodenlehrbüchern in der Soziologie, die vom einfachen Taschenbuch (vgl. z.B. KROMREY 1990, auch als Kurs Nr. 3607 der FernUniversität) bis zu mehrbändigen Handbüchern reichen (KÖNIG 1973, KOOLWIJK/

74

WIEKEN-MAYSER 1975 ff.), gibt es in der Politikwissenschaft bisher nur MÜLLER/SCHMIDT 1979 und als allererste Einführung und Hinführung v. ALE-MANN/FORNDRAN 1990. Sehr nützlich sind die Methodenkapitel in PATZELT 1992. Auch die Methodologie, d.h. die Lehre von den Methoden, die Wissenschaftstheorie, die grundsätzliche Fragen der wissenschaftlichen Erkenntnis und der dafür tauglichen Methoden aufwirft, findet in der Politikwissenschaft kaum statt (als eine Ausnahme z.B. FALTER 1982). Es gibt auch in der Fachvereinigung der Politologen, der DVPW, geschweige denn in dem kleineren Verband Deutsche Gesellschaft für Politikwissenschaft, keine Sektion oder Arbeitsgemeinschaft für Methoden. Dieses Desinteresse für Methoden in der Politikwissenschaft ist erstaunlich und erklärungsbedürftig. Woran liegt diese Ignoranz? Denn wissenschaftliches Arbeiten ohne Methodik ist doch undenkbar. Die Politologen benutzen Methoden. Warum schreiben sie keine Methodenbücher?

Vielleicht liegt es daran, daß die deutsche Politikwissenschaft eine verspätete Wissenschaft ist. Als sie in den fünfziger Jahren aufgebaut wurde, war sie primär als politische Bildung zur Demokratie gedacht. Ausgefeilte Methoden waren da wenig gefragt. Als sie in den sechziger und siebziger Jahren zu einer „normalen" Sozialwissenschaft ausgebaut wurde, waren alle Nachbarwissenschaften längst weiter und hatten ihr Methodenrepertoire entwickelt. Die Politikwissenschaft brauchte nur zuzugreifen und konnte die auf dem Markt angebotenen Methodenlehrbücher benutzen und den Studenten empfehlen. Bei den knappen Mitteln zum Aufbau der wichtigsten Professuren reichte es auch nicht für besondere Methodenlehrstühle. Also nutzte man das Lehrangebot insbesondere der Soziologen, aber auch der Historiker, Ökonomen oder Juristen einfach mit. Daß dieses niedrige Profil der Methodik kein generelles Charakteristikum der Politikwissenschaft, sondern ein deutsches Sonderproblem ist, zeigt auch ein Blick in die ältere und breit ausgebaute political science der USA, wo jede Hochschule mindestens ein Dutzend Professuren des Faches hat. Dort gibt es durchaus Methodensektionen und auch spezielle Methodenlehrbücher für Politologen (z.B. MANHEIM/RICH 1986). Der ausgefeilte Methodenstandard der Amerikaner führt so weit, daß ein Teil der Beiträge in der führenden Fachzeitschrift, der American Political Science Review, von methodisch nicht so versierten deutschen Politologen kaum verstanden wird.

Daß die deutschen Politologen Methodenmuffel sind, hat aber auch einen Vorteil: die Religionskriege über den Werturteilsstreit, über qualitative gegen quantitative Methoden oder über Detailfragen der Interviewtechnik (darf beim Interview der Ehepartner dabei sein oder nicht?) haben die Politikwissenschaft recht kalt gelassen. Sie hat schon länger ein eher pragmatisches Verhältnis zu Methodenfragen entwickelt, das erst in den letzten Jahren auch in den anderen methodenbewußteren Sozialwissenschaften, Soziologie und Psychologie, allmählich einkehrt.

Sind Politologen Methodenmuffel?

„Die mit harten Bandagen, d.h. mit wechselseitigen Exkommunizierungsdrohungen aus der Wissenschaftsgemeinde geführten, wissenschaftstheoretischen und politischen Kontroversen sind Reminiszenz; der härteste ‚Positivist' von einst greift ohne mit der Wimper zu zucken nach ‚qualitativen' Forschungsdesigns und bei den jüngeren Kollegen sind ‚integrative' Forschungsarsenale ebenso en vogue wie wissenschaftstheoretische Standfestigkeit verpönt. Bestand früher die Gefahr, daß die Kontrahenten über eine wechselseitige Etikettierung nicht hinauskamen, so besteht jetzt die Gefahr, daß die Kontroversen gänzlich unterbleiben, erstickt von einer freundlichen, wechselseitigen Indifferenz. (...)

Wir schätzen die Vorteile einer solchen Situation nicht gering. So mancher Absolutheitsanspruch ist gefallen und sicherlich ist das Bewußtsein von den Grenzen der empirischen Sozialforschung gestiegen. Aber wird die neu gewonnene Bescheidenheit nicht manchmal als Vorwand mißbraucht, sich prägnanter Stellungnahme zu entziehen? Oder gibt es grundsätzliche Differenzen etwa nicht mehr, die der Diskussion würdig wären? Hat die Disziplin ihren wohlverdienten Frieden gefunden? Wir glauben, daß hinter der tabuisierten Eintracht nach wie vor die ungelösten Probleme von damals weiterbestehen. Nur erscheint es opportun, sich keine Türe zu versperren. Ein wesentlicher Grund hierfür dürfte sein, daß viele Hoffnungen auf allen Seiten enttäuscht wurden, daß Leittheorien ganz allgemein einen Legitimationsverlust erfahren haben" (BOGUMIL/IMMERFALL 1985, S. 10f.).

Trotz aller Relativierung von alten Frontstellungen existieren weiterhin grundsätzliche Unterschiede in wichtigen Basisentscheidungen über die wissenschaftliche Grundorientierung. Ich will diese wissenschaftstheoretischen Grundorientierungen oder „Paradigmen" im nächsten Kapitel näher erläutern. An dieser Stelle, wo es nur um ein Kurzporträt des Bereiches „Methodik" innerhalb der Politikwissenschaft geht, genügen deshalb einige Grundinformationen zur Methodologie (wozu überhaupt Methoden?). Zur Methodik (welche Methoden gibt es?) sei auf die speziellen Methodenbücher (MÜLLER/SCHMIDT 1979, v. ALEMANN/FORNDRAN 1990) verwiesen.

Wissenschaft gleich Wahrheitssuche?

Die Grundproblematik der Methodologie bzw. der Wissenschaftstheorie gilt zunächst einmal der Grundfrage: Was ist überhaupt Wissenschaft? Was unterscheidet eine politikwissenschaftliche Seminardebatte von einem politischen Frühschoppen? Was einen guten politischen Leitartikel von einem politikwissenschaftlichen Aufsatz in einer Fachzeitschrift? An solchen Fragen scheiden sich bereits die Geister. „Wissenschaftliche Tätigkeit", so hat das Bundesverfassungsgericht in einem Urteil zur Wissenschaftsfreiheit 1973 definiert, ist „alles, was nach Inhalt und Form als ernsthafter planmäßiger Versuch zur Ermittlung der Wahrheit anzusehen ist" (BVerfGE 1973, S. 65). Das klingt gut, Wissenschaft als Wahrheitssuche, aber ernsthaft und planmäßig, nach Inhalt und Form. Alles klar? Nichts ist klar, denn will der seriöse politische Publizist in seinem Leitartikel nicht auch die Wahrheit schreiben? Oder paßt nur die Form nicht? Machen die Fußnoten einen Artikel zur Wissenschaft? Und wie sieht es bei dem buddhistischen Bettelmönch aus? Sucht der nicht meditierend in seiner Form ernsthaft und planmäßig genauso die Wahrheit? Es muß also doch noch mehr dazukommen. Dasselbe Urteil enthält später eine Definition von wissenschaftlicher Forschung, die weiter führt. Sie ist „die geistige Tätigkeit mit dem Ziele, in methodischer, systematischer und nachprüfbarer Weise neue Erkenntnisse zu gewinnen" (ebd.).

Neue Erkenntnisse methodisch, systematisch und nachprüfbar erfassen

Nun wissen wir mehr über den Inhalt – neue Erkenntnis – und damit über die Ziele von Wissenschaft sowie über die Form – in methodischer, systematischer und nachprüfbarer Weise. Konfrontieren wir diese Setzungen des Bundesverfassungsgerichts, das ein respektables Gremium ist, aber sicher nicht die höchste Autorität in Sachen Wissenschaftstheorie, nun mit zwei Definitionsversuchen aus den Gesellschaftswissenschaften:

1 „Die Tätigkeit des wissenschaftlichen Forschens besteht darin, Sätze oder Systeme von Sätzen aufzustellen und systematisch zu überprüfen; in den empirischen Wissenschafen sind es insbesondere Hypothesen, Theoriensysteme, die aufgestellt und an der Erfahrung durch Beobachtung und Experiment überprüft werden" (POPPER 1966, S. 3).

76

2 „Wissenschaft – das aus der gesellschaftlichen Praxis erwachsende, sich ständig entwik-
kelnde System der Erkenntnisse über die wesentlichen Eigenschaften, kausalen Zusammenhänge und Gesetzmäßigkeiten der Natur, der Gesellschaft und des Denkens, das in der
Form von Begriffen, Kategorien, Maßbestimmungen, Gesetzen, Theorien und Hypothesen
fixiert wird ..." (KLAUS/BUHR 1972, Bd. II, S. 1169).

Oberflächlich betrachtet scheint in beiden Definitionen Ähnliches mit anderen
Worten ausgedrückt. Auf der einen Seite Karl R. POPPER, der führende Vertreter
einer empirisch forschenden, selbst nicht wertenden Wissenschaftsauffassung,
die man sicher zu Recht „liberal" nennen kann und die er selbst als „kritisch-ra-
tional" bezeichnet. Auf der anderen Seite Georg KLAUS und Manfred BUHR, die
Herausgeber des früher maßgeblichen marxistischen gesellschaftswissenschaftli-
chen Handbuches der DDR. Beide scheinen einig, daß Wissenschaft:

1 „eine *systematische Tätigkeit* ist (es geht um ein ‚System von Sätzen' bzw. um ein ‚System
der Erkenntnis');
2. auf die *Wirklichkeit* (Empirie) gerichtet ist – im Gegensatz zu Metaphysik und Spekulation
(sie ist ‚empirisch' bzw. auf ‚Natur, Gesellschaft und Denken' gerichtet);
3. mit Hilfe von *Hypothesen, Theorien* und anderen Mitteln arbeitet;
4. zu *generellen Aussagen* gelangen will (‚Theoriensysteme' werden aufgestellt und überprüft
bzw. ‚kausale Zusammenhänge und Gesetzmäßigkeiten' werden für ein ‚System der Erkenntnis' fixiert" (v. ALEMANN/FORNDRAN 1990, S. 44).

Aber Einigkeit über alle Grenzen der wissenschaftlichen Kontroversen hinweg
ist damit durchaus nicht erreicht. Beide zitierten Positionen sehen durchaus keinen grundsätzlichen Gegensatz zwischen den Methoden der Naturwissenschaften
und der Geistes- und Sozialwissenschaften. Aber selbst dies ist strittig. Eine ältere Auffassung der Politikwissenschaft, die diese auf eine normative (wertende)
und ontologische (auf überzeitliche Gegebenheiten des „Seins" verweisende)
Grundlage in der Tradition der griechischen politischen Philosophie stellen will,
sieht hier durchaus einen Gegensatz:

„Die Methode der politischen Wissenschaft ist, entsprechend ihrer Beziehung auf freies
menschliches, in die Zukunft wirkendes Handeln, nicht die der exakten, kausal-schlußfol-
gernden und verallgemeinernden Naturwissenschaft. Politische Wissenschaft ist vielmehr, wie
die richterliche Rechtsfindung, die Heilkunde, Erziehung usw., am Einzelfall, am jeweiligen
Problem orientiert, das sie unter Zuhilfenahme allgemeiner Regeln und Präzedentien zu lösen
sucht, und teilt insofern mit den entsprechenden Wissenschaften die Unabgeschlossenheit und
Offenheit für neue Fragestellungen.
Denk- und Erfahrungsregeln für die Lösung praktischer Probleme stellt in der europäischen
Wissenschaftstradition seit *Aristoteles* die *Topik* (Dialektik) als spezielle Logik der praktischen Wissenschaften bereit: sie erlaubt es, über jedes aufgestellte Problem unter Heranziehung aller wichtigen Gesichtspunkte zu reflektieren, aus wahrscheinlichen Sätzen Schlüsse zu
bilden und so eine wissenschaftliche Klärung der Frage herbeizuführen. Da in jeder Gesellschaft ein Bestand von Erfahrungswissen, Präzedentien, sozialen Normen vorhanden ist, an-
derseits ständig neue Probleme auftauchen, die die Politik zu lösen hat, ergibt sich so innerhalb der politischen Wissenschaft ein ständiger Austausch zwischen Neuerfahrung und Tradi-
tionsorientierung, individueller Problemlösung und generellem Normbezug" (MAIER, in:
FRAENKEL/BRACHER 1966, S. 260).

Damit haben wir einen empirisch an der Wirklichkeit orientierten und einen
normativen Wissenschaftsbegriff kennengelernt. Auf eine wesentliche dritte
Komponente eines Wissenschaftsbegriffs muß noch hingewiesen werden. Gemeint ist die Komponente *Kritik,* Wissenschaft als Kritik der Wissenschaft und
der Wirklichkeit. Kritik ist zwar Bestandteil jeder Wissenschaft – wie die Begrif-

fe Textkritik, Quellenkritik, kritische Klassikerausgabe oder die „Kritik" als Buchbesprechung oder Rezension zeigen –, aber die „kritische Theorie" der sogenannten Frankfurter Schule der Sozialwissenschaften und der Philosophie räumt ihr einen ganz besonderen Stellenwert ein:

> „Aber nur im Geiste der *Kritik* wäre Wissenschaft mehr als die bloße Verdoppelung der Realität durch den Gedanken (...). Solche Kritik aber bedeutet nicht Subjektivismus, sondern die Konfrontation des Gegenstandes mit seinem eigenen Begriff. Das Gegebene gibt sich nur dem Blick, der es unter dem Aspekt eines wahren Interesses sieht, unter dem einer freien Gesellschaft, eines gerechten Staates, der Entfaltung des Menschen" (HORKHEIMER/ADORNO 1972, S. 18).

Werturteilsstreit

Gesellschaftswissenschaft muß immer ihren Bezugspunkt in einer positiven Utopie einer gerechten Gesellschaft finden, nicht einfach die Wirklichkeit durch ihre Beschreibung verdoppeln. Dies rührt an den „Werturteilsstreit" in den Sozialwissenschaften (ADORNO u.a. 1969). Hier standen sich in den sechziger Jahren zwei Fronten unversöhnlich gegenüber. Die einen, die den großen Soziologen Max Weber auf ihrer Seite wußten, propagierten eine strikt empirische Analyse der beobachtbaren Tatsachen nach dem Motto „beschreiben, erklären, prognostizieren", die alle individuellen Wertentscheidungen des Forschers in den vorwissenschaftlichen Raum verbannte. Die andere Seite, die sich sowohl auf die normative politische Ethik seit Aristoteles, aber auch auf die Marxsche Wissenschaftsauffassung berufen konnte, hielt dagegen, daß es erstens nicht möglich sei, Wissenschaft wertfrei zu betreiben, da schon die Themenauswahl gesellschaftlich Partei ergreife, und daß es zweitens auch nicht erstrebenswert sei, da Wissenschaft immer auch einen aufklärerischen Beitrag zu leisten habe. Heute ist die Kontroverse in den Hintergrund getreten. Die Sozialforscher werden mit wenigen Ausnahmen in folgenden drei Punkten einig sein:

1. „Sozialforschung ist Erfahrungswissenschaft.
2. Die Wirklichkeit wird nicht unvermittelt, sondern stets theoriegelenkt aufgenommen.
3. Wissenschaft entwickelt sich am besten in einer freien Gesellschaftsordnung, die ihr materielle, organisatorische und ethische Voraussetzungen bereitstellt" (BOGUMIL/ IMMERFALL 1985, S. 11).

Sozialforschung ist also eine empirische Wissenschaft, die die vorfindbare gesellschaftliche Wirklichkeit untersucht – und nur in Ausnahmefällen überzeitliche normative Theorien aufstellt (z.B. über das Wesen der Macht oder der Gerechtigkeit); die Wirklichkeit wird nicht einfach widergespiegelt oder abgebildet, sondern von der Wissenschaft über theoretische Annahmen rekonstruiert; und schließlich kann Wissenschaft nur in einem freien Umfeld, das Kritik und Utopie ermöglicht, gedeihen.

Wissenschaft ist nicht zweckfrei

Wissenschaft war und ist immer zielgerichtet. Die Bewältigung ehemals als naturgegeben hingenommener Kräfte ist die historische Aufgabe der Wissenschaft seit ihren Anfängen gewesen. Die Aneignung der Mittel zur Naturbeherrschung oder – moderner ausgedrückt – die Emanzipation von „natürlichen" Zwängen war seit jeher auch das Ziel der Naturwissenschaften und ist es auch heute noch. Dies wird von manchen Sozialwissenschaftlern vergessen, die in einer vorgeblich „reinen", zweckfreien naturwissenschaftlichen Methodologie ihr Vorbild sehen. Die Einheit der Wissenschaft ist nicht über den Szientismus, sondern über die gemeinsame gesellschaftliche Verantwortung von Wissenschaft herzustellen. Wenn man so will, hat die Wissenschaft also zwei Ziele: die Er-

Wissenschaft hat gesellschaftliche Verantwortung

78

kenntnis von Wahrheiten über Wirklichkeit und die Entwicklung von Strategien zur Überwindung „natürlicher" und vom Menschen geschaffener Zwänge durch Anwendung dieser Wahrheiten. Wollte man Wahrheiten allein als Ziel von Wissenschaft angeben, würde man die große Verantwortung wissenschaftlichen Arbeitens übersehen; wollte man die Überwindung von Zwängen allein als Ziel von Wissenschaft angeben, würde man Wirklichkeit höchstens gewaltsam verändern – nicht aber Zwänge abbauen. Ein Rückzug auf ein Wissenschaftsverständnis, das nur nach Wahrheiten strebt, wird im betrachtenden Begleiten von Wirklichkeit stehen bleiben und dem Menschen kaum weiterhelfen. Ein Wissenschaftsverständnis, das Forschung und Anwendung unmittelbar kurzschließt, wird durch vorschnelle Festlegung auf parteiliche Positionen die Grundlagen einer Entscheidung überhaupt nicht mehr treffen und daher dem Menschen auch kaum weiterhelfen. Wissenschaft muß offen sein für neue Entwicklungen und Probleme. Sie darf sich ihren Gegenstand nicht allein setzen, die gesellschaftliche und historische Wirklichkeit setzt ihn. Aber Wissenschaft soll auch vorausdenken, gegen den Strich analysieren, Visionen und Utopien entwickeln können und dürfen. Hier kann nicht nur die Politikwissenschaft, auch die Medizin oder die Physik „politisch" sein. Andererseits darf die Parteilichkeit im Zugriff und in der Analyse nicht so unmittelbar sein, daß eine auch gegenüber der eigenen Position kritische Diskussion der Relevanz der Fragestellung und des Wahrheitsgehaltes der Aussage entfällt (vgl. dazu v. ALEMANN/FORNDRAN 1990, S. 70).

> Wissenschaft darf nicht parteilich sein

Obwohl eine Methodikausbildung für jeden Politikwissenschaftler unerläßlich ist, kann deshalb abschließend resümiert werden, daß es eine spezielle Politologen-Methodologie nicht gibt. Er muß Honig aus den Blüten der Nachbarwissenschaften saugen. Hier sind in erster Linie die Soziologen wichtig, die in Lehrbüchern und Lehrveranstaltungen die Methodenausbildung der Sozialwissenschaften im wesentlichen tragen. Aber für spezielle Fragestellungen und Forschungsansätze können auch die quellenkritischen Methoden der Historiker, die Hermeneutik und Gesetzesauslegungstechnik der Juristen, die Logik der Philosophen oder die Statistik der Ökonomen unentbehrliche Hilfsmittel sein.

> Zwischenfazit

4.2 Politische Theorie

4.2.1 Feldskizze

„Die Theorie ist das Netz, das wir auswerfen, um die ‚Welt' einzufangen, sie zu rationalisieren, zu erklären und zu beherrschen" – so charakterisierte der große Wissenschaftstheoretiker, Philosoph und Sozialwissenschaftler Karl R. POPPER (1966, S. 31) den Sinn und Nutzen von Theorie. Tatsächlich ist „Theorie" ein alles andere als klarer Begriff. Nach POPPER nützen uns Theorien auf dreierlei Weise. Wir können die Welt damit

– rationalisieren – heißt das vernünftiger gestalten oder effektiver machen?
– erklären – heißt das Sinnzusammenhänge verstehen oder eindeutige Kausalbeziehungen nach dem Muster wenn A, dann B aufweisen?

– beherrschen – heißt das durch unsere Erkenntnisse Probleme bewältigen, Katastrophen abwenden oder durch Ideologien Menschen unterdrücken?

Es geht, wie so oft: durch eine Antwort werden viele neue Fragen aufgeworfen. Es bleibt die Frage: was ist politische Theorie? Klaus von BEYME hat folgende drei Möglichkeiten unterschieden:

„Theorien der Politik umfassen drei Operationen:

– Feststellungen über politische Tatsachen, über das was *ist*.
– Feststellungen über kausale Beziehungen, verbunden mit Prognosen über das, was wahrscheinlich in Zukunft sein wird.
– Schlüsse über wünschenswerte Entwicklungen und Reflexionen über das, was sein soll" (v. BEYME 1991b, S. 11).

Die Ist-Theorien sind empirische Theorien, Generalisierungen der Wirklichkeit. Theorien des Wählerverhaltens, Parteientheorie oder Theorien des Ost-West-Konflikts gehören in diese Rubrik. Die Prognose-Theorien sind besonders auf Modell-Annahmen aufgebaut. Die Theorie der Parteienkonkurrenz nach Anthony DOWNS (1968) oder die „Logik kollektiven Handelns" von OLSON (1968) aus der „neuen politischen Ökonomie", die alle beide oben schon einmal kurz erwähnt wurden, gehören hierher. Zu den Sollens-Theorien rechnen alle normativen Gedankengebäude über Gerechtigkeit, die vernünftige Staatsordnung oder die normative Demokratietheorie.

Man kann die politischen Theorien auch nach ihrer Reichweite unterscheiden. Göttrik WEWER (1989, S. 33) hat vier verschiedene Theorieebenen der Politikwissenschaft unterschieden, von dem Mikrobereich des Individuums und kleiner Gruppen über den Mesobereich der Verbände und Organisationen sowie dem Makrobereich der Gesellschaften und Staaten bis zur Metaebene der Wissenschaftstheorie. Ich will diesen vier Stufen noch eine weitere, die Mega-Ebene hinzufügen.

1. Mikro-Theorien. Bezugsebene dieser Theorien ist das Individuum und seine unmittelbaren sozialen Kontakte in Gruppen oder in der Familie. Hier besteht ein enger Austausch politikwissenschaftlicher Forschung mit der Psychologie und der Sozialpsychologie. Die politische Sozialisation des Einzelnen ist zum Beispiel ein zentraler Arbeitsbereich der Mikro-Theorie. Auch die Erklärung des individuellen Wählerverhaltens, die Bildung politischer Einstellungen und ihr Wandel (Wertwandel) findet hier ihren Platz, ebenso wie das Handeln in kleinen Gruppen und Initiativen. Auch die auf das Individuum zurückgeführte Entscheidungslogik und Spieltheorie, die Rollentheorie und die Lerntheorie, die alle auf dem Prinzip des methodologischen Individualismus beruhen, d.h. alle Aussagen auf die kleinste Handlungseinheit, das Individuum zurückführen, gehören zur Mikro-Ebene.

2. Meso-Theorien erklären kollektives politisches Verhalten der mittleren Ebene zwischen dem Einzelnen und Gruppen einerseits sowie dem Staat und der Gesamtgesellschaft andererseits. Dies ist ein überaus vielfältiger „intermediärer Bereich", der aus Vereinen, Verbänden und Parteien besteht, aber in dem auch Unternehmen und Betriebe oder Bürokratien, Verwaltungen und halbstaatliche Institutionen sowie die Medien miteinander interagieren. Diese Meso-Ebene ist eine besonders wichtige Domäne der Politikwissenschaft, da ihr dieser Bereich sozusagen allein gehört und weniger streitig gemacht wird von Nachbarwissenschaften – wie die Mikro-Ebene durch die Psychologie oder die Makro-Ebene der Staaten und Gesellschaften durch die juristische Staatslehre, Soziologie oder auch durch die politische Ökonomie. Parteientheorien und Verbändetheorien, Bürokratietheorien und Organisationstheorien, Massenkommunikationstheorien und die „Logik kollektiven Handelns" sind deshalb besonders ausdifferenzierte Forschungsbereiche der Politikwissenschaft auf der Meso-Ebene.

3. Makro-Theorien beschreiben und erklären das Handeln von Staaten und Gesellschaften. Die Entstehung und Entwicklung (Entwicklungsländer!) von Staaten wird hier thematisiert, ihr Wandel oder ihre Modernisierung. Die traditionelle Erforschung der internationalen Politik behandelt die Staaten als Akteure der Weltpolitik, die miteinander interagieren. Neuere Ansätze geben auch in der internationalen Politik den Gegensatz Staat und Gesellschaft auf und befassen sich mit den komplizierten Interdependenzen. Denn Außenpolitik ist heute nicht mehr allein die Diplomatie der Außenministerien, sondern ein Netz aus staatlichen und gesellschaftlichen, ökonomischen und kulturellen Interessen. Staatstheorie ist aber auch nach innen gerichtet, arbeitet über die Steuerungskapazität des Staates, seinen Handlungsspielraum gegenüber der Ökonomie, die Fragen von Staatsversagen und Unregierbarkeit. Besonders ausdifferenziert hatte sich in siebziger Jahren eine politisch-ökonomische und marxistische Staatstheorie entwickelt, die aber heute nach dem Zusammenbruch der sozialistischen Staaten in den Hintergrund getreten ist. Gesellschaftstheorie ist ebenfalls ein außerordentlich unübersichtliches Gelände. Hier konkurrieren Strukturtheorien und Systemtheorien, Krisen- und Revolutionstheorien, Theorien des Korporatismus und des Pluralismus, der Risikogesellschaft und der Postmoderne (v. BEYME 1991b).

Makro-Theorie: Staaten

4. Mega-Theorien will ich die großen politischen Theoriesysteme nennen, die weltanschauliche Orientierungen bieten und normative Erklärungen – wie Konservativismus, Liberalismus, Sozialismus – anbieten. Die Politikwissenschaft beschäftigt sich mit ihnen primär in historischem Interesse in der politischen Ideengeschichte, aber auch in aktuellen Fragen, so bei der Analyse des amerikanischen Neokonservativismus oder bei Versuchen zur Erklärung des Scheiterns des Sozialismus. Neue Mega-Theorien müssen noch daraufhin überprüft werden, ob sie die gleiche Konsistenz und Kontinuität bieten können, wie die klassischen politischen Theorien – ich denke hier an ökologische Theorien oder an den Feminismus.

Mega-Theorie: Weltanschauungen

5. Meta-Theorien sind sozusagen „hinter" diesen skizzierten Theorieebenen angesiedelt, da sie als unterschiedliche wissenschaftstheoretische Perspektiven alternative Programme zur Durchführung wissenschaftlicher Forschung anbieten. Wir werden in einem späteren Kapitel (5.1) die wichtigsten drei Ausprägungen oder „Paradigmen" – nämlich normative, empirische und kritische Ansätze – näher erläutern.

Meta-Theorie: Wissenschaftsparadigmen

Die ganze Politikwissenschaft – nicht nur die Politiktheorie – befaßt sich also mit der Arbeit an Theorie, wenn man Theorie wie v. BEYME so allgemein definiert:

„Theorie soll eine generalistische Proposition genannt werden, die behauptet, daß zwei oder mehr Dinge, Aktivitäten oder Ereignisse unter bestimmten Bedingungen sich miteinander verändern" (v. BEYME 1980, S. 25).

„Theorie" ist in der gesamten Politikwissenschaft zu Hause

Die spezielle Sektion „Politische Theorie" kann also kein Monopol auf die Beschäftigung mit Theorien in der Politikwissenschaft anmelden. Die Arbeitsteilung ist nicht trennscharf. Die Meta-Theorien können eher der Methodik und Methodologie zugeordnet werden. Die Mikro- und Meso-Theorien werden eher in den inhaltlichen Kernbereichen – z.B. politische Systeme, Politikfelder, internationale Politik – bearbeitet. Bleiben also schwerpunktmäßig die Ebenen Makro- und Mega-Theorien für die Subdisziplin Politische Theorie übrig.

Die Studienreformkommission Politikwissenschaft hat deshalb 1985 in ihrem Muster-Curriculum zu dem Bereich Politische Theorie und Politische Philosophie folgende drei Kernbereiche gezählt:

– Grundbegriff der Politikwissenschaft und deren theoretische Zusammenhänge,
– Geschichte der politischen Ideen,
– zeitgenössische politische Theorien und Ideologien.

Die Geschichte der politischen Ideen und die zeitgenössischen politischen Ideologien entsprechen unserer Rubrik Mega-Theorie; die Grundbegriffe der Politikwissenschaft sowie die zeitgenössischen politischen Theorien übergreifenden Teile des Bereiches Makro-Theorie.

4.2.2 Fachvertreter und Forschungserträge

Um einen Einblick in das Forschungsfeld politische Theorie zu geben, sollen nun exemplarisch vier Fachvertreter und ihre wichtigsten Arbeiten vorgestellt werden. Die Auswahl orientiert sich lose an den Ergebnissen der „Reputationsstudie" deutscher Politologen von HONOLKA (1986, S. 50), der allerdings die zwei Bereiche Politische Theorie und politische Philosophie/Ideengeschichte unterschied. Aus beiden werden je zwei Vertreter ausgewählt. Nicht berücksichtigt wurden Wissenschaftler, die weiter unten in anderen Forschungsfeldern porträtiert werden, z.B. Klaus von BEYME, oder Vertreter anderer Disziplinen, wie der Bielefelder Soziologe Niklas LUHMANN oder der Frankfurter Philosoph und Soziologe Jürgen HABERMAS. Die Tatsache allerdings ist bemerkenswert genug, daß bei einer Umfrage unter deutschen Politologen nach den wichtigsten Fachvertretern im Bereich politische Theorie diese beiden Soziologen mitgenannt werden. Offensichtlich ist einerseits die Fachgrenze hier sehr offen. Andererseits deutet dies auch darauf hin, daß in der deutschen Politikwissenschaft die „grand theory" keinen hohen Stellenwert hat und man gerne auf die Angebote der Soziologen zurückgreift.

Iring Fetscher:
Marxismus-Forscher und Märchen-Verwirrer

Iring FETSCHER, geb. 1922, war bis zu seiner Emeritierung Professor für Politikwissenschaft an der Universität Frankfurt. Seine überaus zahlreichen Bücher, Aufsätze und Editionen umspannen ein weites Feld. Sie reichen von Forschungsarbeiten über Marxismus (1978), zu ROUSSEAUs politischer Philosophie (1975), zu Einführungen über Großbritannien (1976), oder in die Politikwissenschaft

(1985b), über aktuelle politische Streitfragen, so zu „Neokonservative und Neue Rechte" (1983), Terrorismus und Reaktion (1977) bis zu „Überlebensbedingungen der Menschheit" (1980). Ein Verzeichnis der Arbeiten von FETSCHER findet sich in der Festschrift seiner Schüler HENNIG/SAAGE (1983). Das wissenschaftliche Werk von FETSCHER hat Udo BERMBACH zusammenfassend so gewürdigt:

„Fetschers Interesse galt zunächst der politischen Philosophie des 19. Jahrhunderts, hier vor allem Hegel und Marx, und darüberhinaus den theoretischen Ausdifferenzierungen innerhalb der Arbeiterbewegung. Zu einer Zeit, da die marxistische Theorie in der deutschen Politikwissenschaft allenfalls noch als Rechtfertigung totalitärer Herrschaft von Interesse schien, begann Fetscher in vielen Studien zu Marx und marxistischen Theorietraditionen eine differenziertere Rezeption und Diskussion einzuleiten und anzuregen, teilweise im Kontext einer internationalen Marxismus-Debatte, für die die jugoslawische ‚Praxis-Gruppe' richtungssymbolisierend stehen mag. Auf der Suche nach einer ‚realistischen(n) Sozialphilosophie, die sowohl Erkenntnisse des Marxismus als auch der Psychoanalyse und der klassischen deutschen Philosophie angemessen in sich integrieren würde', ergab sich auch eine thematische Ausweitung der Arbeiten zur bürgerlichen Philosophie Englands über die französische Aufklärung bis hin zu gegenwärtigen Positionen westlicher-liberaler Demokraten. Methodologische Auswirkungen hatten vor allem die Marxismus-Studien in einer immer stärker sozial-historisch verstandenen Ideengeschichte; Fetschers Arbeiten zeichneten sich hier durch den Versuch aus, politik-theoretische Konzepte in einem strikten Sinne auf ihren sozial-historischen Entstehungs- und Bedingungszusammenhang zu beziehen, sie also zunächst einmal als ‚historische Konzepte' zu interpretieren, deren Leistung nicht in der Thematisierung archetypischer Überzeitlichkeit lag, sondern in der theoretischen Verarbeitung historisch zurechenbarer Entwicklungen und Konflikte" (BERMBACH 1984, S. 20f.).

FETSCHER kann aber nicht nur auf wichtige Erträge seiner Forschung und Anregungen für viele seiner Schüler zurückblicken. Er hat auch der breiteren Öffentlichkeit immer wieder politisch engagierte Denkanstöße mit Leitartikeln, Kolumnen und Diskussionsbeiträgen gegeben. Insbesondere war er ein großer Herausgeber, wie nicht nur seine früheren Marx-Editionen, sondern insbesondere auch das monumentale „Pipers Handbuch der politischen Ideen" (FETSCHER /MÜNKLER, 5 Bde., 1985bff.) demonstriert. Die politische Ideengeschichte hat FETSCHER genausoviel zu verdanken wie die Erforschung und kritische Sichtung der zeitgenössischen Ideologien und Theorien. Und nicht zuletzt hat er mit seinem Märchen-Verwirrbuch „Wer hat Dornröschen wachgeküßt?" (1974) gezeigt, daß Politologen über ihren Fächerschatten springen können, und daß Phantasie, Humor und Politologie sich nicht ausschließen müssen.

Wilhelm HENNIS, geb. 1923, war bis zu seiner Emeritierung Professor für Politikwissenschaft an der Universität Freiburg. Zu seinen wichtigsten Veröffentlichungen gehören „Politik und praktische Philosophie" (1963), „Politik als praktische Wissenschaft" (1968), später politisch engagierte Schriften wie „Demokratisierung" (1970), „Organisierter Sozialismus" (1977) oder „Unregierbarkeit" (HENNIS/ KIELMANSEGG/MATZ 1977). Wilhelm HENNIS verkörpert einen Gegenpol zu Iring FETSCHER. Versuchte dieser den Marxschen Emanzipationsbegriff in der Tradition der radikaldemokratischen Freiheitswerte in seiner Substanz weiterzuentwickeln, so suchte HENNIS traditionale Werte des gerechten Staates, der guten Ordnung in die Gegenwart zu retten. In seiner Festschrift (MAIER u.a. 1988), die auch ein Schriftenverzeichnis von ihm enthält, würdigt Kurt SONTHEIMER ihn folgendermaßen:

Wilhelm Hennis: Politik als praktische Philosophie und politischer Polemiker

„Wilhelm Hennis war bei aller Individualität und Singularität kein versprengter Einzelner, er hatte in der neu sich formierenden Politischen Wissenschaft in der Bundesrepublik immer auch Mitstreiter und Bundesgenossen, doch nichts kann darüber hinwegtäuschen, daß sein politischen und wissenschaftliches Denken ein Denken gegen die Hauptströmungen des zeitgenössischen Wissenschaftsbetriebs und der Politik war. Er erinnerte gegen die modernistischen Tendenzen an die antike Tradition des politischen Denkens und suchte, sie für die Gegenwart erneut fruchtbar zu machen. Dies geschah in einer Zeit, in der der Schwerpunkt der neuen Politischen Wissenschaft sich mehr und mehr auf eine szientistisch verstandene Sozialwissenschaft zu verlagern begann; er schwamm gegen den noch immer mächtigen Strom legalistischen und positivistischen deutschen Verfassungs- und Staatsdenkens in der Tradition des 19. Jahrhunderts und schlug eine tragfähige Brücke von der herkömmlichen Verfassungslehre zu einer genuinen politischen Wissenschaft; er wehrte sich mit all seinem Erkenntnisvermögen gegen die einseitigen und vorschnellen Reduktionen des Politischen auf die Macht bzw. des Demokratischen auf die Identität von Regierenden und Regierten. In immer neuen Anläufen gegen vorherrschende Denk- und Verhaltensmuster angehend, war er stets von neuem bemüht, auf das Wesentliche des Politischen zu dringen, auf Dinge und Fragen aufmerksam zu machen, die von den herrschenden Meinungskomplexen in der Gesellschaft und in der Wissenschaft vernachlässigt oder ignoriert wurden. Für Wilhelm Hennis hatte die Politische Wissenschaft nicht erst mit dem Siegeszug der modernen Sozialwissenschaft begonnen, sie konnte vielmehr auf eine lange, reiche und auch bewährte Tradition zurückblicken, an die zu erinnern stets von neuem Anlaß bestand, wenn die herrschenden Teilwissenschaften das Wesentliche zu verfehlen drohten" (SONTHEIMER 1988, S. 11f.).

HENNIS ist ein streitbarer Wissenschaftler, der auch die Themen seiner Veröffentlichungen immer aus der politischen Praxis entwickelte. Er schrieb nicht überaus zahlreiche Bücher, eher engagierte Aufsätze.

„Für Wilhelm Hennis gilt nicht, wie für so manche andere Autoren, daß er die Tinte nicht halten konnte und daß weniger mehr gewesen wäre. Was er zu geben versuchte, hatte inhaltliches Gewicht" (SONTHEIMER 1988, S. 11).

Er liebt die scharfe Polemik, und er fühlte sich hierzu besonders herausgefordert zu Zeiten der Studentenbewegung und nach dem ersten Machtwechsel in der Bundesrepublik 1969, als die SPD die Regierungsführung übernommen hatte. „Mehr Demokratie wagen" in der Regierungserklärung von Willy Brandt und in den Forderungen der Studenten lehnte er kategorisch ab.

Demokratie gilt ihm allein als Methode staatlich-politischer Entscheidungsbildung. Demokratie ist hier ein Prinzip, das „kategorial nur paßt auf das Miteinander von Freien und gleichen" (HENNIS 1973, S. 47). Diese Bedingung treffe allein auf die Entscheidungen erwachsener (= emanzipierter) Menschen im politischen Raum zu, wo Rechtsgleichheit und Grundfreiheiten bei Wahlen und Abstimmungen gelten. Eine Übertragung auf andere Bereiche sei von der Natur der Sache her ausgeschlossen, weil etwa in Familie, Schule, Universität und Betrieb grundsätzlich Ungleichheit der Voraussetzungen und Kompetenzen herrsche. Eine allgemeine Politisierung wird als bedrohliche „Gleichschaltung" aller Lebensbereiche apostrophiert (zur Kritik vgl. v. ALEMANN 1975, S. 26f.).

Demokratisierung und Politisierung als Gleichschaltung

Die Krise der bürgerlich-liberalen Normen und Werteordnung wird von HENNIS in erster Linie für die plötzliche Attraktivität der Parole der „Demokratisierung" verantwortlich gemacht. Gerade in Deutschland sei diese Bewegung auf fruchtbaren Boden gefallen, da hier lange ein besonderer Nachholbedarf an Demokratie, am Abbau obrigkeitsstaatlicher Strukturen, behauptet werden konnte. In keinem Land seien deshalb unter dem Ansturm dieser Formel gesellschaftliche Strukturen so in Bewegung geraten wie in der Bundesrepublik. Eine gedankenlose liberale Publizistik flankiert durch die politische und juristische Wissenschaft übernehme so mit schlechtem Gewissen Parolen, die als „Fundamentaldemokratisierung" aus dem Reservoir des neuen Marxismus stammten und ihm allein nützten. Der jahrzehntelange Konsens der großen Parteien über Grundprinzipien der Verfassung machten den Ruf nach Alternativen, gerade in und nach der Großen Koalition, besonders wirksam. Eigentliche und tiefere Ursache des Rufs nach mehr Demokratie gerade in den Erziehungs- und Bildungssituationen sei aber „eine Variante adamitischer Verirrung, die ich *Adamsneid* nennen möchte, der Neid auf den Stammvater, der, da er nie Kind war, einer solchen Belehrung nie bedürftig war" (HENNIS 1973, S. 48). Urgrund wird so keine Entwicklung der Gesellschaft, sondern ein Aufbrechen atavistischer Bedürfnisse. „Diese Forderung (nach Demokratisierung, U.v. A.) ist mithin keine Ideologie, bloß falsches gesellschaftliches Bewußtsein, sondern eine Revolte gegen die Natur" (HENNIS 1973, S. 51).

Aber HENNIS blieb nicht einseitig, sondern kritisierte später fast ebenso vehement die CDU, da sie die ökologischen Wertprämissen sträflich vernachlässige. HENNIS ist zwar ein wichtiger Repräsentant einer normativ-ontologischen Position in der Politikwissenschaft, aber nicht der schulenbildende Hauptrepräsentant der „Freiburger Schule" der Politikwissenschaft, wo ebenso wie in München diese Position beheimatet war. Dazu war und ist er ein zu unabhängiger und kritischer Geist, der sich für keine Schule vereinnahmen läßt.

Claus OFFE, geb. 1940, ging aus der „Frankfurter Schule" der kritischen Theorie hervor, lehrte lange Politikwissenschaft und Soziologie an der Universität Bielefeld und arbeitet zur Zeit an der Universität Bremen. Er gehört zwar zu einer erheblich jüngeren Generation als die bisher vorgestellten namhaften Fachvertreter der politischen Theorie, aber er hat dennoch einen national und international sehr renommierten Namen. Mehrere seiner zahlreichen Werke sind im Ausland erschienen, er war mehrmals als Gastwissenschaftler im Ausland eingeladen, so in Harvard und in Berkeley sowie in Princeton am berühmten Institute for Advanced Studies. Zu OFFEs wichtigen Büchern gehören die beiden früheren empirischen Studien „Leistungsprinzip und industrielle Arbeit" (1970), in der er die Statusverteilung in Arbeitsorganisationen der industriellen Leistungsgesellschaft untersuchte sowie „Berufsbildungsreform. Eine Fallstudie über Reformpolitik" (1975), in der er am Fallbeispiel des Berufsbildungsgesetzes von 1969 allgemeine Strukturen der Politikentwicklung im Spätkapitalismus analysierte. Am bekanntesten wurde er mit seinen Studien zu „Strukturproblemen des kapitalistischen Staates" (1972), wo er versuchte, in kritischer Überwindung und Weiterentwicklung marxistischer Staatstheorie die Handlungsmöglichkeiten der Politik gegenüber den Vorgaben des ökonomischen Systems auszuloten.

Claus Offe:
kritischer Theoretiker der
Gegenwartsgesellschaft

„Die Analyse Offes hat im Vergleich zu den Neomarxisten weit mehr empirische Teiltheorien verarbeitet, wie die Analyse von Nicht-Entscheidungen *(non-decisions)*, die von Bachrach und Baratz in den USA entwickelt worden war. Der kapitalistische Staat übt eine klassengebunden *Selektivität* aus, indem er die gegensätzlichen Interessen der Einzelkapitel zu einem kapitalistischen Gesamtinteresse zusammenfaßt. Weitreichende Veränderungen aber scheitern an der Nichtentscheidung im System. Die bloßen Nachweise der empirischen Interessengruppenforschung, daß es zahlreiche Interessenkollisionen der Wirtschaftssubjekte gibt, wurden als nicht ausreichend erachtet, um die Entwicklung des Systems ohne bestandsgefährdende Krisen zu erklären. Die Interessengegensätze der ‚Kapitalfraktionen' aber wurden ernster genommen als in anderen neomarxistischen Ansätzen, die weitgehend die politischen Akteure als Agenturen eines relativ einheitlich handelnden ‚Kapitals' auffaßten. Der Staatsableitung wurde ein empirischer Ansatz entgegengestellt. Bestandsgefährdende Krisen wurden nicht mehr deduziert und schon gar nicht prognostiziert. Angedeutet wurde aber eine Möglichkeit für ihre Entstehung, dort, wo instrumentelle und symbolische Staatsfunktionen nicht mehr in der Lage schienen, den Legitimationsbedarf des Systems in den Grenzen des kapitalistischen Produktionsverhältnisses zu decken" (v. BEYME 1991, S. 117).

Im Gegensatz zu FETSCHER und HENNIS, die immer in erster Linie Theoretiker der Politik und ihrer Geschichte waren, kommt OFFE von der empirischen, soziologischen und ökonomischen Analyse der Gegenwartsgesellschaft zu seinen theoretischen Überlegungen. Dies wird auch in seinen weiteren Arbeiten der siebziger und achtziger Jahre deutlich, wo er Themen der politischen Soziologie aufgreift, wie neue soziale Bewegungen, Parteien, Verbände oder Neo-Korporatismus (vgl. z.B. OFFE 1979), oder Themen der sekundären Ökonomie (wie z.B. OFFE/HEINZE 1990). Ursprünglich spielten Klassengegensätze noch eine zentrale Rolle in OFFEs früheren Schriften, die nunmehr neuen Konflikten und Strukturproblemen weichen. Die alten Unterschiede der Klassen treten gegenüber neuen Konfliktlagen (Generationen, Geschlecht, Arbeitsmarktposition) zurück. Die modernen Krisen der Gesellschaft machen nicht vor Klassenschranken halt.

OFFEs theoretische Leistung besteht darin, daß er empirische Forschung immer mit theoretischer Fundierung in originärer und origineller Form zu verknüpfen in der Lage war. Viele seiner theoretischen Erkenntnisse sind in die sozialwissenschaftliche Forschungstradition eingegangen.

Karl Deutsch: Typus des „Welt-Wissenschaftlers"

Karl W. DEUTSCH wurde 1912 in Prag geboren, wo er auch noch Recht und Politik an der Karls-Universität studierte und promovierte. Er emigrierte 1938 in die USA, wo er an mehreren Universitäten weiterstudierte und in Harvard promovierte. Er hatte Professuren an den renommiertesten amerikanischen Universitäten (Harvard, Yale, Stanford, M.I.T.), Gastprofessuren in aller Welt inne und wurde durch mehrere Ehrendoktorate ausgezeichnet. 1971 war er Präsident der amerikanischen Vereinigung für Politikwissenschaft. In den siebziger Jahren war er neben seinen amerikanischen Aufgaben noch Direktor des Internationalen Instituts für vergleichende Gesellschaftsforschung am Wissenschaftszentrum Berlin sowie später dort Direktor des Forschungsschwerpunktes Globale Entwicklungen. Karl DEUTSCH ist 1992 verstorben.

Obwohl Karl DEUTSCH nicht in die Liste der deutschen Politologen vereinnahmt werden soll, wird er hier porträtiert, weil er nicht nur in der Reputationsstudie von HONOLKA (1986, S. 50) ebenfalls häufig als wichtiger Repräsentant der politischen Theorie genannt wird, sondern auch weil ihn sein Engagement am Wissenschaftszentrum Berlin mit Deutschland verbunden hat und natürlich wegen seiner vielen einflußreichen ins Deutsche übersetzten Bücher und Aufsätze. Sein im Deutschen wohl einflußreichstes Werk war die „Politische Kybernetik" (1969, 2. Aufl., der englische Titel The Nerves of Government (1966) ist viel treffender). Lange bevor in den letzten Jahren die Bedeutung der Informationsgesellschaft und die politische Dimension der Technik erkannt wurde (vgl. v. ALEMANN/SCHATZ/SIMONIS 1989) hat DEUTSCH auf Kommunikation, Steuerung, Kybernetik, Planung und Technik in seinem monumentalen Buch hingewiesen.

86

„Im Mittelpunkt der politischen Kybernetik steht die Frage nach der autonomen Entscheidungsfähigkeit politischer Systeme: Können politische Systeme trotz vielschichtiger Abhängigkeiten und Verflechtungen ihr eigenes Verhalten autonom gestalten, um die Interessen der Gesellschaftsmitglieder so weit wie möglich zu befriedigen? Lern- und Entscheidungsfähigkeit sozialer Systeme hängen davon ab, ob diese ein hohes Maß an Konsens hinsichtlich ihres Strukturwandels und ihres Verhaltens herstellen können. (...)
Die politische Kybernetik von Karl DEUTSCH hat unser Augenmerk auf die Tatsache gelenkt, daß die Überlebensfähigkeit moderner politischer Systeme, die erhöhten Anforderungen an Koordination und Planung unterworfen sind, von ihrer Lernkapazität abhängt. Die Nervenstränge des Regierungssystems gewinnen an Bedeutung. Empfindlichkeit und Belastbarkeit dieser Nervenstränge entscheiden darüber, wie weit Regierungen moderner Industriestaaten ihre Integrationsaufgabe wahrnehmen können. Damit hängt die Responsivität einer Regierung zusammen: ihre Empfänglichkeit ,... gegenüber Nachrichten und spürbaren Bedürfnissen einzelner Menschen oder anderer politischer oder sozialer Einheiten'" (KEVENHÖRSTER 1984, S.176f.).

Weitere wichtige Werke sind der „Wissensgesellschaft" (1978), der internationalen Politik (1968) und schließlich der Entwicklung von Datensammlungen und Analysen für quantitative „Weltmodelle" (DEUTSCH/FRITSCH 1981) gewidmet.
Horst Dieter RÖNSCH würdigt Karl DEUTSCH im „Internationalen Soziologenlexikon" so:

„Ausgehend von den europäischen Erfahrungen mit den – kriegsauslösenden – Problemen des Nationalismus und der Nationalitäten beschäftigte sich D. bereits in den ersten Jahren nach seiner Emigration in die USA mit Fragen des internationalen Zusammenlebens und des Friedens, deren politikwissenschaftliche Behandlung er auf eine neue methodische Grundlage gestellt wissen wollte. In diesem Sinne plädierte er gegen eine nur historische, nur juristische oder nur philosophische Perspektive und für die Verbindung empirischer und kritischer Ansätze. In Fortsetzung seiner Beschäftigung mit Fragen sozialer Kommunikation führte dies einerseits zur Adaptierung der kybernetischen Systemtheorie als Bezugsrahmen für die Analyse politischer Prozesse (vgl. sein Hauptwerk *The Nerves of Government*) und andererseits zu datenbezogenen Analysen und zur Initiierung umfangreicher Datensammlungen (*Yale Political Data Programm*). Diese Aspekte seines Lebenswerks sind insofern nicht zu trennen, als beide der Abkehr vom monokausalen, deterministischen Denken und der Ermöglichung probabilistischer, kybernetischer Theorien dienen, deren aufklärerische Qualität sich aus der gleichzeitigen Distanz zu oberflächlicher Datengläubigkeit und ideologischer Realitätsferne ergibt. Durch diese Verbindung von Validität, Relevanz und Kritik sucht D. in einem Werk, das von philosophischen und wissenschaftstheoretischen Analysen über grundlegende Arbeiten zur Funktionsweise von Politik und internationalen Beziehungen bis hin zu konkreten Analysen aktueller politischer Probleme reicht, einer rationaleren Politik zu dienen" (BERNSDORF/KNOSPE 1984, Bd. 2, S. 178).

Karl DEUTSCH verkörpert den Typus des „Welt-Wissenschaftlers" auf eine beeindruckende Weise. Eine noch universale, historisch und theoretisch fundierte Gelehrsamkeit verbindet sich mit rastlosem Organisationstalent und empirisch-analytischer Forschungsorientierung. Die politische Theoriebildung in der Kommunikationsforschung, in der vergleichenden und in der internationalen Politik hat DEUTSCH eine ganze Fülle von Anstößen zu verdanken.
Wolfgang ZAPF, der Präsident des Wissenschaftszentrums Berlin, würdigt Karl DEUTSCH zum 80. Geburtstag so:

„Karl Deutsch ist einer der größten Erfinder und Innovatoren der Sozialwissenschaften und inzwischen einer ihrer Klassiker. Er hat die Frage nach dem Fortschritt in den Sozialwissenschaften selbst zu einem theoretischen und zugleich zu einem empirischen Thema gemacht. In einem brillanten Artikel 1971 in ,Science' (,Major Advances in the Social Sciences Since 1900', zusammen mit Platt und Senghaas) hat er die wichtigsten Erfindungen in den Sozialwissenschaften zwischen 1900 und 1965 benannt, beginnend mit der Messung der sozialen Ungleichheit und schließend mit stochastischen Modellen sozialer Prozesse. Wie lange hätten andere meta-theoretisch reflektiert, ob man eine solche Frage überhaupt stellen darf! Deutschs direkter Zugriff zeigt, daß er die Auffassung vertritt, daß es wie in den Naturwissenschaften einen zunehmenden Erkenntnisgewinn gibt, daß diese Fortschritte ‚einen Unterschied machen' und daß die Sozialwissenschaften einen signifikanten Beitrag zur Gesellschaftsgestaltung leisten können" (ZAPF 1992, S. 5f.).

Zwischenfazit Politische Theorie, das zeigen die vier Porträts deutlich, ist ein überaus heterogenes Feld. Ich habe anfangs fünf Ebenen unterschieden – die Mikro-, Meso-, Makro-, Mega- und Meta-Ebene. Die vier hier porträtierten Fachvertreter bearbeiten jeder nicht nur ein einzelnes Feld, sondern eine je charakteristische Mischung von Dimensionen. Iring FETSCHERs Hauptinteresse gilt den Mega-Theorien der großen Weltanschauungen und der Ideengeschichte, aber auch Ergebnissen der Makro- und der Meso-Theorie, in denen er das Zusammenspiel von Gruppen, Gesellschaften und Staaten thematisiert. Wilhelm HENNIS geht insofern von einer bestimmten Form der Mikro-Theorie aus, als ihm die Rolle des einzelnen Bürgers und seiner Tugenden im Staat interessiert. Dies führt ihn über die Meso-Theorie (in diesem Fall der Parteien) über die Makro-Theorie (des Parlamentarismus und der Repräsentation) zu den Mega-Theorien der Ideengeschichte. Claus OFFE geht vom Zusammenspiel von Meso-Theorien der Gruppen, Klassen und Verbände aus und konfrontiert sie mit Makro-Theorien des Staates in der Gesellschaft. Karl DEUTSCH hat sein Hauptinteresse in der Makro-Theorie der Staaten in der Welt-Gesellschaft, die er teilweise auf Probleme des Individuums in der Informationsgesellschaft zurückführt.

Abschließend aus den vier Porträts der so unterschiedlichen Fachvertreter und ihrer Forschungsleistungen sowie aus der Skizze des gesamten Forschungsfeldes politische Theorie eine resümierende Bilanz zu ziehen, wäre sicher vermessen. Sie müßte auch notwendig so allgemein bleiben, wollte sie einen gemeinsamen Nenner finden, daß sie recht nichtssagend bliebe. Statt dessen sollen nur noch einige Lesehinweise gegeben werden. Zwei Bücher der letzten Jahre, die hier auch bereits mehrfach zitiert wurden, scheinen mir das Feld der politischen Theorie besonders gut zu erschließen. Die eine Seite, die Aspekte der politischen Ideengeschichte und der Grundbegriffe der Politikwissenschaft, werden in zahlreichen hervorragenden Aufsätzen in dem Sammelband von Udo BERMBACH „Politische Theoriegeschichte. Probleme einer Teildisziplin der Politischen Wissenschaft" (1984) sehr überzeugend zusammengefaßt. Die andere Seite dieses Feldes, die zeitgenössischen politischen Theorien, werden von Klaus von BEYME (1991b) in seinem Werk „Theorie der Politik im 20. Jahrhundert. Von der Moderne zur Postmoderne" auf hohem Niveau und mit großer Differenzierungskunst plausibel präsentiert. Beide Bücher sind allerdings nur mit gewissen Voraussetzungen an Vorkenntnissen mit Gewinn zu lesen. Diese Voraussetzungen bieten für die Theoriegeschichte LENK/FRANKE (1987 und auch als FernUniversitäts Kurs Nr. 3206 erschienen) und zum Nachschlagen das monumentale Werk von FETSCHER/MÜNKLER (1985ff.). Für die moderne Theoriebildung ist v. BEYME (1992a) immer noch sehr nützlich, aber auch die an konkreten Problemen des politischen Systems orientierte Einführung von BÖHRET u.a. (1988) zu „Innenpolitik und politische Theorie".

4.3 Politisches System der Bundesrepublik

4.3.1 Feldskizze

In einem jüngeren französischen Handbuch wird über die internationale Stellung der Politikwissenschaft Frankreichs gegenüber den übermächtigen USA das doppelte Vorurteil kolportiert, „daß 90% aller Politologen der Welt Amerikaner seien und von diesen 90% sich ausschließlich mit Amerika befaßten" (v. BEYME 1986b, S. 20). Beide Aussagen sind übertrieben, in beiden steckt aber das berühmte Körnchen Wahrheit. Befassen sich auch deutsche Politologen zu 90% mit ihrem eigenen Land und dessen Problemen? Sicher nicht. Die deutsche Politikwissenschaft ist gerade durch die Gründungsgeschichte immer auf die demokratischen Vorbilder, ob die USA als Führungsmacht des Westens oder Großbritannien als bewunderte Mutter des demokratischen Parlamentarismus oder auch Frankreich mit seiner freiheitlichen Tradition seit der Französischen Revolution, aber auch die stabilen kleinen Demokratien Westeuropas, in der vergleichenden und in der internationalen Politik fixiert gewesen. Dennoch hat sich als Schwerpunkt der deutschen Politikwissenschaft die Beschäftigung mit dem eigenen politischen System herausgebildet, wie auch die Umfrage von BÖHRET (1985, S. 234) gezeigt hat.

Themen der deutschen Politik beschäftigen die deutschen Politologen grob geschätzt zu etwa 50%. Die übrigen Forschungsfelder teilen sich den Rest, wobei natürlich hier viele Überlappungen auftreten. Ein Vergleich der politischen Kultur von Großbritannien mit der der Bundesrepublik thematisiert natürlich sowohl die vergleichende Systemanalyse als auch das deutsche politische System; eine Politikfeldanalyse der europäischen Umweltpolitik kann zugleich der vergleichenden Politik und der Bezugsgröße des deutschen politischen Systems zugerechnet werden; deutsche Außenpolitik ist einschlägig für internationale Konflikte und Kooperation und ebenso für das deutsche politische System. Es sei an dieser Stelle noch einmal wiederholt, die Fachaufteilung ist kein Apothekenschrank mit säuberlichen Schublädchen, sondern eine große Forschungslandschaft, wo Wiese, Wald, Feld und Stadt ohne Grenzzäune ineinander übergehen.

Politisches System der BRD als Schwerpunktthema

Weil das Forschungsfeld politisches System der Bundesrepublik so groß ist, ist es auch unübersichtlich und ausdifferenziert. Warum hat man sich überhaupt recht übergreifend auf den Begriff „System" geeinigt? Ist dies ein Verlegenheitsbegriff oder transportiert er eine ganz bestimmte Botschaft? Früher hieß es einfach „Innenpolitik", wie immer noch in dem ausgezeichneten Studienbuch von BÖHRET u.a. „Innenpolitik und politische Theorie" (1988). Der Systembegriff hat in den Natur-, Geistes- und Sozialwissenschaften eine durchaus schon lange und ehrwürdige Tradition und wurde nicht etwa erst in den letzten Jahrzehnten von der modernen Systemtheorie erfunden.

„Ausgehend von der Welt als Ganzheit, in der eine unüberschaubare Anzahl der Teile eine geordnete Einheit bilden, die zu entdecken Aufgabe der Wissenschaft sein soll, wurden sowohl die theoretischen Anstrengungen nach systematisierenden Ordnungskonzepten als auch die zugrunde liegenden empirisch-realen Zusammenhänge als System verstanden, sofern sie sich von anderen, nicht dazugehörigen Ordnungen bzw. Umwelten abgrenzen lassen. Das betrifft die theoretisch-philosophische Erkennbarkeit des Kosmos und die Stellung des Menschen, die biologisch geordneten Abläufe der organischen Natur und die begrifflichen Systematisierungsversuche des Zusammenlebens von Gruppen, Stämmen und Staaten unter kulturellen, ökonomischen und politischen Gesichtspunkten. Gemeinsam ist allen Systemkonzepten der Gedanke eines Beziehungsgeflechtes von ineinandergreifenden kategorialen und sachlichen Elementen, die eine Einheit bilden und sich von anderen Einheiten trennscharf abgrenzen lassen. Veränderungen der Konstellation der Elemente innerhalb des jeweiligen Systems folgen Gesetzmäßigkeiten oder Strukturmustern, deren Verlaufsmuster es zu analysieren gilt" (WEIHE 1989, S. 1007).

System:
Beziehungsgeflecht und
Abgrenzbarkeit

Das Entscheidende an einem System ist demnach das interne Beziehungsgeflecht und die externe Abgrenzbarkeit. Seit den sechziger Jahren wurde der Systembegriff zunächst auf das „Regierungssystem" übertragen, wie noch heute von dem führenden Handbuch ELLWEIN/HESSE „Das Regierungssystem der Bundesrepublik Deutschland" (1992). Aber auch dies erwies sich als zu eng. Politik in der Bundesrepublik ist weder nur Innenpolitik, da die Grenzziehung zwischen Innen- und Außenpolitik verschwommen geworden ist, noch allein Regierungshandeln. Es ist die Interaktion von Institutionen und Interessen zwischen Regierungen, Parlamenten, Verwaltungen, Parteien, Verbänden, Medien, Bürgerinitiativen, Großunternehmen, Kulturorganisationen usw. Ohne die ursprünglich mit einem strengen Begriff des politischen Systems verknüpften Grundannahmen der Systemtheorie (EASTON 1965, PARSONS 1972, LUHMANN 1984, WILLKE 1989) zu übernehmen, bürgerte sich der Systembegriff allgemein ein, weil man nicht nur die Verflechtung innerhalb der Politik, sondern auch mit ihrer Umwelt begrifflich zum Ausdruck bringen wollte.

„Bis Ende der 60er Jahre beherrschte der Begriff des Regierungssystems (*government*) die bundesdeutsche Politikwissenschaft. Die (fast) definitive Ablösung dieser ehemals dominierenden Kategorie Anfang der 70er Jahre durch die anspruchsvollere – und zugleich abstraktere und engere – des politischen Systems war die forschungspraktische Antwort auf die Entwicklung hochmoderner Industriegesellschaften westlichen Typs mit ihren vielschichtigen und interdependenten Handlungsmöglichkeiten, Entscheidungsprozessen und unabsehbaren Nebenfolgen sowie die Veränderung der Umwelt durch die Gesellschaft insgesamt und die politisch-praktische Erkenntnis, daß diese Umweltveränderungen nicht ohne die Entscheidungsbeteiligung des politischen Systems gelöst werden können, ohne daß diesem System eine zentrale, dominierende Rolle innerhalb der Gesellschaft zukommt, und es um Macht und Einfluß mit anderen Systemen konkurrieren muß" (WEIHE 1989, S. 799).

„Politisch-administratives
System"

In den siebziger Jahren wurde am profiliertesten von Claus OFFE (1973) eine Theorie des „politisch-administrativen Systems" (PAS) entwickelt, in der nicht mehr die alte Gewaltenteilung – Exekutive, Legislative, Judikative – dominierte, sondern die Zusammenfassung der politischen Entscheidungsebenen (Regierungen, Parlamente, Parteien, Justiz) und der ausführenden staatlichen Organe (Ministerialbürokratie, Verwaltungen) zu einem großen politischen Komplex. Dieses politisch-administrative System wurde als Teil des Gesamtsystems „Gesamtgesellschaft" gesehen, das daneben als wichtigste weitere Teile noch das ökonomische System und das sozio-kulturelle System kennt. Die drei Teilsysteme interagieren folgendermaßen miteinander:

„–das *ökonomische System,* das aufgrund seiner internen Funktionsstörungen (z.B. Konzentrationsprozesse, unerwünschte Folgen kapitalistischer Produktion) auf staatliche Dauerintervention angewiesen ist. Es gibt seinerseits auf dem Wege der Besteuerung Teile des in ihm erzeugten Wertes an das politisch-administrative System ab;

90

- das *sozio-kulturelle System* (auch normatives oder legitimatorisches System), aus dem die Erwartungen, Forderungen und Ansprüche an das politisch-administrative System kommen und in dem gleichzeitig die für das ökonomische System notwendige Arbeitsmotivation und -fähigkeit erzeugt wird;
- das *politisch-administrative System* (PAS), das einmal auf die diffuse Unterstützung des sozio-kulturellen Systems (‚Massenloyalität') und die fiskalische Unterstützung des ökonomischen Systems angewiesen ist, von denen seine Autonomie und Dispositionsfähigkeit abhängen und daß zum anderen nach beiden Seiten notwendige Steuerungsleistungen erbringen muß.

Allgemeinste Aufgabe des politisch-administrativen Systems ist es, die bestandswichtigen Steuerungsleistungen und fiskalischen Abschöpfungen gegenüber dem ökonomischen System und die Massenloyalität sowie die sozialstaatlichen oder repressiven Steuerungsleistungen gegenüber dem sozio-kulturellen System in Übereinstimmung zu bringen. Vereinfacht gesagt: das politisch-administrative System muß zunehmend Aufgaben der Steuerung und des Krisenmanagements für Probleme und Friktionen in wirtschaftlichen Abläufen übernehmen und muß sich gleichzeitig die dafür notwendige Legitimation beschaffen" (BÖHRET 1988, S. 276f.)

Solche Gesamtsystemanalysen sind in der Politikwissenschaft heute in den Hintergrund getreten, wenn man von den hoch abstrahierenden systemtheoretischen Positionen in der Soziologie von Niklas LUHMANN (1984) und seiner Schüler (z.B. WILLKE 1989) einmal absieht. Gerade die in den achtziger Jahren expandierende Politikfeldanalyse hat eher zu einer Konzentration auf konkrete Politikbereiche und damit auf Bereichstheorien mittlerer Reichweite geführt.

Was sind nun die wichtigsten Arbeitsfelder innerhalb des Forschungsbereiches Politisches System der Bundesrepublik? Die Studienreformkommission Politikwissenschaft hat für die Lehre folgende Schwerpunkte vorgeschlagen:

Zentrale Arbeitsfelder des politischen Systems

- geschichtliche Grundlagen,
- Verfassungs- und Regierungssystem inklusive Verwaltung,
- Politische Sozialisation und Kommunikation, Wahlen, Parteien, Verbände, Eliten, soziale Bewegungen,
- Wirtschafts- und Sozialstruktur.

Sieht man die gängigen Handbücher und Einführungen in das politische System der Bundesrepublik durch, so ergibt sich trotz der Heterogenität des Feldes doch eine recht erstaunliche Kompatibilität der Themen. Dies zeigt sich, wenn man die inhaltlichen Schwerpunkte von drei wichtigen Handbücher und Einführungen in das System synoptisch miteinander vergleicht (vgl. Tabelle 7).

Alle diese Handbücher und Einführungen haben die alte Zweiteilung aus Institutionenkunde und politischer Soziologie aufgegeben. Ihr Wechselspiel ist der eigentliche Stoff der Politik und das Hauptthema der Politikwissenschaft. Denn Institutionen ganz allein für sich genommen kann auch die Staatsrechtslehre gut untersuchen, Wahlen und Parteien als Formen der Interessenvermittlung und Willensbildung für sich genommen analysiert auch die Soziologie der Politik. Politikwissenschaft thematisiert die Interaktion zwischen diesen beiden Bereichen. Trotz eines übergreifenden Konsenses in dieser Frage werden die fol-

Zweiteilung aus Institutionenkunde und politischer Soziologie aufgegeben

Tabelle 7:
Synopse von Themenfeldern des politischen Systems der Bundesrepublik in drei
Lehrbüchern

Ellwein/Hesse 1987	Rudzio 1991	v. Beyme 1991a
1.Die BRD	1.Die außenpolitische Staatsräson	1.Verfassungskonzeption des Grundgesetzes
2. Aufgabenverteilung und Politikverflechtung	2. Die antitotalitäre Demokratie	2. Die politische Kultur des Grundgesetzes
3.Partizipation und Repräsentation	3.Organisierte Interessen im politischen Prozeß	3.Wahlen
4.Organisation der politischen Beteiligung	4.Das Parteiensystem	4.Das Parteiensystem
5.Parlament und Regierung	5. Binnensoziologie der Parteien	5. Interessengruppen
6.Verwaltung und Vollzug	6. Grundmuster des Wahlverhaltens	6. Elitenrekrutierung und Machtstruktur
7.Recht und Rechtsprechung	7. Medien als Mittler und Akteure	7. Das Parlament
	8. Im Zentrum des Institutionensystems:Der Bundestag	8. Regierung und Verwaltung
	9. Die Bundesregierung als Führungsorgan	9. Der Föderalismus
	10. Gegengewichte im Bund	10. Das Bundesverfassungsgericht
	11.Machtverteiler Föderalismus	
	12. Die Kommunen als dritte politische Ebene	
	13. Sozio-ökonomische Probleme und Interessenlagen	
	14. Handlungsfelder der Politik	
	15. Exekutive und Implementation	
	16. Politische Elite: Auf dem Weg zur politischen Klasse	
	17. Bürger und Politik	

genden Kurzporträts von Fachvertretern der Politikwissenschaft und ihrer Forschungserträge unterschiedliche Positionen und Perspektiven hervortreten lassen.

4.3.2   Fachvertreter und Forschungserträge

Auch die Auswahl von vier führenden Fachvertretern des Arbeitsbereiches politisches System der Bundesrepublik orientiert sich an der „Reputationsstudie" von HONOLKA (1986, S. 50). Seine beiden Bereiche Zeitgeschichte und Innenpolitik der Bundesrepublik wurden allerdings hier zu einem Feld zusammengefaßt. Die Fachvertreter, die schon in anderen Bereichen porträtiert werden, wie z.B. Carl BÖHRET unter Politikfeldern und Hans-Peter SCHWARZ in der internationalen Politik, wurden hier nicht noch einmal berücksichtigt.

Thomas Ellwein, geboren 1927, promovierte an der Universität Erlangen zum Dr. jur. mit einer Arbeit über den bundesstaatlichen Charakter der Paulskirchenverfassung. Danach war er zunächst journalistisch tätig und bereitete seine erste größere Veröffentlichung vor – eine Arbeit zur Geschichte des Verfassungsstaates in Deutschland, der dann 1955 die kritische Schrift über „Klerikalismus in der deutschen Politik" (ELLWEIN 1955) folgte, die ihm in katholischen Kreisen bis heute nachgetragen wird. Im gleichen Jahr wurde er Leiter der Bayerischen Landeszentrale für Politische Bildung. In den sechziger Jahren arbeitete er an der Frankfurter Hochschule für Erziehung. In dieser Zeit wandte er sich von der politischen Bildung der Theorie und Empirie des Regierungssystems, der Entwicklung einer Regierungslehre und der Erforschung der öffentlichen Verwaltung zu. Außerdem begannen die Arbeiten an der bis heute umfassendsten kommunalpolitischen Fallstudie über die Stadt Wertheim, eingebettet in eine umfangreiche Reihe „Politisches Verhalten", die er mit Ralf ZOLL herausgab (ELLWEIN/ZOLL 1969-1980).

Thomas Ellwein: Verknüpfer von politischer Bildung, Verwaltungswissenschaft, Regierungslehre und Politikberatung

In den siebziger Jahren war ELLWEIN maßgeblich mit dem Ausbau der Bundeswehrhochschulen und mit dem Aufbau eines sozialwissenschaftlichen Instituts der Streitkräfte befaßt. 1974-1976 amtierte er als Präsident der Hamburger Bundeswehrhochschule. Ab 1976 kehrte er ganz an die Arbeit als Universitätsprofessor zurück und zwar an die neue Reform-Universität Konstanz, wo er bis zu seiner Emeritierung besonders den neuen Studiengang Diplomverwaltungswissenschaften prägte, der das traditionelle deutsche Juristenmonopol in der Verwaltungsausbildung durch den maßgeblichen Beitrag der Politikwissenschaft aufbrechen wollte.

Schon zum 60. Geburtstag von Thomas ELLWEIN erschienen drei Bände als Festschriften (ELLWEIN 1987a, 1987b, WINDHOFF-HERITIER 1987). Im Vorwort der ersten beiden Bände schreibt Ralf ZOLL:

„Unabhängig von der Qualität seines Schaffens ist allein schon dessen Umfang höchst bemerkenswert. Die Bibliographie der wissenschaftlichen Arbeiten zählt mehrere hundert Titel, darunter fast dreißig Bücher und davon sechzehn als alleiniger Autor. Auf die immense Vortragstätigkeit wurde bereits verwiesen; hinzu kommt eine langjährige Tätigkeit als Kommentator für Rundfunk, Fernsehen und Tageszeitungen. Ellwein war Mitglied des Deutschen Presserates, Mitglied in so wichtigen Kommissionen wie etwa dem Wissenschaftlichen Beirat für Fragen der Wahlrechtsreform, der Bildungskommission beim Bundesminister der Verteidigung und derjenigen zur Gesetzes- und Verwaltungsvereinfachung in Nordrhein-Westfalen, bei letzteren führte er auch den Vorsitz. Direkten politischen Einfluß gewann Ellwein als Gemeinderat, Mitglied eines Kreistages und als Direktkandidat für die SPD im Bundestagswahlkreis Starnberg. Schließlich seien auch nicht vergessen die Präsidentschaften an der Hochschule für Erziehung in Frankfurt, an der Hochschule der Bundeswehr in Hamburg, jene mehrjährige für das Deutsche Studentenwerk sowie zwei Amtsperioden in schwierigen verbandspolitischen Zeiten als Vorsitzender der Deutschen Vereinigung für Politische Wissenschaft" (ZOLL 1987, S. 9).

Es ist nicht einfach zu entscheiden, was die wichtigsten Beiträge ELLWEINs zur Analyse des politischen Systems der Bundesrepublik sind. Das Standardwerk zum Regierungssystem der Bundesrepublik (1963, 5. Aufl. 1983), das lange den Ehrentitel „Der Ellwein" trug und nun in der 6. Auflage mit Joachim Jens HESSE bearbeitet wurde (ELLWEIN/HESSE 1992), ragt sicher heraus. Aber auch die „Politische Verhaltenslehre" (1964, 7. Aufl. 1972) ist besonders für die politische Bildung sehr einflußreich gewesen. Als dritter Schwerpunkt sind seine Arbeiten zur politikwissenschaftlichen Verwaltungslehre zu nennen (1976).

ELLWEIN ist sicher ganz besonders zu verdanken, daß das Juristenmonopol der Verwaltungswissenschaften zugunsten sozial- und politikwissenschaftlicher Problem- und Fragestellungen sowie Methoden aufgebrochen werden konnte. ELLWEINs Leistung besteht in der Verbindung von politischer Bildung, Politikwissenschaft, Politikberatung, Wissenschaftsmanagement und politikwissenschaftlicher Verwaltungsforschung, in der Verknüpfung von historischen, juristischen, normativen, empirischen und reformkritischen Ansätzen. Selbst Fernsehdrehbücher und Satiren sind in seinem Werk zu finden (1987a). Wie bei den meisten der bekanntesten deutschen Politologen – etwa v. BEYME, BÖHRET, BRACHER, FETSCHER – verbindet sich mit ELLWEINs Namen kein bestimmtes theoretisches Profil, sondern eine immense forschungsintegrierende, forschungssystematisierende und damit forschungsinspirierende Leistung.

Karl Dietrich Bracher:
Zeithistoriker und Politologe

Karl Dietrich Bracher, geboren 1922, promovierte 1948 in Tübingen mit einer Arbeit über „Fortschritt und Verfall in der frühen römischen Kaiserzeit". Von den althistorischen und geschichts-philosophischen Fragen der Antike und neueren Geschichte wandte er sich, seit er 1950 an der Berliner Freien Universität tätig war, zunehmend zeithistorischen Fragen zu, insbesondere dem Zerfall der Weimarer Republik und dem Aufstieg des Nationalsozialismus. 1959 übernahm er den neuen Lehrstuhl für Politische Wissenschaft und Zeitgeschichte an der Universität Bonn, den er trotz vieler ehrenhafter Rufe ins Ausland und neben zahlreichen Gastaufenthalten (Harvard, Princeton, Stanford, Florenz, Oxford, Tel Aviv, Tokyo) bis zu seiner Emeritierung 1987 innehielt.

„Seit der Berliner Zeit hat sich Bracher aber besonders jenen zeitgeschichtlichen Fragen zugewandt, die zugleich für die Neubegründung und Entwicklung einer deutschen Politikwissenschaft nach 1945 von Bedeutung waren. Es entstanden die großen strukturgeschichtlichen Werke über die Weimarer Republik, den Nationalsozialismus und das ‚Dritte Reich', die als Analysen zum Problem des Machtverfalls, des Machtvakuums und der Machtergreifung angelegt sind, ferner zur zweiten deutschen Demokratie der Bundesrepublik und zur Weltgeschichte Europas seit 1917. Damit verknüpft sind Arbeiten zur empirisch-komparativen Untersuchung der politischen Systeme, zum Totalitarismus und Faschismus, zu Problemen der Parlamentsdemokratie und zum Verhältnis von Innen- und Außenpolitik. Im Mittelpunkt steht die Frage nach den Modifikationsformen der modernen liberalen Demokratie, die im Blick auf die Erfahrungen des Scheiterns in der Zwischenkriegszeit und die fortdauernden Bedrohungen durch Rechts- und Linksdiktaturen erforderlich sind. Die Verbindung historisch-philosophischer und systematisch-strukturanalytischer Studien mündet in den Versuch, aus dem westlichen Staats- und Gesellschaftsdenken und der jüngsten geschichtlichen Erfahrung zugleich Maßstäbe für eine gemäßigte Politik zu entwickeln, die gleich weit entfernt ist von autoritärem und technokratischem Staatstraditionalismus wie von revolutionaristischem Utopismus. Angesichts der fortbestehenden Anfälligkeit der modernen Gesellschaft gegenüber totalitären Tendenzen warnen die jüngsten Arbeiten vor der (modischen) Neigung zur Diffamierung der Totalitarismuskritik und zur Vergröberung politischer Begriffe wie Faschismus, Imperialismus oder Demokratisierung. Auch die umfassende Beschäftigung mit politischen Schlüsseltheorien und Formen der Ideologisierung dient dieser Bemühung" (v. BERNSDORF/KNOSPE 1984, S. 100).

BRACHER repräsentiert die zeitgeschichtliche, historische Tradition in der deutschen Politikwissenschaft. Seine Hauptwerke sind „Die Auflösung der Weimarer Republik" (1955, 6. Aufl. 1978), „Die Nationalsozialistische Machtergreifung" (1960, 3. Aufl. 1974) und „Die deutsche Diktatur" (1969, 6. Aufl. 1979), die in viele Sprachen übersetzt wurden. Er war besonders in den sechziger Jahren auch ein streitbarer, linksliberaler Publizist, der sich öffentlich gegen Große Koalition, Notstandsgesetzgebung und konservative Tendenzen im CDU-Staat der Nachkriegsgesellschaft engagierte. In den siebziger Jahren fühlte er sich abgestoßen durch die Studentenbewegung und den Neo-Marxismus an den Hochschulen und wandte sich stärker konservativen und warnenden Positionen gegenüber einem Totalitarismus von links und rechts in der gegenwärtigen „Zeit der Ideologien" (1982) zu. In seiner späten Berliner und frühen Bonner Zeit hat er sich intensiv beim Aufbau der deutschen Politikwissenschaft als neuer Disziplin engagiert und war einer der Gründungsherausgeber der „Politischen Vierteljahresschrift", später ist er Mitherausgeber der „Vierteljahreshefte für Zeitgeschichte" geworden.

BRACHERs Hauptleistung liegt in seinem Brückenschlag von der Zeitgeschichte zur Politikwissenschaft. Seine Bücher gehören zu den international bekannten Standardwerken. Er half, das schwierige Verhältnis zwischen Geschichte und Politologie, das von vielen Mißverständnissen und Eifersüchteleien gekennzeichnet ist, zu entspannen. Das zeigt sich auch an den zahlreichen historischen Beiträgen zu seiner Festschrift (FUNKE u.a. 1987). BRACHER mahnt, daß Forschungen zum politischen System der Bundesrepublik nie losgelöst von zeithistorischen und geistesgeschichtlichen Kenntnissen und Erkenntnissen betrieben werden dürfen.

Kurt Sontheimer, geboren 1928, promovierte in Erlangen 1953 mit einer Arbeit über „Die amerikanische Soziologie als Organ des Konformismus". Nach Professuren in Osnabrück und Berlin lehrt er seit 1969 am Geschwister-Scholl-Institut für Politische Wissenschaft der Universität München. Sein wissenschaftliches Hauptwerk wird von ihm selbst im Vorwort zu seiner Streitschrift „Das Elend unserer Intellektuellen. Linke Theorien in der Bundesrepublik Deutschland" (1976) so charakterisiert:

Kurt Sontheimer: Lehrbuchautor und Zeitkritiker

„Das größere wissenschaftliche Werk, dem ich eine gewisse, auch über die nationalen Grenzen hinausreichende Reputation verdanke, war meine Habilitationsschrift, eine Untersuchung über ‚Antidemokratisches Denken in der Weimarer Republik' (1. Auflage 1962). Gegenstand dieses Buches waren die nationalistischen Ideen und Ideologien im Vorfeld des Nationalsozialismus, die in Verbindung mit den bekannten institutionellen, ökonomischen und außenpolitischen Krisen und Belastungen nach meiner Auffassung zur inneren Schwächung und schließlich zum Untergang der Weimarer Republik wesentlich beigetragen haben. Es handelte sich dabei vor allem um das Ideengut einer konservativen ‚Revolution von Rechts‘, während es die liberale Mitte und die geistige Linke waren, die damals die Grundwerte und Grundfreiheiten der neuen Republik gegenüber dem Ansturm konservativer Ideen verteidigten" (SONTHEIMER 1976, S. 9f.).

Nach diesem stärker systematisch, ideologiekritisch argumentierenden Werk, das weniger chronologisch und zeithistorisch aufgebaut war wie die Schriften BRACHERs, publizierte SONTHEIMER eine Reihe von wichtigen Handbüchern und Einführungstexten zum politischen System der Bundesrepublik, so das „Handbuch des deutschen Parlamentarismus" (RÖHRING/SONTHEIMER 1970), später „Handbuch des politischen Systems der Bundesrepublik Deutschland" (SONTHEIMER/RÖHRING 1977), die „Grundzüge des politischen Systems der Bundesrepublik Deutschland" (1971, 14. Aufl. 1989) sowie „Das politische System Großbritanniens" (1972).

Wie BRACHER fand sich auch SONTHEIMER als Linksliberaler abgestoßen von der Neuen Linken der Studentenbewegung. Während BRACHER eher mit geistesgeschichtlichen und begriffskritischen Werken reagierte, griff SONTHEIMER frontal an, insbesondere mit seinem Werk vom „Elend unserer Intellektuellen" (1976). In den beiden ersten Jahrzehnten, so argumentierte er im Vorwort, seien die ideologischen Fronten zwischen Rechts und Links viel entspannter als in der Weimarer Republik gewesen. Ein breiter Grundwertekonsens sei eingetreten, kaum gestört von radikaleren Ausschlägen. Dies änderte sich seit Beginn der sechziger Jahre und in deren Mitte mit dem Auftreten der rechtsradikalen NPD, die zeitweilig das etablierte Parteiensystem bedrohte. Und er sagt weiter:

„In einer Anfang 1970 erschienenen Broschüre (‚Der Überdruß an der Demokratie‘, Köln, Vorwort von Helmut Schmidt) beurteilte ich die politische Gefahr, die von einer weiter erstarkenden nationalistischen Welle ausgehen könnte, noch als potentiell größer als die Gefährdung durch die im Studentenprotest sich artikulierende, radikale Infragestellung des herrschenden demokratischen Systems von links. Die Gefahr, die ich 1969 für die geistige und politische Stabilität der Bundesrepublik glaubte diagnostizieren zu können, kennzeichnete ich damals mit den Worten: ‚Sie liegt vor allem darin, daß in beiden Gruppen, der Linken wie der Rechten, ein *fatales totalitäres Politikverständnis* durchschlägt, das, sollte es sich allgemein durchsetzen, zur allmählichen Zerstörung der Demokratie führen muß. Nicht von ungefähr sind es die *Liberalen*, die in beiden Lagern mit Vorliebe diffamiert werden, weil sie Fahnen als politische Leitsymbole verabscheuen, weil für sie Politik nicht Ordnungsfaktor und Ausdruck staatlicher oder völkischer Einheit noch Ausfluß einer die geschichtliche Wahrheit verkörpernden Diktatur einer Klasse sein kann, sondern ein Mittel der Versöhnung, ein Regulator von Konflikten, ein Ausdruck der Freiheit.‘ Sechs Jahre später ist der Rechtsradikalismus politisch fast untergegangen oder von konservativen Parteien mehr oder weniger absorbiert worden, während die radikale Linke mit ihrem neuen Theoriebewußtsein zwar organisatorisch und in Wahlen wenig Terrain hinzugewinnen konnte, sich aber in ihrer Beeinflussung des Geistes der Zeit und des politischen Bewußtseins der Bundesrepublik außerordentlich erfolgreich und folgenreich erwies" (SONTHEIMER 1976, S. 10f.).

Leider kann 1993 von einem Rückgang des Rechtsradikalismus nicht mehr geredet werden. Er hat sich mit Fremdenhaß und Mordanschlägen schrecklich zurückgemeldet.

SONTHEIMER gehört mit diesem Buch und mit weiteren zeitkritischen Werken nolens volens zu den Politologen, die eine kritische, auch polemische „Lageanalyse" als wissenschaftliche Aufgabe ansehen (ARNDT 1978). Dazu gehört ebenso der Soziologe Helmut SCHELSKY mit seinem Werk „Die Arbeit tun die anderen" (1975). Aus dem heutigen Rückblick wird man manche dieser Polemiken bis zur Karikatur überzogen ansehen, wenn die linken Theorien des Neo-Marxismus als „die bislang mächtigste und am schwierigsten zu parierende geistige Herausforderung der westlichen Idee einer Zivilisation der Freiheit und Humanität" (SONTHEIMER 1976, S. 25) hochstilisiert werden – gerade wenn man auch bedenkt, wie kläglich der „reale" Sozialismus an seinen eigenen Unzulänglichkeiten gescheitert ist.

Es bleibt aber eine wichtige Leistung Kurt SONTHEIMERs, das politische System der Bundesrepublik übersichtlich erschlossen und in zahlreichen publizistischen Beiträgen als Politologe öffentlich Position bezogen zu haben. Dieses Engagement brachte ihm auch 1985 den Ernst-Robert-Curtius-Preis für Essayistik ein. Er gehört mit diesem Engagement zu den in der Öffentlichkeit bekanntesten deutschen Politologen.

Hans-Hermann Hartwich, geboren 1928, entstammt der ersten Generation von Schülern der Berliner Deutschen Hochschule für Politik. Er promovierte in Berlin 1959 über den „Einfluß des Staates auf die Regelung der Lohn- und Arbeitsbedingungen in der Berliner Metallindustrie 1918-1933". Er war damit einer der ersten Schüler Gert von EYNERNs, der mit seiner „Politischen Wirtschaftslehre" (1968) die ökonomisch inspirierte Orientierung in der frühen Politikwissenschaft repräsentierte. Auch in seinem Hauptwerk „Sozialstaatspostulat und gesellschaftlicher status quo" (1978), die wichtigste kritische Auseinandersetzung mit der konservativen Verklammerung von Rechtsstaat und dem Einfrieren gesellschaftlicher Besitz- und Machtverhältnisse in der Bundesrepublik der fünfziger und sechziger Jahre, ist diese Orientierung deutlich. In der Festschrift für HARTWICH charakterisiert Carl BÖHRET dieses Werk so:

„Hartwich interessiert sich für den Sozialstaat und seine problematische Verwirklichung in der Bundesrepublik aus politikwissenschaftlichem Erkenntnisinteresse und auch aus spezifisch politischer Neigung. Er beschäftigt sich mit dem Sozialstaat, weil er sich für Demokratie, für Reformen, für sozialen Wandel und nicht zuletzt für die Rolle des Staates in der modernen Gesellschaft interessiert. Dabei geht es ihm um die adäquate Bewältigung des sozialen Wandels, ja um dessen Gestaltung. Der Staat soll nicht der Entwicklung hinterherlaufen, sondern er hat die Aufgabe, sie zu beeinflussen. Eine Konsequenz aus dem Interesse an Demokratie und an sozialem Wandel ist die Beschäftigung mit den Bedingungen und Problemen der staatlichen Reformpolitik und ihrer Grenzen; also auch mit den ‚Handlungsspielräumen' des Sozialstaats" (BÖHRET 1990, S. 274).

Ab 1972 lehrte HARTWICH an der Hamburger Universität, in jüngster Zeit hat er sich für den Neuaufbau der Politikwissenschaft an der Universität Halle engagiert. Er war fachpolitisch überaus aktiv, insbesondere folgte er 1983 auf Thomas ELLWEIN als Vorsitzender der Deutschen Vereinigung für Politische Wissenschaft. Unter seinem Vorsitz hat er wichtige Kongresse und Symposien inspiriert und organisiert, aus denen bemerkenswerte Tagungsbände hervorgingen (HARTWICH 1985, 1987, 1988). Er hat zur Erneuerung der Deutschen Vereinigung für Politische Wissenschaft in den achtziger Jahren und zur Belebung der Politikwissenschaft insgesamt wesentlich beigetragen. BÖHRET faßt die drei großen Stränge der Arbeit HARTWICHs als Politikwissenschaftler von den Anfängen bis heute so zusammen:

Hans-Hermann Hartwich:
Vom Sozialstaatspostulat
zur Regierungslehre

97

„1. das durchgängige Interesse an der politischen Bedeutung der Wirtschaft und der Arbeitsbeziehungen, wozu neuerdings auch die politikbezogene Analyse der Technik gehört;
2. die tiefschürfende Aufmerksamkeit gegenüber Staat, Regierung und Verfassung – und
3. die Neigung zum Transfer aller Erkenntnis in die politische Bildung und die politologische Lehre.

In allen drei Feldern hat Hartwich Bedeutendes geleistet; er ist ein Politikanalytiker von hoher Solidität, ausgestattet mit bemerkenswerter wissenschaftlicher Neugier und empirischem Erkundungswillen sowie mit einem Gespür für die historischen Dimensionen. Er ist zwar weder ein geborener noch gelernter Theoretiker i.e.S.; aber er versteht es vorzüglich, Empirie und Theorie so zu verknüpfen, daß Erkenntniszugewinne selbstverständlich sind" (BÖHRET 1990, S. 271).

Sein eigentliches Wissenschafts-Credo liege aber darin:

„Im Grunde gilt Hartwichs zentrales Erkenntnisinteresse einer Wiederbelebung – wenn nicht überhaupt erst einer richtigen Etablierung – der *Regierungslehre*. Es geht ihm dabei um die Möglichkeiten des Regierens, um deren institutionelle und prozessuale Voraussetzungen und Konsequenzen. Dies ist nun allerdings ein zentrales Thema der Politikwissenschaft, das ihr eigentlich auch keiner richtig streitig macht. Nur – sie selbst nahm es bisher als ihr ureigenstes Feld noch gar nicht so richtig wahr" (BÖHRET 1990, S. 10).

Aber nicht nur wissenschaftliche Publikationen und Wissenschaftsmanagement zeichnen ihn aus, sondern auch ein großes Engagement in politischer Bildung und Fachdidaktik, z.B. als Mitherausgeber der Zeitschrift „Gegenwartskunde" oder als Mitverfasser des verbreiteten Lehr- und Lehrerbuches „Politik im 20. Jahrhundert" (1974). HARTWICH gehört zu denjenigen, die immer wieder Brücken schlagen wollten zwischen den Kernbereichen der Regierungslehre und den ausufernden „policies" der Bindestrich-Politologien in der Politikfeldanalyse. Seinem Engagement sind Debatten zu verdanken, die einem Auseinanderbrechen der Disziplin entgegenwirken konnten.

Zwischenfazit   Blickt man kurz zurück auf die vier Repräsentanten des Faches im Forschungsfeld „Politisches System der Bundesrepublik", so werden vier Orientierungen deutlich: bei ELLWEIN die ursprünglich juristische, die auf eine Integration von Politik- und Verwaltungsforschung verweist, bei BRACHER die ursprünglich historische, die auf eine Verbindung von Zeitgeschichte und Politik angelegt ist, bei SONTHEIMER eine ursprünglich soziologische, die auf Integration von Politik und kritischer Publizistik zielt und bei HARTWICH schließlich eine ursprünglich ökonomische, die heute die Verknüpfung von Politikwissenschaft als Regierungslehre und Politikfeldanalysen anstrebt. Auch die vier Unterbereiche aus dem Mustercurriculum der Studienreformkommission werden von den vier Wissenschaftlern repräsentiert: die geschichtlichen Grundlagen von BRACHER, das Verfassungs- und Regierungssystem von ELLWEIN, die politische Sozialisation und Kommunikation am ehesten von SONTHEIMER und Aspekte der Wirtschafts- und Sozialstruktur von HARTWICH.

Politisches System der   Noch kaum die Rede war von dem Wandel des politischen Systems der Bun-
BRD alt und neu   desrepublik durch die deutsche Einheit. Durch die Art und Weise des Anschlusses gemäß Art. 23 des Grundgesetzes hat sich an den grundlegenden Strukturen des Regierungssystems tatsächlich wenig geändert, das Grundgesetz wird wohl nur marginal novelliert und nicht durch eine neue Verfassung ersetzt werden, wie manche fordern. Die Politikwissenschaft hat durchaus schon überraschend schnell auf die neue Situation reagiert, nachdem man ihr zu Recht vorwerfen

konnte, wenig Prognosen zu diesem überraschenden Wandel beigesteuert zu haben. Nicht nur schnelle Sammelbände und Reader sind erschienen (z.B. MUSZYNSKI 1991), sondern auch zwei der wichtigsten und empfehlenswertesten Einführungen in das politische System der Bundesrepublik sind bereits mit völlig überarbeiteten Neuauflagen auf dem Markt, die die deutsche Einheit berücksichtigen (v. BEYME 1991, RUDZIO 1991). Die beiden anderen größeren Handbücher, die für eine gründliche Fundierung des Kenntnisstandes zum politischen System am meisten empfohlen werden können – das große Handbuch von ELLWEIN/HESSE und das Studienbuch von BÖHRET u.a., das Innenpolitik mit politischer Theorie integriert – sollen demnächst in Neubearbeitungen erscheinen.

Klaus v. BEYME berichtet in seinem Vorwort zu der Neuausgabe von einem ganz persönlichen Schock. Er glaubte eigentlich, daß nach der deutschen Einheit von seinem alten Buch nicht viel behalten werden könne. Und er stellte zu seiner großen Überraschung fest:

„Die Struktur des Aufbaus des alten Buches kann wenig verändert beibehalten werden. Der Prozeß der publizistischen Adaption an das neue größere System zeigt das Problem in der Sache: es wird ein asymmetrisches System beschrieben, in dem die Grundstruktur dem Muster der Bundesrepublik folgt" (v. BEYME 1991a, S. 12f.).

Noch ist dieses neue, größere politische System der Bundesrepublik ein synthetisches Retortenprodukt. Die reale „Politische Soziologie" in Deutschland – die Einstellungen und das Verhalten, die intermediären Gruppen und Sozial- und Wirtschaftslage – sie alle lassen sich nicht so schnell transplantieren wie Parlamentarismus und Rechtsstaat. Wie lange Zeit dies zum Zusammenwachsen braucht, kann auch ein Politologe nicht zuverlässig prognostizieren.

4.4 Politikfelder

4.4.1 Feldskizze

Politik war für die deutsche Politikwissenschaft bis etwa zur Mitte der 60er Jahre reduziert auf politische Ordnungsmodelle (*polity*) und Konsens- und Konfliktprozesse politischer Willensbildung (*politics*). Mit der Politikfeldanalyse wird ein weiterer Aspekt von Politik zum Gegenstand der Analyse, nämlich die Beschreibung und Erklärung des politischen *outputs*, der materiellen Ergebnisse von Politik (*policy*).

Bei einer Politikfeldanalyse geht es um die Analyse staatlicher Intervention in wirtschaftliche und gesellschaftliche Entwicklungen. Die materielle, inhaltliche Politik – ob Bildungspolitik, Gesundheitspolitik oder Umweltpolitik – wird zum Gegenstand genommen, statt generelle politische Institutionen, Strukturen und Prozesse in den Vordergrund zu stellen.

Die Entwicklung der Politikfeldanalyse in der Bundesrepublik hat spezifische sozio-politische Ursachen. Ein breiter Reformkonsens, verbunden mit dem politischen Reformwillen einer sozialdemokratisch-liberalen Regierung, produzierte

Anstoß durch Reformpolitik

Anfang der 70er Jahre Konzepte zur Neugestaltung politischer Steuerung von gesellschaftlich relevanten Problemen. In diesen Reformaufbruch fällt auch die stärkere Einbeziehung von Sozialwissenschaftlern in den Prozeß der Politikberatung durch Beteiligung in Kommissionen und Vergabe von Gutachten, Aufträgen, etc. sowie allgemein die Entstehung einer „Wissenschaftsgemeinde" (*policy research community*). Ihren Höhepunkt erlebte diese Konjunktur einer politikberatenden Sozialwissenschaft in den über 140 Einzelbänden und dem zusammenfassenden Ergebnisband der „Kommission für wirtschaftlichen und sozialen Wandel" (1977).

Die Phase der Euphorie über die Möglichkeiten der wissenschaftlich angeleiteten Umsetzung politischer Reformen endete ca. Mitte der 70er Jahre. Die folgende Phase der „Desillusionierung" über die Machbarkeit politischer Planung ist aber nicht nur mit negativen Vorzeichen für die Politikfeldanalyse zu betrachten:

> „Je weiter sie sich von den Möglichkeiten einer unmittelbaren Umsetzung ihrer Ergebnisse in die praktische Politik entfernte, desto theoriebewußter und selbstbezogener wurde sie. Angesichts der neu aufgetretenen Schwierigkeiten für eine Reformpolitik, aber auch angesichts nichtintendierter Wirkungen bereits institutionalisierter Programme lag es für die Policy-Forschung nahe, deren Implementation und Evaluierung zu neuen Forschungsschwerpunkten zu machen" (STURM 1986, S. 232).

Vollzugsdefizite

Waren Planung und Programmformulierung die konzeptionelle Grundlage in der Phase der Reformeuphorie, so verschob sich der Brennpunkt der Forschungsinteressen auf *Vollzugsdefizite*, d.h. auf die Umstände, warum die erhofften Erfolge ausblieben, bzw. Ziele nicht in dem erstrebten Maße erreicht werden konnten. Vollzugsdefizite wurden vor allem in der Phase der administrativen Umsetzung politischer Programme vermutet, der *Implementation*. Politikfeldanalysen konzentrierten sich auf Regelmäßigkeiten im Zusammenspiel von Programmtyp, Adressatenfeld und Implementationsstruktur (MAYNTZ 1983).

Implementation

Evaluation

Eine weitere Wachstumsbranche dieser Phase ist die *Evaluation* politischer Programme. Diese ist breiter aufgefächert in die mehr oder weniger umfassende Bewertung von Politik anhand der Qualität des konkreten Ergebnisses (der politischen Maßnahme selbst), der Veränderungen, die bei den Adressaten der Politik zu beobachten sind oder auch der beabsichtigten und vor allem nicht-beabsichtigten Auswirkungen (HELLSTERN/WOLLMANN 1984). Ziel ist es hierbei, mit wissenschaftlichen Methoden zu ermitteln, wie effektiv (in welchem Ausmaß hat ein Programm sein Ziel erreicht?) und wie effizient (in welchem Verhältnis stehen Kosten und Nutzen einer Maßnahme?) Programme sind. Bei der Frage der politischen Verwertung von Evaluationsergebnissen ist zunehmend „Desillusionierung" festzustellen. Auf kritische Einschätzungen des Booms der Policy-Analyse in jüngerer Zeit habe ich oben (vgl. Kap 2.3) bereits hingewiesen.

Politikfeldanalyse ist heute eine etablierte Forschungsrichtung der bundesdeutschen Politikwissenschaft. Sie gilt zwar als ‚Neuling', wird aber als Erweiterung und Ergänzung des Spektrums traditioneller Politikforschung angesehen und, wie auch eine Befragung von Hochschullehrern und wissenschaftlichem Nachwuchs zeigte, als zentrales Tätigkeitsfeld betrachtet (BÖHRET 1985). Die Etablierung policy-orientierter Forschung führte in der bundesdeutschen Politikwissenschaft allerdings weder zu einer eindeutigen Abgrenzung und Definition der Forschungsperspektive Politikfeldanalyse, noch zu einer Einigung über eine theore-

100

tische, methodische und konzeptionelle Identität. So stellt Carl BÖHRET in seiner Studie zum Stand und zur Orientierung der deutschen Politikwissenschaft fest:

„Problematisch ist die Beschreibung und Zuordnung dessen, was Policy-Forschung oder gar policy-orientierte Analyse sei. Aus der Literatur ließ sich dies verbindlich gar nicht klären" (BÖHRET 1985, S. 228).

Der kleinste gemeinsame Nenner besteht immer noch aus den Kernfragen der Politikfeldanalyse als wissenschaftliche Forschungsperspektive von Thomas R. DYE:

„policy analysis is finding out what governments do, why they do it, and what difference it makes" (DYE 1976, S. 1).

Die zentralen Element einer *policy*-Studie sind somit Inhalt (*what*), Determinanten bzw. Bestimmungsgründe (*why*) und Wirkungszusammenhänge (*what difference it makes*) staatlicher Politik. Dieses breit formulierte Erkenntnisinteresse und Forschungsziel enthält die Verbindung zweier Dimensionen, nämlich die Verschränkung von materiellen Aspekten – Wissen über Politikfelder – mit eher strukturellen Aspekten der Art und Weise der Problemverarbeitung durch das politisch-administrative System.

4.4.2 Fachvertreter und Forschungserträge

Fritz W. Scharpf, geboren 1935, ist einer der Direktoren des Max-Planck-Institutes für Gesellschaftsforschung in Köln. Zuvor war er ab 1968 Professor für Verwaltungswissenschaften an der Universität Konstanz. Er ging 1973 an das neugegründete Wissenschaftszentrum Berlin (WZB) und wurde Direktor des Internationalen Instituts für Management und Verwaltung (Schwerpunkt Arbeitsmarktpolitik). SCHARPF hat ursprünglich einen juristischen Hintergrund, so promovierte er 1964 in Freiburg/Br. über die Verfassungsrechtsprechung in den USA und unterrichtete auch als Ass. Prof. of Law an der Yale University und an der Universität von Chicago (1964-1966).

Fritz W. Scharpf: Analytiker der Politikverflechtung und der Arbeitsmarktpolitik

Zentrale Arbeitsfelder von SCHARPF bezogen sich zunächst auf Fragen politischer Steuerung (1973, 1974) sowie auf die Demokratietheorie (1970). Wegweisend für die Politikforschung ist sein „Klassiker" zum Thema Politikverflechtung – Theorie und Empirie des kooperativen Bundesstaates (1976 und 1977, mit Fritz SCHNABEL und Bernd REISSERT). Hier arbeitet er das für das föderative System der Bundesrepublik typische Konfliktregelungsmuster seit den 60er Jahren heraus: Der kooperative Bundesstaat bildet unter Wachstumsbedingungen ein Konfliktregelungsmuster aus, welches inhaltliche Probleme als Verteilungskonflikte behandelt und diese nur lösen kann, wenn die Verteilung im Niveau, nicht aber in der Struktur verändert wird. Diesen Ansatz hat er in weiteren Arbeiten in gegenständlicher und theoretisch-empirischer Hinsicht vertieft. Neuere Beiträge beschäftigen sich mit der Analyse der Klärung der Funktionsweise komplexer Verhandlungssysteme, die den Prozeß der Politikformulierung und -implementation zunehmend dominieren (1991).

Sein Beitrag „Institutionelle Bedingungen der Arbeitsmarkt- und Beschäftigungspolitik" (1983) ist im Rahmen seiner Tätigkeit am WZB zu sehen und bezieht sich auf das Buch „Implementationsprobleme offensiver Arbeitsmarktpolitik" (SCHARPF u.a. 1982), in der er die Wirkung des Sonderprogramms der Bundesregierung für Regionen mit besonderen Beschäftigungsproblemen analysiert. Ausgangspunkt ist der Anstieg der Arbeitslosigkeit in der Bundesrepublik zu Beginn der 80er Jahre über die 2-Millionen-Grenze, die auf politischer Seite verbunden ist mit einer gewissen Ratlosigkeit. Keines der von Wissenschaft und Politik angebotenen Rezepte einer angebots- und nachfrageorientierten Politik konnte durchgreifen; die Erfahrungen mit den Rezepten in anderen Ländern sind ambivalent.

SCHARPF zeigt nun, daß in der (damaligen) weltwirtschaftlichen Situation rein angebotsorientierte Strategien aus ökonomischen Gründen nicht überzeugen, während die nachfrageorientierte Strategie im Rahmen der sog. Wende politisch blockiert ist.

Aussichtsreich erscheinen Scharpf nur Strategien, die dem doppelten Kriterium der institutionellen Machbarkeit und der ökonomischen Wirksamkeit genügen. Er wählt dabei Politikfelder, in denen nach seiner Ansicht die ökonomischen Rahmenbedingungen beschäftigungspolitische Erfolge erlauben würden, nämlich:

– die Förderung der Beschäftigung in Klein- und Mittelunternehmen;
– die Ausweitung von ABM sowie aktive Arbeitsmarktpolitik und
– die Arbeitszeitpolitik, die auf Umverteilung des vorhandenen Arbeitsvolumens ausgerichtet ist.

In allen drei Bereichen ist mit institutionellen Problemen zu rechnen. Erstens ist die Förderung von kleinen und mittleren Unternehmen in hohem Maße abhängig von der Leistungsfähigkeit einer administrativen Struktur auf lokaler Ebene. Diese ist durch zentralstaatliche Programme nicht unmittelbar beeinflußbar. Zweitens ist für die aktive Arbeitsmarktpolitik zwar ein eigener, bundesweiter Verwaltungsunterbau vorhanden (die Arbeitsämter), allerdings sind gerade die beiden wichtigsten Instrumente – ABM sowie Fortbildungs- und Umschulungsmaßnahmen – auf die Mitwirkung selbständiger Trägerverbände und auf Trägerorganisationen angewiesen. Diese Akteure zusammen bilden die notwendige Infrastruktur. Kooperative Strukturen werden ge- oder zerstört, wenn das Vertrauen der Kooperationspartner durch einschneidende Programmänderungen enttäuscht wird (Beispiel Haushaltsstrukturgesetz 1975, Arbeitsförderungs-Konsolidierungsgesetzes 1981).

Schließlich läßt sich bei der Arbeitszeitpolitik zeigen, daß weder eine generelle Arbeitszeitverkürzung noch die verstärkte Förderung der Teilzeitarbeit zwischen Arbeitnehmer- und -geberorganisationen konsensfähig ist. Ein etwaiger „Beschäftigungspakt", der auf Arbeitsumverteilung zielt, könne nur dann zustandekommen, wenn staatliche Politik in die „moralische Pflicht" genommen wird, d.h. eine politische Initiative zur Überwindung institutioneller Blockaden unternommen wird. Die Voraussetzungen sind unter dem Kohl-Kabinett nicht gegeben, das zwar über erweiterte politische Handlungsspielräume verfügt(e) (kein Bundesrats-Veto), die Nutzung für beschäftigungspolitische Initiativen aber eher gering ist/war.

Fritz W. SCHARPF zählt gerade auch im internationalen, angelsächsisch geprägten Wissenschaftsraum zu den profiliertesten deutschen Politologen. Die formale Spieltheorie und die „rational-choice"-Forschung hat er intensiv rezipiert und weiterentwickelt. Er ist als Politikberater (vgl. z.B. HAUFF/SCHARPF 1975, SCHARPF 1987) gefragt und als Politiklehrer einflußreich auf eine große Zahl von Schülern und jüngeren Kollegen.

Carl Böhret, Jahrgang 1933, ist seit 1974 Professor für Politische Wissenschaft an der Hochschule für Verwaltungswissenschaft, Speyer. Zuvor war er von 1971-1974 Professor für Politische Wissenschaft und Politische Ökonomie an der FU Berlin. Seine zentralen Arbeitsfelder sind Theorie und Praxis politischer Planung (1970), Optimierung der Gesetzgebung (BÖHRET/HUGGER 1980), Bedingungen der politischen Implementation (1985) sowie Folgen staatlicher Intervention, zunächst im Rahmen der Technologiefolgenabschätzung (BÖHRET/ FRANZ 1986), später und umfassender als Folgen der Industriegesellschaft (1990).

Carl Böhret:
Integrator von policy und politics

In seinem Beitrag „Handlungsspielräume und Steuerungspotential der regionalen Wirtschaftsförderung" (1979, mit Werner JANN und Eva KRONENWETT) beschäftigt er sich mit der Praxis der regionalen Wirtschaftsförderung in Hessen und Baden-Württemberg seit Anfang der 70er Jahre. Untersucht wird Programmausgestaltung und -implementation der wichtigsten Förderprogramme. Zum Zwecke der Untersuchung reduziert er das der Förderung strukturschwacher Räume zugrundeliegende Handlungsmodell folgendermaßen:

> „Gestalte mittels spezifischer Anreize die Kapitalertragsituation in strukturschwachen Räumen so günstig, daß Kapitalbesitzer zu Standort- und Investitionsentscheidungen zugunsten dieser Räume veranlaßt werden. Fördere gezielt, d.h. diskriminierend, indem die Fördermittel räumlich nur auf wenige Schwerpunkte konzentriert werden und damit sachlich möglichst hochwertige Arbeitsplätze (in fernabsatzorientierten Bereichen) geschaffen werden. Nur so stellen sich die gewünschten Entwicklungseffekte für eine Region ein" (BÖHRET/JANN/ KRONENWETT 1979, S. 79).

Ausgehend von der Frage, ob Diskriminierung tatsächlich stattfindet, wird dabei die Ausgestaltung der Förderpolitik untersucht. Dazu gehört zum einen der Handlungsspielraum im gegebenen System, d.h. inwieweit wird unter den gegebenen Bedingungen systemgerecht gehandelt? Zum anderen wird das Steuerungspotential der Instrumente thematisiert: Inwieweit wird das im Handlungsmodell vermutete Steuerungspotential überhaupt aktualisiert?

BÖHRET u.a. stellen dabei fest, daß im untersuchten Bereich nicht im Sinne des verlautbarten Handlungsmodells – diskriminierende Förderung mit bestimmten räumlichen und sachlichen Zielen – verfahren wird. Bei der Analyse der Programm-Konkretisierung (wie soll gefördert werden) zeigte sich, daß vor allem wenig räumliche Diskriminierung gegeben ist, d.h. viele Programme sind nicht regional gebunden, der potentielle Antragsteller hat deshalb die Auswahl. Es gibt wenig sachliche Diskriminierung: die Selektionskriterien der Gemeinschaftsaufgabe „Verbesserung der regionalen Wirtschaftsstruktur" werden nicht präzise formuliert (z.B. Arbeitsplätze) oder durch Konkretisierung „umgangen", indem z.B. neue Kriterien (Schwerpunktprinzip) eingeführt werden; dies setzt sich fort auf Landesebene (noch mehr Antragsteller, noch mehr Schwerpunktorte).

Bei der Analyse der Programmimplementation (wie wird gefördert) stellte sich heraus, daß insbesondere das Vergabeprinzip nicht Diskriminierung ist, sondern Gleichverteilung (Gießkannenprinzip). Zudem orientiert sich die Förderung an den Wünschen der (potentiellen) Klientel, nicht an (wie auch immer) „objektiven" Aspekten strukturpolitischer Steuerung. Dieses Ergebnis erklären BÖHRET u.a. aus bestimmten Rationalitäten:

- die Vielzahl und die Konkurrenz der Programme zeigt, daß bei der Wirtschaftsförderung sektorale Ziele die regionalen dominieren;
- die unpräzise Problem- und Zieldefinition gibt administrativen Entscheidungsträgern wenig brauchbare Entscheidungskriterien;
- die Definition von Branchen, die nicht gefördert werden sollen/können („Negativliste") ist mit erheblichen Konflikten verbunden;
- es liegt wenig gesichertes Wissen über Wirkungen und Wirkungszusammenhänge vor, was sich bei der Konkretisierung der Programme bemerkbar macht (welche Arbeitsplätze sind förderungswürdig, welche nicht).

Die Nicht-Diskriminierungskompetenz wird in diesem Bereich verstärkt durch die Orientierung des Personals zur Förderung, die bereitstehenden, nicht-knappen Mittel, ungenaue Zielgrößen der Vorgaben, die Adressateninteressen sowie einer Programmlogik, die auf *moving money* setzt.

Carl BÖHRET ist aber nicht nur als Politikfeldforscher bekannt und geachtet. Er hat sich auch Verdienste als Wissenschaftspolitiker (Rektor der Speyrer Hochschule für Verwaltungswissenschaft) und insbesondere als Politikwissenschaftsdidaktiker erworben. Sein in diesem Text schon oft zitiertes Werk „Innenpolitik und politische Theorie" (BÖHRET u.a. 1988) zählt zu den herausragenden Lehrbüchern des Faches. „Der Böhret" ist ein Markenzeichen, an dem kein Studierender im Grundstudium oder bei der Prüfungsvorbereitung vorbeigehen sollte.

Adrienne Windhoff-Héritier: Analytikerin der Politikimplementation **Adrienne Windhoff-Héritier** ist Schweizerin und Professorin für Politikwissenschaft und Politische Soziologie an der Universität Bielefeld, ein Lehrstuhl, den vorher Claus OFFE innehatte. Zuvor war sie seit 1981 Professorin für Politik- und Verwaltungswissenschaft an der Universität Konstanz. Ihre zentralen Arbeitsfelder sind die politische Implementation (1980), Politikfeldanalysen im Rahmen von Fragestellungen lokaler Politikforschung (1989) sowie Reflexionen zum *State of the Art* der Policy-Forschung (1983).

In ihrem Buch „Politikimplementation" (1980) beschäftigt sie sich mit dem Verhältnis von Ziel und Wirklichkeit politischer Entscheidungen am Beispiel des Arbeitssicherheitsgesetzes. Ausgangspunkt ihrer Überlegungen ist die – bisher zu wenig berücksichtigte – Bedeutung des Vollzugs politischer Maßnahmen durch „nachgeordnete" Ebenen. Statt zielgerechter Durchführung stelle sich zunehmend heraus, daß die angestrebten Ziele einer politischen Maßnahme von den praktischen Folgen dieser Entscheidung stark abweichen.

In dieser Sicht ist die Implementation eine von mehreren Phasen in einem Politikablaufmodell, die mit der Verabschiedung einer Entscheidung beginnt und mit deren Verwirklichung endet. Der Zeitraum dazwischen, d.h. die konkrete Umsetzung, ist abhängig von Interaktionsprozessen zwischen Organisation, Gruppen und Individuen. Das Arbeitssicherheitsgesetz ist ein „problembehaftetes" politisches Programm, weil es zwei ineinandergefügte Entscheidungsinhalte aufweist. Hier formulierte der Gesetzgeber einen Rahmenauftrag an die Adresse der Arbeitgeber. Der komplementäre Normgeber, die Berufsgenossenschaften, füllten diesen Auftrag teilweise mit detaillierten Vorschriften aus. Deren Einhaltung wird durch die Arbeitsschutzbehörden kontrolliert. Das Gesetz ist somit ein Programm mit innovativer Zielsetzung in Rahmenform mit erfahrungsgemäß geringen Chancen, auftragsgemäß durchgeführt zu werden. An der Durchführung wirken die Akteure entweder freiwillig mit und/oder haben einen großen Handlungsspielraum.

Im Rahmen dieser strukturellen Voraussetzungen findet ein komplexer Aushandlungsprozeß zwischen den beteiligten Akteuren statt, die das „Programmschicksal" dieses Gesetzes maßgeblich beeinflußten:

- der charakteristische Problemlösungsansatz bezieht sich auf den Schutz vor gesundheitlicher Schädigung am Arbeitsplatz, nicht auf die weitergehende Analyse, wie Arbeitsplätze optimal gestaltet sein müßten;
- der umfassende Ansatz wird nur unvollständig eingelöst aufgrund eingespielter Problemlösungsmuster, des gegebenen Spielraums und dem traditionellen Berufsverständnis von Betriebsärzten;
- der Programmauftrag wird nur dort erfüllt, wo die Aufgaben präzisiert sind und kontrolliert werden (können)
- die Gestaltung des umfassenden Ansatzes hängt wesentlich ab vom Engagement von Programmzielgruppen und Betriebsrat gegenüber Betriebsarzt, Sicherheitsfachkräften und Arbeitgebern;
- die Motivation von Beschäftigen in bezug auf Fragen der Arbeitsplatzsicherheit ist begrenzt, dient sie doch nicht der Verbesserung des Zustandes (z.B. Tragen von Sicherheitskleidung), sondern lediglich der Sicherung des gesundheitlichen status quo.

WINDHOFF-HÉRITIER zieht aus ihrer Untersuchung folgende „Lehre": Programme mit innovativer Zielsetzung, die von ihrer Aufgabenstellung her von den Trägern der Durchführung interpretierbar sind, gelangen nur unter einer Bedingung zur Ausführung: Die Programmadressaten, zu deren Gunsten die Umverteilung erfolgen soll, müssen sich im Durchführungsprozeß aktiv für das Programm einsetzen (WINDHOFF-HÉRITIER 1980, S. 225).

Adrienne WINDHOFF-HÉRITIER gehört zu den leider noch sehr wenigen Frauen auf deutschen politikwissenschaftlichen Lehrstühlen. Sie hat durch ihre Politikfeldanalysen soviel Anerkennung gefunden, daß sie vom Vorstand der DVPW zur Chefredakteurin der „Politischen Vierteljahresschrift" berufen wurde. Im übrigen ist sie Autorin eines der wenigen leicht verständlichen und gut lesbaren Einführungen in das Thema Politikfeldanalysen (WINHOFF-HÈRITIER 1987).

Martin Jänicke, Jahrgang 1937, ist seit 1970 Professor für vergleichende Analyse politischer Systeme am Fachbereich Politische Wissenschaft der Freien Universität Berlin. Er war von 1974-1976 externer Berater der Planungsabteilung des Bundeskanzleramtes, 1981-1983 Mitglied des Berliner Abgeordnetenhauses für die GRÜN-ALTERNATIVE LISTE und Mitbegründer des Instituts für ökologische Wirtschaftsforschung. JÄNICKE ist Mitglied im wissenschaftlichen Beirat der Zeitschrift NATUR und publiziert dort regelmäßig.

Zentrales Thema seiner Arbeit ist die Rolle des Staates im Industriesystem. Ausgangspunkt ist mehr oder weniger explizit politisches *Staatsversagen*: Die Unterlassung von längst überfälligen Entscheidungen (typisch: JÄNICKE 1986). Seine Beiträge sind Soll-Ist-Analysen staatlicher Intervention bzw. Nicht-Intervention. Er bezieht sich auf ein Politikfeld – meist Umweltpolitik (1978) – oder mehrere (1973, 1979), die mit der Lösung des interessierenden Mißverhältnisses zwischen Soll-Ist verbunden sind und analysiert die entsprechenden Instrumente und politischen Maßnahmen. Er versucht dann, die Gründe für die Zielabweichungen zu erklären, aber auch, eine Alternative zur Erreichung der ursprünglichen Ziele zu entwickeln und geht damit weit über gängige politikwissenschaftliche Lageanalysen hinaus.

Neuere Beiträge von JÄNICKE beschäftigen sich mit dem internationalen Vergleich von Umweltschutzpolitiken, konkret um die Erklärung relativer Umweltschutzerfolge (1985). Hierbei vertritt er die These, daß das Ausmaß wirksamer Umweltschutzanstrengungen abhängig ist vom ökologischen Problemdruck, dem Wohlstandsniveau sowie der Modernisierungskapazität, wie sie sich in unterschiedlichen ökonomisch-ökologischen Leistungsprofilen äußert.

JÄNICKE plädiert für einen grundlegenden Wandel: Es wird sich nur etwas ändern, wenn statt technischer Innovationen eine institutionelle Neuerung tritt. Er tritt somit ein für eine radikale Problemlösungsstrategie.

In seinem Beitrag „Blauer Himmel über den Industriestädten – eine optische Täuschung" (1977) kritisiert JÄNICKE die Strategie technologischer Symptombekämpfung. Er konstatiert, daß ein bestimmtes „Soll", in diesem Falle definiert als der Nutzen erhöhter staatlicher Auswendungen für den Umweltschutz (1-2% des BSP) nicht mit dem tatsächlichen „Ist" übereinstimmt. Dies liegt seiner Ansicht nach darin, daß das „internationalisierte, arbeitsteilige und großtechnologische Industriesystem" mit der wachsenden Menge seiner Güter auch wachsende Probleme erzeugt. Es gibt somit einen Zyklus von industrieller Problemproduktion und industrialisierter Problembewältigung: Ein wachsender Teil des Bruttosozialprodukts entsteht dadurch, daß das Industriesystem Medikamente für die von ihm selbst produzierten Krankheiten produziert, welche wiederum neue Nebenwirkungen hervorrufen.

Für die Nicht-Problemlösung sei der vorherrschende Typus politisch-administrativer Problemlösung verantwortlich, die *Industrialisierung der Problemlösung*, denn:

„An die Stelle eines einmaligen politischen ‚Nein' zur Problemursache tritt ein zweifaches ‚Ja': einmal zur Problemproduktion und einmal zur Produktion der Problemlösung" (JÄNICKE 1977, S. 348).

Dies bedeutet – verkürzt dargestellt – in der Praxis die Einzelfallperspektive: Bei entsprechender Nachfrage produziert das industrielle System für einen einzelnen Schadstoff ein spezielles Meßsystem und eine spezielle Reinigungsanlage; das bürokratische System produziert für einzelne Schadstoffe spezielle Normen, stellt spezielle Experten für einzelne Schadstoffe ein, leitet spezielle Forschungen ein oder gewährt spezielle Subventionen.

Problematisch sind diese Strategien, weil sie politische Lösungen verhindern, denn ein Veto bedeutet doppelten Wachstumsverlust: in der schädigenden sowie in der schadensbeseitigenden Industrie.

Die entscheidenden Mängel dieser Strategie sind folgende, denn sie sei

– *ineffektiv*, weil sie nur Teilaspekte des Gesamtproblems erfaßt, und zwar nur die, die technisch angehbar sind;

- *selektiv*, weil sie in der Mehrzahl der Fälle nur Problemaspekte erfaßt, die einen öffentlichen Aufmerksamkeitswert besitzen;
- *zu teuer*, weil die Relation zwischen den Kosten, die bei der Anschaffung von Spezialgeräten und der Einrichtung bürokratischer Kontrollinstanzen entstehen und dem Nutzen, vor allem die erreichte Minderung des Schadstoffausstoßes, zu ungünstig ist;
- *nachsorgend*, weil sie am Volumen der anfallenden Probleme nichts ändert, sondern nur Probleme verschiebt – auf der Basis einer unveränderten Schadstoffmenge.

JÄNICKE fordert deshalb eine systematische, präventive Technologiebewertung mit Ausschließungskonsequenz für schädliche und mit großen Risiken verbundene Technologien.

JÄNICKE verkörpert damit einen Typus des Politologen, der seine wissenschaftlichen Analysen und Ergebnisse unmittelbar in die praktische Umsetzung hineintragen will. Für die Dilemmata der Umweltpolitik hat er aber nicht nur politische Anstöße gegeben, sondern auch politikwissenschaftliche Wirkung erzielt. Er kombiniert die policy-Forschung mit einer Makro-Theorie des Staates und der Gesellschaft unter den Restriktionen einer spätkapitalistischen Ökonomie. Unter allen vier hier porträtierten Fachvertretern der Politikfeldanalyse ist er derjenige, der mit seinem Abgeordnetenmandat sich am weitesten in die unmittelbare Praxis begeben hat. Allerdings ist die indirekte Wirkung der Politikberatung und -expertise durch SCHARPF oder BÖHRET kaum weniger wirksam, langfristig vielleicht sogar effektiver.

Wenn wir nun eine Zwischenbilanz des Bereiches Politikfeldanalyse versuchen, so ist die oben zitierte Definition von Thomas R. DYE vermutlich der kleinste gemeinsame Nenner, auf den man die verschiedenen Fragestellungen und Konzepte der Politikfeldanalyse bringen kann. Die besten Einführungen in das Teilgebiet bieten WINDHOFF-HÉRITIER (1987) und SCHUBERT (1991, auch als FernUniversitätskurs Nr. 3222 erhältlich). Positiv formuliert kann man sagen, daß eine Vielfalt an Zugängen bei der Untersuchung staatlicher Politiken möglich, der policy-Ansatz für neue Ideen und Problemperspektiven offen ist und damit Ideenkonkurrenz zuläßt.

Zwischenfazit

Auf der anderen Seite verhindert diese Heterogenität einen kohärenten und kumulativen Erkenntnisprozeß. Mit der großen Vielfalt ist die Gefahr gegeben, daß Politifeldanalyse zu einer *study of everything* wird (DYE 1972, S. 283) und aufgrund des diffusen Forschungsgegenstandes *policy* fast jede Fragestellung irgendwie policy-relevant ist (HESSE 1985, S. 45). Um dieser Konfusion ein Stück weit entgegenzuwirken, sollte man den genuin *politikwissenschaftlichen* Beitrag zur Erklärung politischer Ergebnisse immer im Auge behalten.

Politikfeldanalyse als study of everything?

Voraussetzung ist Wissen der „traditionellen" Politikwissenschaft, etwa im Bereich politischer Willensbildung, föderativer Staatsorganisation, etc. Der eigentliche politikwissenschaftliche Beitrag zur fächerübergreifenden Politikfeldanalyse liegt dann in der Heranziehung (spezifischer) politischer Strukturen, Prozesse und Institutionen zur Erklärung intendierter oder nicht-intendierter Ergebnisse (v. BANDEMER/CORDES 1989, S. 291f.).

In der „klassischen" Fragestellung steht die Frage nach der richtigen Ordnung, die „Systemfrage" im Vordergrund. In der „politischen" Fragestellung interessiert z.B. die Frage „who governs". Last but not least ist dies (auch) deshalb von

Bedeutung, weil sich bei multi- bzw. interdisziplinärer Forschung jede Disziplin ihrer Fachspezifka vergewissern muß, um dem „Alptraum der interdisziplinären Konfusion" (SCHARPF) und das eigene Profil zu unterstreichen.

4.5 Politische Systeme im Vergleich

4.5.1 Feldskizze

Für die Bezeichnung des Teilgebietes Politische Systeme im Vergleich konkurrieren eine ganze Reihe von Begriffen, z.B. Vergleichende Regierungslehre, Systemvergleich oder Vergleichende Politikwissenschaft. Der Unterschied in den Bezeichnungen ist kein zufälliger. Generell kann man sagen, daß es eine langfristige Entwicklung vom Verfassungsvergleich und der Vergleichenden Regierungslehre (comparative government) hin zu einem Vergleich politischer Systeme und ihrer Teilbereiche im Sinne des angelsächsischen Begriffes „comparative politics" gegeben hat.

Vergleich als Urform der Politikwissenschaft

Der Verfassungsvergleich stand an der Wiege der Urform der Politikwissenschaft bei Aristoteles. Wie wir oben bei der Darstellung der Geschichte der Politikwissenschaft gesehen haben, war für Aristoteles eine durchaus ganzheitliche Sicht der Staatsformen und ein Vergleich der Herrschaftsformen sowohl nach quantitativen Gesichtspunkten (Zahl der an der Herrschaft Beteiligten in Monarchie, Aristokratie und Demokratie) als auch nach normativen Kriterien („gute" Staatsform und ihre Verfallserscheinung, z.B. Tyrannis, Oligarchie und Ochlokratie) typisch. Die vergleichende Analyse ist ein wichtiges Feld der neueren Politikwissenschaft geblieben. Aber auch der Verfassungsvergleich im eingeschränkten Sinn hat seinen Stellenwert behalten, von Alexis de TOCQUEVILLES „Über die Demokratie in Amerika" (zuerst 1835) über James BRYCE, „Modern Democracies" (London 1923 – 1926) bis zu C. J. FRIEDRICH „Der Verfassungsstaat der Neuzeit" (1953).

Die klassische vergleichende Regierungslehre ist seit den 50er Jahren um einige andere Dimensionen und Kriterien des Vergleichs erweitert worden. Das gilt ganz besonders für die politische Kultur. Das Buch „Civic Culture" von ALMOND und VERBA (1963) gilt als Meilenstein in der Entwicklung von „comparative politics". Erstmalig wurden die Daten einer einheitlichen sozialwissenschaftlichen Umfrage in 5 Ländern – USA, England, Italien, Mexiko, Deutschland – systematisch analysiert, um die Einstellungen und das politische Verhalten, eben die spezifische politische Kultur der Länder, zu vergleichen. Diese Tradition des Vergleichs politischer Verhaltensmuster und demokratischer politischer Teilhabe ist mit der großen internationalen Studie von BARNES und KAASE (1979) weitergeführt worden.

Die moderne vergleichende Politikwissenschaft ergänzt insofern den Verfassungsvergleich und die Analyse von Regierungsformen um das, was in qualitativer Form bei TOCQUEVILLE, BRYCE und FRIEDRICH schon angelegt war, also um quantitative empirische Analysen der Einstellungen, des Verhaltens und der Entscheidungsprozesse in verschiedenen Staaten. Sie begreift deshalb, wie Jürgen HARTMANN in seiner Bestandsaufnahme feststellt,

„ihren Gegenstand als komplexes System, dessen Strukturen sie als Ausdruck gesellschaftlicher Entwicklungen, Kräfte und Konflikte analysiert" (HARTMANN 1986, S. 168).

Bei der Analyse von politischen Systemen im Vergleich werden also alle drei Dimensionen eines modernen Politikbegriffs bearbeitet:

Drei Dimensionen des Vergleichs

- *polity*, d.h. das Gefüge der politischen Institutionen im Sinne des Verfassungsvergleichs und der vergleichenden Regierungslehre,
- *politics*, d.h. den politischen Prozeß der Interessenvermittlung und Willensbildung durch Parteien, Verbände, Medien und Entscheidungsanalysen sowie die Einstellungsmuster und das politische Verhalten im Sinne von politischer Kultur und
- *policy*, d.h. die vergleichende Politikfeldanalyse der einzelnen Politiken, ob Sozialpolitik, Umweltpolitik, Wirtschafts- und Arbeitsmarktpolitik oder auch Sicherheitspolitik.

In der Bundesrepublik standen zunächst Arbeiten der traditionellen vergleichenden Regierungslehre im Vordergrund, wie von C. J. FRIEDRICH begründet und mit seinem Band „Demokratie als Herrschafts- und Lebensform" (1966) eindrucksvoll fortgeführt. In dieser Tradition steht z.B. von BEYMEs monumentaler Vergleich der Entstehung und der Strukturen der parlamentarischen Regierungssysteme in Europa (1970) oder die Arbeiten von Winfried STEFFANI zum Vergleich präsidentieller und parlamentarischer Systeme (1979).

Seit den 80er Jahren wurden verstärkt neue Entwicklungen der comparative politics aus den USA, insbesondere Ansätze der Systemtheorie (ALMOND/POWELL 1966, PRZEWORSKI/TEUNE 1970) rezipiert. Dies brachte eine Neuorientierung in Richtung auf ein empirisch-analytisches Wissenschaftsverständnis mit sich. Die bemerkenswertesten Entwicklungen waren dabei:

- die Ausdehnung des Forschungsfeldes in *gegenständlicher* Sicht, wobei zu den traditionellen Gegenständen der intermediäre Sektor, insbesondere Parteien und Verbände hinzukamen;
- die Ausdehnung in *geographischer* Sicht, insbesondere im Hinblick auf die neu entstandenen Staaten der sog. Dritten Welt mit ihrer Vielfalt bzw. ihrer Instabilität; forschungsleitend ist hier die *Dependenztheorie*, deren grundlegende Hypothese die exogene Verursachung von Unterentwicklung als Folge und Teil der weltweiten Expansion des Kapitalismus ist;
- die Erweiterung des *Instrumentenkastens* vergleichender Politikforscher durch die Möglichkeit, mit Hilfe des Einsatzes von Computern große Datenmengen auszuwerten und eine generelle Verbesserung des „Methoden-Arsenals";
- Methodenpluralismus durch *Konkurrenz von Erkenntnisansätzen* und systematischen Forschungsprogrammen („Metatheorien"; vgl. auch Kap. 5.1), bei gleichzeitiger Präzisierung der politikwissenschaftlichen Sprache durch Aufnahme präziser soziologischer Begriffe wie Rolle, Struktur und Funktion (NOHLEN 1985, S. 1077 ff).

Die Systemtheorie bietet jedoch lediglich einen von mehreren analytischen Bezugsrahmen für die Vergleichende Politikwissenschaft. Hierbei operieren empirisch arbeitende Politikforscher – bei unterschiedlicher Gewichtung der drei Aspekte policy, polity und politics – mit Hypothesen über Funktions- und Wirkungszusammenhänge institutioneller Strukturen. Diese Hypothesen beruhen auf unterschiedlichen theoretischen Annahmen und sind nur z.T. miteinander „kompatibel", wie es auf gut neudeutsch heißt.

Vergleich als
– Teilgebiet

Zusammenfassend kann man sagen, daß der Vergleich in der Politikwissenschaft – und das macht die Sache etwas unübersichtlich – für drei Dinge gebraucht wird: *Erstens* als Teilgebiet der Disziplin, in dem es um den systematischen Vergleich von ganzheitlichen Verfassungsordnungen, aber auch von Querschnittsanalysen des politischen Prozesses, der politischen Kultur und von Politikfeldern geht; *zweitens* werden aber auch Einzeluntersuchungen anderer politischer Systeme und ihrer Teile zum Vergleich politischer Systeme gezählt – zahlreiche ältere Sammelbände zu comparative politics sind deshalb nichts anderes als eine Addition von Einzeldarstellungen wichtiger Staaten (z.B. DOEKER 1971) oder von einzelnen Aspekten (z.B. DAHL 1966); und *drittens* ist der Vergleich eine Methode, die in allen Teilbereichen der Politikwissenschaft zu Hause ist.

– Fallstudie fremder Systeme

– Methode

Dabei existiert keineswegs Einigkeit, was der Vergleich als Methode eigentlich bedeutet. Bekanntlich ist nicht alles, was hinkt, ein Vergleich. Schon in der Grundschule lernt man, daß man auf keinen Fall Äpfel und Birnen vergleichen darf. Das, was sowieso gleich ist, muß man doch nicht mehr vergleichen. Und wenn etwas ungleich ist, was soll dann der Vergleich? In der Wissenschaft kann man diese Grundproblematik lösen, indem man entweder die „Konkordanzmethode" anwendet, die sich der Erklärung von Gemeinsamkeiten politischer Systeme widmet oder die „Differenzmethode" einsetzt, die gerade die Unterschiede zu erklären versucht und möglicherweise die „funktionalen Äquivalente" findet, also Phänomene, die in anderer Form dem gleichen Zweck dienen können. Methodische Fragen des Vergleichs werden überblicksartig diskutiert von HARTMANN (1991, S. 658 ff), NOHLEN (1985, S. 1079 ff) und PATZELT (1992, S. 147 ff).

4.5.2 Fachvertreter und Forschungserträge

Von den namhaften Vertretern des Fachs in der Bundesrepublik Deutschland werden im folgenden vier vorgestellt, die in der Untersuchung von HONOLKA (1986) sich als bekanteste Fachvertreter in diesem Feld plaziert hatten.

Klaus von Beyme: Produktivster deutscher Politologe

Klaus von Beyme, Jahrgang 1934, ist seit 1973 Professor am Institut für Politikwissenschaft an der Universität Heidelberg; zuvor von 1967-1973 Professor für Wissenschaftliche Politik an der Universität Tübingen. Nicht zuletzt aufgrund der Menge und Breite seiner Forschungsinteressen und Veröffentlichungen gilt von BEYME als der führende Repräsentant seiner Zunft in Deutschland. Er amtierte von 1982-1985 als Präsident der International Political Science Association, eine Auszeichnung, die keinem anderen deutschen Forscher bisher zuteil wurde. Sie wurde ihm sicher auch deshalb erteilt, weil er sich durch seine immensen Sprachkenntnisse in aller Welt, d.h. in der ersten westlichen, der zweiten

110

östlichen und auch der dritten auf der Südhälfte des Globus, bestens verständigen kann.

Klaus von BEYME habilitierte sich mit einem mächtigen Werk von über 1000 Seiten Umfang über „Die parlamentarischen Regierungssysteme in Europa" (1970). Diese monumentale Arbeit stellt zunächst integrierend die Parlamentarisierung der politischen Systeme in Europa seit dem 19. Jahrhundert dar – eben nicht nur England, Frankreich und Deutschland, sondern auch die Benelux-Länder, Skandinavien und Osteuropa werden voll berücksichtigt. Nach der historischen Analyse werden die Schlüsselprobleme des Parlamentarismus – z.B. Kabinettsbildung, Regierungs- und Parlamentsauflösung – systematisch und mit Blick auf alle parlamentarischen Systeme Europas vergleichend erörtert. Dies ist eine Aufgabe, die nur ein enzyklopädisch gebildeter Forscher wie v. BEYME lösen konnte.

Weitere wichtige Arbeitsfelder v. BEYMEs in der vergleichenden Politik sind Interessengruppen (1980), Gewerkschaften (1977a) sowie Parteien (1984).

Wie in seinem Band „Gewerkschaften und Arbeitsbeziehungen in kapitalistischen Ländern" (1977a) so unternimmt er auch mit dem Buch „Parteien in westlichen Demokratien" (1984) den ehrgeizigen und in der Literatur einmaligen Versuch, eine Analyse der Parteien und der Parteienforschung *aller* westlicher Demokratien vorzulegen.

Ausgehend von den zur Verfügung stehenden Daten handelt es sich methodisch gesehen um einen Vergleich aller Fälle unter Heranziehung einer abgegrenzten Zahl relevanter Variablen. Zahlreiche Einzelaspekte der an möglichen Fragestellungen und Ansätzen reichen Parteienforschung werden in einer umfassenden Untersuchung systematisch nacheinander abgehandelt. Den ersten Block seiner Analyse bildet die *Binnenstruktur* der Parteien. Dies gliedert sich auf in die *ideologische Ebene*, d.h. ideologische Familien und Parteiengruppierungen von liberal bis ökologisch, und die *Mitgliederebene* bzw. Parteiorganisation, d.h. Fragen der Entstehung und Stabilität, Finanzierung, Funktionäre und Sozialstruktur der Mitglieder. Der zweite Block steht unter der Frage der *Aussenwirkung* von Parteien. Dazu gehört erstens die Analyse des Parteien*systems*, d.h. des Verhältnisses der Parteien zueinander. Zweitens geht es im Rahmen der *Wählerebene* um die Frage, wer wann wen wählt (Sozialstruktur der Wählerschaft, Parteiidentifikation, Wählerbewegungen). Und drittens wird die Ebene des politischen *Machtsystems* thematisiert, d.h. Handlungsbedingungen und Handlungen der Parlamentsfraktionen, die Teilhabe der Parteien an der Regierungsmacht und die Bildung von Koalitionen sowie der Einfluß der Parteien auf Schlüsselentscheidungen im politischen System („do parties matter?")".

Klaus von BEYME ist aber nicht nur der Analytiker westlicher politischer Systeme, sondern er hat auch wichtige Analysen zu den sozialistischen Staaten vorgelegt, insbesondere das Werk „Ökonomie und Politik im Sozialismus. Ein Vergleich der Entwicklung in den sozialistischen Ländern" (1977b). Darüber hinaus hat er sich mehrfach zu Methodproblemen der vergleichenden Politik geäußert (1966). Sein Buch „Der Vergleich in der Politikwissenschaft" (1988) verspricht allerdings im Titel mehr, als der Text einhalten kann, da es keine integrierende Abhandlung darstellt, sondern eine Sammlung von einschlägigen Studien von BEYMEs zum Thema. In jüngster Zeit hat er sich auch der „Transitionsforschung" zugewandt (v. BEYME 1992b), also der Erforschung der Umwandlung politischer Systeme am Beispiel der Demokratisierungsprozesse in Osteuropa.

Er hat sich aber nicht nur durch seine großen vergleichenden Darstellungen seinen Namen gemacht, sondern auch als Autor von Einführungen und Überblicken zum politischen System der Bundesrepublik (1991a) und insbesondere auch zur politischen Theorie (1992a, 1991b). Schließlich hat er mehrfach als Herausgeber den „State of the Art" der deutschen Politikwissenschaft zusammengefaßt, so mit dem schon oft von mir zitierten Buch „Politikwissenschaft in Deutschland" (1986b), mit dem „Funkkolleg Politik" (v. BEYME/CZEMPIEL/-KIELMANSEGG 1987a) und mit dem Band „Politik in der Bundesrepublik Deutschland" (v. BEYME/SCHMIDT 1990).

Winfried Steffani, Jahrgang 1927, ist inzwischen emeritierter Professor für Politikwissenschaft an der Universität Hamburg. Sein Arbeitsfeld ist die politikwissenschaftliche Institutions- und Regierungslehre und hierbei insbesondere der Vergleich formaler Regierungsinstitutionen und politischer Prozeßnormen, etwa zum Thema der „Untersuchungsausschüsse des Preußischen Landtages zur Zeit der Weimarer Republik" (1960). Darüber hinaus hat er eine Reihe von Beiträgen zur politologischen Pluralismusdiskussion geleistet, z.B. den mit Franz NUSCHELER herausgegebenen Band „Pluralismus" (1972), den Band „Pluralismus ohne Transparenz" (1973) oder das Buch „Pluralistische Demokratie" (1980).

Zentral ist sein grundlegendes Werk „Parlamentarische und präsidentielle Demokratie" (1979), in dem sich STEFFANI mit den zwei wichtigsten Anwendungen des Gewaltenteilungsprinzips in westlichen Demokratien beschäftigt. Diese seien ihren Strukturen nach *pluralistische Demokratien*, d.h. es gibt unveräußerliche, auch Minderheiten schützende Grundrechte und die Befugnis der Parteien und Interessengruppen zu bestimmen, in welcher Art und Intensität sie konkurrieren und kooperieren. Nicht zuletzt ist Gewaltenteilung auch *organisatorischer Ausdruck* des pluralistischen Demokratieverständnisses. In seiner Sicht bildet das politische System die Klammer, die Staat und Gesellschaft verbindet. Die politischen Parteien – als Erscheinungen des gesellschaftlichen und politischen Pluralismus – bilden das „Zentrum". Sie durchdringen die staatlichen Entscheidungsstrukturen in einem Ausmaß, daß dies gravierende Auswirkungen auf die Gewaltenteilung haben muß.

STEFFANI richtet sein Augenmerk auf das Verhältnis zwischen Parteien- und Regierungssystem im Rahmen der horizontalen Gewaltenteilung. Er analysiert und bewertet die komplexen und grundlegenden Strukturprobleme politischer Entscheidungsabläufe in parlamentarischen (Bundesrepublik, Großbritannien) und präsidentiellen (USA) Demokratien, vor allem die Rolle der Opposition, die Fraktionsdisziplin und die Stellung des Parlaments.

Anders als v. BEYME, der ursprünglich mit seinen Parlamentarismusarbeiten auch von der politischen Institutionenkunde, der polity, herkam, aber sich immer stärker den politischen Prozessen, der politics, und der politischen Soziologie in Form der vergleichenden Parteien- und Verbändeforschung zuwandte, blieb STEFFANI den politischen Institutionen verpflichtet. Auch STEFFANI hat sich für den Auf- und Ausbau der deutschen Politikwissenschaft engagiert. Er war Vorsitzender der DVPW und insbesondere war er Gründungsmitglied der „Deutschen Vereinigung für Parlamentsfragen", die mit Tagungen und der „Zeitschrift für Parlamentsfragen" eine wichtige Begegnungsstätte zwischen Politikwissenschaft, Staatsrechtslehre, politischer Praxis und politischem Journalismus darstellt.

Gerhard Lehmbruch, Jahrgang 1928, ist seit 1978 Professor an der Universiät Konstanz. Er wurde 1969 Privatdozent und war von 1969-1973 Wissenschaftlicher Rat und Professor an der Universität Heidelberg, von 1973-1978 Professor an der Universität Tübingen. LEHMBRUCH ist seit 1991 Vorsitzender der Deutschen Vereinigung für Politische Wissenschaft (DVPW).

LEHMBRUCH ist Autor des maßgeblichen Werks über den Zusammenhang von Parteiensystem und Föderalismus im Bundesstaat der Bundesrepublik, „Parteienwettbewerb im Bundesstaat" (1976). Insofern hat er auch wichtige Beiträge zur Analyse des politischen Systems der Bundesrepublik vorgelegt.

Im Vordergrund seiner Arbeit im Rahmen der vergleichenden Politikwissenschaft standen zunächst politisch-institutionelle Bedingungen des politischen Entscheidungsprozesses in „Proporzdemokratien" (1967), später – z.T. mit Philippe C. SCHMITTER (1982) – die vergleichende Analyse der Formierung und „Inkorporierung" gesellschaftlicher Großgruppen und Interessenträger mit staatlicher Politik in hochindustrialisierten Wohlfahrtsstaaten, wobei er diesen „Korporatismus" nicht als neue Form des politischen Systems, wie SCHMITTER, sondern als Entscheidungsstruktur konzeptualisiert (1979).

Diesen Ansatz hat er später weiter verfeinert. So beschäftigt er sich z.B. mit „institutionellen Bedingungen ordnungspolitischen Strukturwechsels im internationalen Vergleich" (1988), wobei er das erklärungsbedürftige Problem aufgreift, warum bei vergleichbaren Interventionsprogrammen in einem bestimmten Politiksektor die Politikergebnisse gravierende Unterschiede aufweisen. Diese Unterschiede wurden bisher in erheblichem Maße auf unterschiedliche institutionelle Rahmenbedingungen zurückgeführt. Hier werden diese auf die Möglichkeiten und Grenzen ordnungspolitischer Strategiewechsel im Rahmen des Regierungswechsels zu Parteien mit „neokonservativer" Programmatik (USA, Großbritannien, Bundesrepublik Deutschland) untersucht.

Neuere Beiträge thematisieren politisch-strategische Optionen von institutionell-organisatorischen Konfigurationen im Rahmen der deutschen Vereinigung (1991). In seinem Beitrag „Concertation and the Structure of Corporatist Networks" (1984) geht er der Frage nach, auf welche grundlegenden institutionellen Strukturen es zurückzuführen ist, daß sich wirtschaftspolitische Strategien von Regierungen unterscheiden. In diesem umfassenden Ansatz hat korporatistische Konzertierung zwei Merkmale. Ausgangspunkt ist die Vielzahl von Organisationen, die antagonistische Interessen repräsentieren. Konflikt und Konsens zwischen Interessengruppen und Staat richten sich auf gesamtwirtschaftliche Anforderungen der nationalen Ökonomie.

Er entwickelte eine Skala, bei der er 18 OECD-Ländern fünf verschiedene Konzertierungsarrangements zuordnet, nämlich Pluralismus, Korporatismus (hoch, mittel, niedrig) und Konzertierung ohne Gewerkschaften. Die Meßlatte ist hierbei der Grad der Gewerkschaftseinbindung in die Wirtschaftspolitik der Regierung. Im Rahmen dieser Klassifizierung vertieft er die Aspekte des *Tauschcharakters* gewerkschaftlicher Einbindung (Frage von Kosten und Nutzen), der *Grad der Formalisierung* der Beziehungen (je höher, desto korporativer) sowie den *Zusammenhang zwischen korporatistischer Politikentwicklung und politischen Parteien*. Hierbei verweist er vor allem darauf, daß ein polarisiertes Parteiensystem unvereinbar sei mit stabilen korporativen Beziehungen, d.h. für eine effektive korporatistische Konzertation sind Unterstützungs- und Koordinationsleistungen des Parteiensystems unerläßlich.

In ihrer Einleitung zur Festschrift zum 65. Geburtstag von Gerhard LEHM-BRUCH würdigen CZADA/SCHMIDT das wissenschaftliche Gesamtwerk so:

> „LEHMBRUCHs Beiträge zur Verhandlungsdemokratie, zur Interessenvermittlung und zu Regierbarkeitsproblemen haben eine Schule der Politikwissenschaft mit aufgebaut, die sich durch erfahrungswissenschaftliche Orientierung, kontrollierte Anleitung durch Theorie (überwiegend Theorien mittlerer Reichweite), ein erhebliches Maß interdisziplinärer Ausrichtung und durch vergleichende Analyse auszeichnet" (CZADA/SCHMIDT 1993, S. 13).

Manfred G. Schmidt:
Quantitativ-komparative
Policy-Forschung

Manfred G. Schmidt, Jahrgang 1948, ist seit 1987 Professor für Politische Wissenschaft an der Universität Heidelberg. Seine Forschungsinteressen liegen im Bereich vergleichender Politikwissenschaft und hierbei insbesondere bei den Themen Staatsausgaben (1990) und Sozialpolitik (1988). Darüber hinaus beschäftigt er sich mit policy-orientierten Analysen der Bundesrepublik Deutschland (1980). Für sein Buch „Wohlfahrtsstaatliche Politik unter bürgerlichen und sozialdemokratischen Regierungen im internationalen Vergleich" (1982) ist er mit dem Stein-Rokkan-Preis für international vergleichende Sozialforschung ausgezeichnet worden. Diese Forschung hat er konsequent weiterverfolgt (1987). Jüngst hat er für die FernUniversität eine Einführung in die „Regierungspolitik" (1992) sowie in die „Demokratietheorie" (1993) vorgelegt.

SCHMIDTs vergleichender Ansatz ist stark beeinflußt von der quantitativen Policy-Determinanten- sowie konvergenz- und staatstheoretischen Forschung. SCHMIDT geht aus von „traditionellen" und damit „sicheren" politiktheoretischen Annahmen über entwickelte kapitalistische Länder und verbindet diese mit quantitativer empirischer Sozialforschung. Grundlage seiner Analyse sind aggregierte Daten, wie z.B. Arbeitslosigkeit oder Wirtschaftswachstum.

Für seine Arbeitsweise ist sein Beitrag „The Politics of Labour Market Policy" (1987) recht typisch. Er geht von einem erweiterten deterministischen Modell aus. Der „Ausstoß" an politischen Maßnahmen im Sinne von „policy" ist abhängig von bestimmten Variablen in vier Dimensionen: sozio-ökonomische Struktur, politische Strukturen, politische Arrangements im außerparlamentarischen Raum und Wirkungen früher produzierter policies.

Ausgangspunkt seiner Untersuchung sind *unterschiedliche Erfolgsbilanzen* westlicher Industrieländer. SCHMIDT kommt zu dem Ergebnis, daß Problemlagen am Arbeitsmarkt nicht durch sozio-ökonomische Strukturen (etwa Arbeitgeber-Arbeitnehmer-Beziehungen, sektorale Wirtschaftsstruktur und regionale Problemlagen) allein bestimmt werden. Er vermutet, daß es eine Reihe *intervenierender* strukturell-politischer Faktoren gibt, die die Fähigkeit zur erfolgreichen politischen Steuerung wirtschaftlicher Entwicklungen bestimmen. Er geht allerdings nicht von der Einzigartigkeit nationaler Wirtschaftspolitik aus, sondern versucht, einige Gemeinsamkeiten herauszuarbeiten. Er ergänzt somit seine quantitativen Analysen mit qualitativen Fallstudien und stellt zwei Wege zur Vollbeschäftigung und zwei Wege zur Massenarbeitslosigkeit vor.

Der erste Weg zur Vollbeschäftigung ist der sozialdemokratisch-gewerkschaftliche Weg, der für Länder mit starker Gewerkschaftsbewegung und häufiger bzw. ausschließlicher sozialdemokratisch Regierungsbeteiligung typisch ist bzw. war (Österreich, Schweden, Norwegen). Charakteristikum ist eine konzertierte Politikentwicklung zwischen Regierung, Gewerkschaften und Unternehmen, starke politische Reaktionen auf Arbeitslosigkeit (ausgebauter Sozialstaat!), sozialpartnerschaftliche Beziehungen sowie das Fehlen einer autonomen Zentralbank. Hinzu kommt die Verfügbarkeit und die Weiterentwicklung von Instrumenten, die für eine koordinierte Wirtschafts-, Geld und Arbeitsmarktpolitik eingesetzt werden können.

Der zweite Weg zur Vollbeschäftigung, der bürgerlich-reformistische, ist ebenfalls durch konzertierte Politikentwicklung gekennzeichnet (Schweiz, Japan). Typisch für die *Schweiz* ist die Anpassung der Wirtschaft an veränderte weltwirtschaftliche Rahmenbedingungen durch Sozialpartnerschaft. Allerdings liegt die Besonderheit der Schweiz in der Kontrolle des Arbeitskräfteangebotes durch restriktive Ausländerpolitik (Kontingentierung). Hinzu kommt eine aktive Regional- und Agrarpolitik. In *Japan* beruht der Erfolg auf der Tradition eines „paternalistischen Kapitalismus" auf Seiten der Großunternehmen, der lohnpolitischen Anpassungsbereitschaft der Arbeitnehmerschaft (System der Betriebsgewerkschaften) sowie auf einem „policy-mix" aus Konzertierung in der Industriepolitik zwischen Regierung und Großunternehmen einerseits und aktiver Arbeitsmarktpolitik – ohne Gewerkschaften – andererseits.

Der erste Weg zur Arbeitslosigkeit ist gekennzeichnet durch restriktive Bedingungen konzertierter Politikentwicklung (Niederlande, Bundesrepublik). Diese Regierungen sorgen sich viel mehr um soziale Fragen als die markt-dominierten Länder. Zudem haben sie einen großen öffentlichen Sektor und können auf eine gewisse Tradition wirtschaftspolitischer Eingriffe des Staates zurückblicken. In Krisenzeiten zeigt sich aber, daß „die Wirtschaft" das Primat zurückgewinnt, daß sie in Prosperitätsphasen an die Politik abgeben mußte. Dies führt u.a. dazu, daß die Preisstabilität und die Konkurrenzfähigkeit der nationalen Wirtschaft das Vollbeschäftigungsziel verdrängt.

Der zweite Weg zur Arbeitslosigkeit ist der bürgerlich-reformistische in Ländern mit einem pluralistischen System der Interessenvermittlung. In diesen Ländern kommt dem Markt größere und dem Staat im allgemeinen geringere Bedeutung zu, was zu Zurückhaltung bei interventionistischen Maßnahmen und bei der Ausweitung öffentlicher Beschäftigung führt. Typisches Beispiel ist die USA, wo der private Sektor die Mehrzahl der Beschäftigten aufweist, die amerikanische Ökonomie eine Weltmarktdominanz aufweist und die Marktkräfte politisch eher gering reguliert werden. Diese Situation hat zur Folge, daß ökonomische Probleme zunächst zu Lasten der Arbeitnehmer gehen und – trotz Beschäftigungswachstum – zum Anstieg der Arbeitslosigkeit führen.

Die jüngste Einführung in die Demokratietheorie (SCHMIDT 1993) ist nicht nur eine historisch-ideengeschichtliche Darstellung seit Aristoteles über Montesquieu, Rousseau, Tocqueville, J.S. Mill und Marx bis in die modernen Demokratietheorien, sondern sie stellt auch die empirisch vergleichende, quantifizierende Demokratieforschung der letzten beiden Jahrzehnte übersichtlich so dar, wie bisher in deutscher Sprache nicht erhältlich. Damit werden auch Bedingungen für Entstehung, Stabilität und Niedergang demokratischer Ordnungen thematisiert und normative und empirisch-analytische Meßlatten der Forschung über Praxis und Theorie der Demokratie formuliert – ein ehrgeiziges Werk also, das sicher einen wichtigen Platz in der zukünftigen Demokratieforschung einnehmen wird.

Zwischenbilanz   Vier Wege, Forschung im Vergleich politischer Systeme zu betreiben, haben wir mit den vier herausragenden Fachvertretern exemplarisch kennengelernt: v. BEYME mit seinem großangelegten Werk über die parlamentarischen Regierungssysteme sowie mit seinen Einzelanalysen über Parteien, Interessengruppen und Gewerkschaften verkörpert einen Ansatz, der politische Institutionen mit Prozeßanalysen verknüpft. STEFFANI mit seinen Studien zum Pluralismus, zum Vergleich präsidentieller und parlamentarischer Regierung ist stärker dem institutionellen Ansatz verhaftet. LEHMBRUCH kommt ebenfalls eher von systemischer Gesamtbetrachtung durch seine Analysen zu Proporz- und Konkordanzdemokratie, hat sich aber stärker policy-orientierter Forschung im Rahmen der Korporatismusanalyse zugewandt. Manfred SCHMIDT verkörpert schließlich den am stärksten empirisch und quantitativ angelegten Versuch der vergleichenden Analyse politischer Systeme im Sinne von out-put-Orientierung, d.h. der Frage, was kommt eigentlich an unterschiedlicher Politikproduktion am Ende heraus, oder anders englisch formuliert: „Does politics matter". Diese vier sind sicher nicht die einzigen Wege der Forschung. Jürgen HARTMANN (1983), Dirk BERG-SCHLOSSER und Ferdinand MÜLLER-ROMMEL (1987), Franz LEHNER (1989) und Hiltrud NASSMACHER (1991) zeigen in ihren Einführungen das ganze Spektrum der vergleichenden Analyse politischer Systeme ausdifferenziert nach.

Der entscheidende Gewinn bei der vergleichenden Sicht – auch in didaktischer Hinsicht – ist der Blick über den Tellerrand der eigenen Probleme. Auch bei jeder Analyse des eigenen politischen Systems hilft dieser relativierende und objektivierende Blick über die Grenzen weiter.

4.6 Internationale Konflikte und Kooperation

4.6.1 Feldskizze

Die Bezeichnung des politikwissenschaftlichen Teilgebiets „Internationale Konflikte und Kooperation" ebenso wie die gebräuchlichen Varianten „internationale Politik" (international politics, IP) oder „internationale Beziehungen" (IB; international relations, IR) verweisen auf das Hauptcharakteristikum seines Gegenstands. Es geht in diesem Teilgebiet um die Analyse der Politik nicht innerhalb, sondern *zwischen* staatlich verfaßten Gesellschaften. Dabei lassen sich zwei Perspektiven unterscheiden.

Akteursperspektive   Aus der *Akteursperspektive* wird die Außenpolitik einzelner Staaten und das grenzüberschreitende politische Handeln nichtstaatlicher Akteure auf ihre Bedingungen und Wirkungen hin untersucht. Die *Bedingungen* reichen einer gängigen Dreiteilung von Analyseebenen („levels of analysis") zufolge von der individuellen Ebene (Persönlichkeitsmerkmale außenpolitischer Entscheidungsträger; Psychologie von Kleingruppen außenpolitischer Entscheidungsträger) über die institutionelle Ebene (Verfassung und Außenpolitik; Analyse außenpolitischer Institutionen wie Außenministerien und außenpolitische Parlamentsausschüsse) bis zur systemischen Ebene (des internationalen Systems). Die *Wirkungen* der Außenpolitik eines Staates, die aus seiner Sicht als Zielerreichung oderverfehlung erscheinen, ergeben sich immer erst aus der Wechselwirkung und Überlagerung mit dem Handeln anderer Akteure der internationalen Politik. Auch dies verweist auf die systemische Ebene.

Die Erfassung der Ebene des internationalen Systems, das eine Randbedingung einzelstaatlicher Außenpolitik darstellt, ist Gegenstand der *systemischen Perspektive*. Hierbei geht es um Strukturen und Prozesse der internationalen Politik. Zu den wesentlichen *Strukturmerkmalen* des internationalen Systems gehört, daß es ein *anarchisches* System ist. Im Unterschied zur herrschaftlichen Verfaßtheit einzelner Staaten im Innern sind die internationalen Beziehungen zwischen ihnen von Anarchie, also der Abwesenheit eines formalen Herrschaftsverhältnisses, gekennzeichnet. Abwesenheit formaler Herrschaft heißt dabei aber nicht: faktische Abwesenheit von Machtbeziehungen oder Herrschaftsfreiheit. Anarchie bedeutet auch nicht „Chaos", völlige Regellosigkeit der internationalen Beziehungen. Vielmehr existieren sowohl faktische Regelmäßigkeiten als auch normative Regeln der internationalen Politik. Beide können sich jedoch nur unter den Bedingungen von formaler Herrschaftsfreiheit (Anarchie) entwickeln.

Regelmäßige oder regelgemäße Abläufe in den internationalen Beziehungen bilden die *Prozeßmuster* internationaler Politik. Die beiden zentralen Prozeßmuster sind die von Konflikt und Kooperation. Eine Mischung beider kennzeichnet die Beziehungen zwischen einzelnen Staaten und damit auch die internationale Politik insgesamt. Auch sind sie eng aufeinander bezogen, insofern ein Teil der internationalen Kooperation im friedlichen Umgang mit Konflikten besteht, während umgekehrt im Rahmen von Kooperation Konflikte auftreten können. Konflikte sind also im internationalen System wie in jeder Form menschlicher Vergesellschaftung etwas Natürliches. Dies gilt jedoch nicht für die gewaltsame Art ihres Austrags. Sie ist, in Gestalt des Krieges, zwar ein wesentliches und folgenschweres, aber kein zwangsläufiges Phänomen internationaler Politik. Die Bedingungen für gewaltsamen Konfliktaustrag, also Krieg, einerseits und die Bedingungen für friedliche Konfliktregelung und Kooperation in den internationalen Beziehungen andererseits bilden das Haupterkenntnisinteresse der politikwissenschaftlichen Teildisziplin „Internationale Konflikte und Kooperation".

Inhaltlich sind vor allem folgende Problemkomplexe Anlaß für internationale Konflikte und Kooperation:

– in den noch immer traditionell so genannten Ost-West-Beziehungen geht es nach der Überwindung der Systemkonkurrenz vor allem um den Umgang mit der Ungleichheit zwischen beiden Seiten im Hinblick auf die politische wie wirtschaftliche Entwicklung;

– wirtschaftliche Ungleichheit, ja Abhängigkeit kennzeichnet noch immer die „Nord-Süd"-Beziehungen zwischen Industrie- und Entwicklungsländern, deren Konfliktpotential ebenso steigt wie der Bedarf an Kooperation;

Systemische Perspektive

Prozeßmuster: Konflikt und Kooperation

117

– wirtschaftliche Konkurrenz bei gleichzeitig hoch entwickelter internationaler Kooperation im wirtschaftlichen wie in vielen anderen Bereichen ist kennzeichnend für die Beziehungen zwischen den entwickelten Industrieländern;
– schließlich wird der Erhalt der natürlichen Lebensgrundlagen immer mehr zum Problem nicht nur einzelner Staaten, sondern der Menschheit als ganzer, überlagert und teilweise mit ausgelöst durch die Konfliktpotentiale der drei genannten Problemkomplexe.

Wie mit diesen Problemen und Konflikten im internationalen System umgegangen wird, ist Gegenstand der politikwissenschaftlichen Analyse internationaler Beziehungen. Sie wird nicht zuletzt in der Hoffnung unternommen, dadurch zu einer Verbesserung der Konflikt- und Problembearbeitungsmöglichkeiten im internationalen System beizutragen.

4.6.2 Fachvertreter und Forschungserträge

Von den namhaften Vertretern des Fachs in der Bundesrepublik, die dem Teilgebiet „internationale Konflikte und Kooperation" zuzurechnen sind, seien stellvertretend vier kurz vorgestellt. Die Auswahl erfolgt wiederum auf der Grundlage der Erhebung von HONOLKA (1986, S. 50), allerdings mit kleineren Variationen, um die unterschiedlichen Positionen in der Teildisziplin besser würdigen zu können.

Ernst-Otto Czempiel **Ernst-Otto CZEMPIEL**, Jahrgang 1927, ist seit 1970 Professor für Internationale Politik in Frankfurt/M. und Forschungsgruppenleiter der dortigen Hessischen Stiftung Friedens- und Konfliktforschung (HSFK), einer der größten Forschungsinstitute auf diesem Gebiet in der Bundesrepublik. Im Mittelpunkt seiner Arbeit standen neben vielfachen Beiträgen zu den theoretischen Grundlagen der Disziplin (CZEMPIEL 1981) die Bedingungen des Friedens (CZEMPIEL 1986) und die Außenpolitik der USA, insbesondere im Verhältnis zur Sowjetunion (CZEMPIEL 1989). CZEMPIEL vertritt dabei einen empirisch-analytischen Ansatz, ohne daß strenge methodische Vorgaben oder gar Formalisierung eine große Rolle spielen. In seinem jüngsten Werk gibt er einen leicht zugänglichen Überblick über die Gesamtheit der internationalen Politik „nach dem Ende des Ost-West-Konflikts" (CZEMPIEL 1991).

Volker Rittberger **Volker RITTBERGER**, Jahrgang 1941, ist seit 1973 Professor für Internationale Politik und Friedens- und Konfliktforschung an der Universität Tübingen, wo er auch die Tübinger Arbeitsgruppe Friedensforschung leitet, eine der ältesten Einrichtungen der Friedensforschung in der Bundesrepublik. Schwerpunkte seiner Arbeit liegen bei der Forschung über internationale Organisationen (RITTBERGER 1973), der Forschung über deutsche Außen-, insbesondere Entspannungs- und Ostpolitik (zahlreiche Aufsätze, jüngst RITTBERGER 1990a), sowie in neuerer Zeit bei der Erforschung von Kooperation und Konfliktregelung im Rahmen internationaler Regime (RITTBERGER 1990b). Dabei ist ihm auch die theoretische und methodische Weiterentwicklung der Disziplin ein Anliegen, wie sich in sei-

118

ner Herausgeberschaft des jüngsten bundesdeutschen „state-of-the-art"-Bandes (RITTBERGER 1990c) zeigt.

Hans-Peter SCHWARZ, Jahrgang 1934, ist seit 1973 Professor für Politische Wissenschaft in Köln, danach in Bonn. Neben zahlreichen weiteren Funktionen war er Vorsitzender des Wissenschaftlichen Direktoriums des Bundesinstituts für ostwissenschaftliche und internationale Studien in Köln sowie der Deutschen Gesellschaft für Auswärtige Politik in Bonn, zweier der angesehensten Forschungseinrichtungen der Disziplin hierzulande. Im Zentrum seiner Arbeit steht die Außenpolitik der Bundesrepublik und ihre Geschichte, die er dargestellt und kommentiert (SCHWARZ 1985) hat. Beispiel für ersteres ist seine „Zwischenbilanz der KSZE" (SCHWARZ 1977), sein Beitrag zur „Geschichte der Bundesrepublik" (SCHWARZ 1981 und 1983) sowie das von ihm herausgegebene „Handbuch der deutschen Außenpolitik" (1976). Der biographischen Dimension deutscher (Außen)Politik hat er seine jüngst vollendete Darstellung über Konrad Adenauer gewidmet (1986 und 1991). Daran wird deutlich, daß Schwarz eher einen konservativen Ansatz, der deutlich normativ orientiert ist, vertritt.

Hans-Peter Schwarz

Dieter SENGHAAS, geboren 1940, Professor für internationale Politik in Bremen, zeitweilig Forschungsgruppenleiter der HSFK, aber auch Gastforscher der Stiftung Wissenschaft und Politik in Ebenhausen, einer der „Denkfabriken" bundesdeutscher Außenpolitik, ist als Autor wie Herausgeber ein vielfältiger Anreger der Disziplin in nahezu ihrer ganzen Breite. Ausgehend von seiner „Kritik der organisierten Friedlosigkeit" (SENGHAAS 1969) sorgte er als Herausgeber für die Rezeption kritischer Ansätze der Friedensforschung (1971) und der Entwicklungsländerforschung (1972 und 1974), die er später selbst durch sein „Plädoyer für Dissoziation" (1977) und die These „Von Europa lernen" (1982) bereicherte. SENGHAAS vertritt insofern einen eher gesellschaftskritischen Ansatz. Im Zeichen des jüngsten Wandels in der internationalen Politik ist er zum Generalthema Frieden, bezogen auf Europa (SENGHAAS 1991), zurückgekehrt.

Dieter Senghaas

Um wenigstens einige Erträge der politikwissenschaftlichen Forschung über internationale Konflikte und Kooperation kurz darzustellen, will ich auf wichtige Arbeiten der vier Fachvertreter zurückgreifen. Dabei sollen zwei Themenkomplexe beispielhaft herausgegriffen werden. Der eine dient als Beispiel für politikwissenschaftliche Analyse der internationalen Beziehungen aus *systemischer* Perspektive, der andere steht stellvertretend für die *akteursperspektivische* Betrachtungsweise. Der eine Themenkomplex verdeutlicht eine Konvergenz der Auffassungen verschiedener Forscher, der andere eine Divergenz. Die gewählten Beispiele betreffen die Bedingungen einer stabilen Friedensordnung in (Gesamt)Europa zum einen, die außenpolitische Rolle der Bundesrepublik zum andern.

Bereits in seiner Studie über Friedensstrategien hatte Ernst-Otto CZEMPIEL herausarbeiten können, daß es in der Ideengeschichte des politischen Denkens im weiteren Sinne eine ganze Fülle von Ansätzen gibt, den Frieden, der mehr ist als die Abwesenheit von Krieg, zu sichern. Schaut man näher hin, so hatte er zwei Gruppen von Ansätzen friedenspolitischen Denkens unterschieden: zum einen Ansätze, die Frieden durch die Einwirkung auf die Interaktion, also auf die

Systemische Perspektive: Bedingungen des Friedens

Beziehungen zwischen Staaten, erreichen wollen, zum andern Ansätze, die eine Änderung (inner)gesellschaftlicher Faktoren anstreben.

Zur ersten Gruppe gehören vor allem zwei Ansätze. Der eine will Frieden durch eine Verrechtlichung der internationalen Beziehungen: „world peace through world law", wie es sloganhaft formuliert wurde. Der andere setzt auf den Ausbau internationaler Organisationen, auf ein „working peace system", wie der Titel eines der Klassiker dieser Tradition (MITRANY 1944) lautet. Dabei kann sowohl an einen Staatenbund gedacht werden als auch an eine Integration auf funktionalistischer Grundlage, wie sie die Europäische Gemeinschaft (EG) bisher darstellt.

Unter den an gesellschaftlichen Strukturen orientierten Ansätzen lassen sich ebenfalls zwei unterscheiden. Der eine hebt auf die interne Organisation von Herrschaft ab. Hierher gehören Überlegungen zur friedensfördernden Rolle sowohl bestimmter Militärstrukturen (Wehrpflicht versus Berufsarmee) als auch gesamtgesellschaftlicher Strukturen, insbesondere die These von der friedensfördernden Rolle demokratischer Verfaßtheit. Der andere gesellschaftsstrukturelle Ansatz betont den Zusammenhang von Wohlstand (Wirtschaft) und Frieden. Hierher gehören Ansätze der Friedensförderung durch Kontrolle des „militärisch-industriellen Komplexes" ebenso wie die klassisch bürgerliche Theorie des Friedens durch freien Handel.

Ohne auf die von CZEMPIEL gesichteten Ansätze im einzelnen eingehen zu können, läßt sich festhalten, daß die Bedingungen stabilen Friedens als ein komplexes Bündel erscheinen, sich die einzelnen Ansätze also eher ergänzen als ausschließen. Auf dieser Grundlage hat CZEMPIEL jüngst seine Vorstellungen zu einer Friedensordnung für das Europa von heute dargelegt. Dabei treffen sich seine Überlegungen – darin liegt ein Zeichen von Konvergenz der Ansichten in der Teildisziplin – mit denen, die Dieter SENGHAAS zum selben Thema vorgelegt hat. Beide sehen, daß durch die Demokratisierung und Herausbildung von Rechtsstaaten in Osteuropa wesentliche Ursachen für möglichen gewaltsamen Konfliktaustrag in den Ost-West-Beziehungen beseitigt sind. Beide sprechen sich darüber hinaus für die ergänzende Absicherung dieser friedensfördernden Entwicklung durch den Ausbau von Rüstungskontrolle und Vertrauensbildung im sicherheitspolitischen Bereich und durch internationale Kooperation bei der Überwindung der wirtschaftlichen Probleme der neuen Demokratien aus. Auch zu diesem Zweck setzen sie auf einen Ausbau (bei gleichzeitiger Demokratisierung) zunächst der westeuropäischen Integration (EG) und parallel dazu einen Aufbau gesamteuropäischer Kooperationsstrukturen wie etwa der Konferenz für Sicherheit und Zusammenarbeit in Europa (KSZE). Diese grundsätzlichen Überlegungen, die sich ja auch in der realen Politik der Staaten widerspiegeln, müssen im Detail noch ausgearbeitet werden. Dann wird es sicher recht unterschiedliche Vorschläge geben. Gleichwohl ist festzuhalten, daß sich die prinzipielle Vorgehensweise auf einen gesicherten Schatz nicht nur politischer, sondern auch politikwissenschaftlicher Erfahrung stützen kann.

Akteursperspektive: Außenpolitik der neuen BRD

Ebenfalls mit dem gegenwärtigen Wandel der internationalen Politik hängt der zweite Themenkomplex zusammen, zu dem hier Resultate der politikwissenschaftlichen Forschung über internationale Politik vorgestellt werden sollen. Es geht um die Frage nach der außenpolitischen Rolle der Bundesrepublik im internationalen System. Hans-Peter SCHWARZ einerseits, Volker RITTBERGER andererseits haben hierzu divergierende Auffassungen vertreten.

SCHWARZ hat bereits mit der Wahl des Untertitels seiner Arbeit zum Thema programmatisch seine Auffassung verdeutlicht. Er sieht eine Entwicklung der deutschen Außenpolitik, oder zumindest der öffentlichen Einstellung dazu, „von der Machtbesessenheit zur Machtvergessenheit". In der Tradition des realistischen Denkens innerhalb der Teildisziplin (nicht zufällig wählt SCHWARZ ein Zitat Machiavellis, des „Ahnherrn des Realismus", als Vorspruch) betont er, daß auch im heutigen Staatensystem Macht noch immer eine zentrale Rolle spiele und damit sowohl für die Analyse als auch für die Praxis internationaler Politik von größter Wichtigkeit sei: „Auch heute zielt die Außenpolitik jedes Staates nach wie vor darauf ab, sich in einer Weltstaatengesellschaft zu behaupten, in der die Macht anderer Staaten die Existenz, die Unabhängigkeit und die Wohlfahrt vernichten kann" (1985, S. 71). Er plädiert daher in politikberatender Absicht für eine verantwortliche Machtpolitik der Bundesrepublik, die wohlgemerkt nicht mit blindem Machtstreben zu verwechseln ist.

– aus ,realistischer' Sicht

Für RITTBERGER ist dagegen Macht zwar *ein*, aber nicht länger das zentrale Phänomen internationaler Politik. Im Anschluß an interdependenztheoretische und institutionalistische Ansätze der Disziplin sieht er die Außenpolitik der Bundesrepublik nicht als ein Beispiel für Machtvergessenheit. Vielmehr stelle sie das relativ erfolgreiche Modell eines „neuen Handelsstaates" dar, wie er unter begrifflicher Anleihe bei dem amerikanischen Politikwissenschaftler Richard ROSECRANCE (1987) feststellt, für das auch der gesellschaftliche Konsens vorhanden sei. Kennzeichnend dafür sei das Einlassen auf internationale Verflechtung und wechselseitige Abhängigkeit. In einem solchen Gefüge internationaler Interdependenz, das eine Vielzahl von Politikfeldern umfaßt, gehe es nicht mehr um Machtstreben im klassisch-realistischen Sinne, zumal Macht im traditionellen Sinn, insbesondere militärische Macht, weitgehend funktionslos geworden sei (die Ozonschicht läßt sich nicht mit Waffengewalt schützen, ebensowenig wie der freie Handel). Von daher sieht er keinen Anlaß zu einer außenpolitischen Kurskorrektur, auch nicht in Richtung einer verantwortlichen Machtpolitik.

– aus interdependenztheoretischer Sicht

Interessant an dieser Divergenz der Auffassungen ist, daß sie nicht *nur* – freilich, was bei solch praxisbezogenen Themenstellungen nahe liegt, aber wohl *auch* – auf unterschiedlichen politischen Meinungen der Autoren beruht. Vielmehr spiegeln sich, wie angedeutet, darin auch strittige politik*wissenschaftliche* Auffassungen über den Gegenstand der Disziplin wie die Methoden seiner Erforschung. Dabei wird man, ohne falsche Harmonisierung, doch sagen können, daß es im Verlauf der nun über zwanzigjährigen Debatte zwischen Realisten und Interdependenztheoretikern (die ihrerseits nur die jüngste Stufe in einem Disput darstellt, der bis an den Anfang der Disziplin zurückreicht), nicht nur zu wichtigen Erkenntnissen, sondern auch zu einer Weiterentwicklung beider Ansätze im gegenseitigen Messen aneinander gekommen ist. Gerade das Verständnis für die Bedingungen internationaler Kooperation ist hierdurch vertieft worden. Realisten und Interdependenztheoretiker konnten dabei wechselseitig voneinander lernen, auch wenn sie dies nicht immer einräumen. Daß politisch-praktisch und somit auch in der politikberatenden Politikwissenschaft dennoch genügend Meinungsunterschiede verbleiben, ist kaum erstaunlich. Die kurz skizzierte Divergenz zwischen SCHWARZ und RITTBERGER ist hierfür nur *ein* Beispiel. Aber

Zwischenfazit

schließlich macht nicht zuletzt dies das Teilgebiet „internationale Konflikte und Kooperation" zu einem lebendigen Forschungsgebiet, für das gilt, was auch für seinen Gegenstand behauptet wurde: Konflikte sind etwas Natürliches, es kommt darauf an, sie geordnet auszutragen.

5 Theoriedebatte: Grundkonflikte über Weg und Ziel

In diesem Text zu den Grundlagen der Politikwissenschaft habe ich schon oft auf die verschiedenen „Theorieansätze", auf die „Meta-Theorien" oder auf die unterschiedlichen „Paradigmen" verwiesen – mit dem Versprechen, dies später zu klären. Voilà, packen wir es an. Sowohl in den Abschnitten über Methoden als auch über politische Theorie wurden Grundfragen der Wissenschaft und der Theoriebildung bereits angerissen. So wissen wir, daß Wissenschaft eine systematische Tätigkeit ist, die sich auf die Erfahrungswelt der Wirklichkeit richtet und diese mit Grundannahmen, Fragestellungen und Hypothesen ordnet, um darüber zu verallgemeinerbaren Aussagen (Theorien) zu gelangen.

Soweit scheint noch recht große Einigkeit zu bestehen, da sich hierin wissenschaftliches Wissen vom Alltagswissen unterscheidet. Über den Weg und das Ziel innerhalb dieses allgemeinen Rahmens herrscht aber Disput. Der Stellenwert von Wertungen, Methoden, Erkenntnisinteressen und Zieldefinitionen ist umstritten.

Drei Spielarten der wissenschaftstheoretischen Perspektiven in der Politikwissenschaft werden hier vorgestellt. Das heißt nicht, daß es nur diese drei Richtungen gibt, klar voneinander abgeschottet, und sonst keinen anderen Weg. Es gab auch Vorschläge, nur zwei Perspektiven der Wissenschaft (z.B. bürgerliche versus marxistische Wissenschaft) oder vier Richtungen (normative, universalistische, kritische und rationalistische, GÖRLITZ 1972) gelten zu lassen. Fünf oder sechs wären auch denkbar. Andere verspotteten die „Narretei" der Meta-Theorien in Bausch und Bogen (MATZ 1985) und glaubten, sie könnten sich ganz über diesen Streit erheben.

> Die Dreiteilung ist Konvention: auch andere Einteilungen sind denkbar

Mir scheinen drei Ansätze als Grundorientierungen weiterhin sinnvoll, wie dies auch in anderen Einführungen in die Politikwissenschaft so gesehen wird (BÖHRET u.a. 1988, S. 402ff., KONEGEN 1988, S. 98ff., v. BEYME/CZEMPIEL/ KIELMANSEGG 1987a, S. 78ff.). Aber diese drei dürfen sicher nicht zu Marmorsäulen gemeißelt werden, die das ganze Portal tragen, durch das man allein die Politikwissenschaft betreten kann. Es sind Idealtypen, die in reiner Form in der Realität kaum anzutreffen sind. Es sind „Paradigmen", d.h. Grundmuster des Erkenntnis- und Forschungsprozesses, die sich zwar klar unterscheiden, aber auch teilweise überlappen und intern sehr ausdifferenziert sein können. Die drei Ansätze sind:

- **normativ-ontologische**, die eine Orientierung an überzeitlichen Werten mit sinnverstehender Forschung und einem praktischen Erkenntnisinteresse verknüpfen,

- **kritisch-dialektische**, die historisch-ganzheitliche, gesellschaftskritische Analysen mit dialektischen Methoden und mit einem emanzipatorischen Erkenntnisinteresse verbinden,
- **empirisch-analytische**, die einen an der strikten empirischen Erfahrung orientierten Erkenntnisbegriff mit einem eher technischen und scientistischen Erkenntnisinteresse verbinden.

Zunächst werden diese drei Paradigmen kurz skizziert (die Darstellung folgt weitgehend v. ALEMANN/FORNDRAN 1990, S. 48ff.). Zur Illustration dieser eher abstrakten Debatte wird dann ein Auszug aus einem Streitgespräch zwischen drei Proponenten dieser drei Ansätze wiedergegeben. Zusammenfassende Überlegungen und Ausblicke schließen dieses Kapitel ab.

5.1 Die drei klassischen Paradigmen

5.1.1 Der normativ-ontologische Ansatz

Über den Begriff kann man streiten. Einige nennen diesen Ansatz nur den „normativen" (also „wertenden"), andere drehen ihn um und sprechen vom ontologisch-normativen Ansatz. Statt „ontologisch" (Seins-Aussagen betreffend) kann man auch „existentialistisch" sagen, was fast dasselbe auf Lateinisch statt auf Griechisch bedeutet. Die Vertreter selbst bezeichnen ihre Perspektive zum Teil als „praktisch-philosophisch". Jedenfalls bezeichnet der Wortsinn Theorieansätze, die wertende und Seins-Aussagen zu machen und zu verbinden versuchen. In der Nachkriegszeit hatte dieser Ansatz zunächst eine führende Bedeutung beim Wiederaufbau der Politikwissenschaft. Es ist eigentlich der einzige wirklich genuin politikwissenschaftliche Ansatz, da der empirische Ansatz eher von der Soziologie und der dialektisch-kritische ebenfalls von der Soziologie, aber auch von der Philosophie getragen wird. In den letzten Jahren ist die Bedeutung des normativ-ontologischen Ansatzes zurückgegangen, ohne daß diese Grundorientierung damit bedeutungslos geworden wäre.

Normative Wissenschaft wendet sich gegen wertfreien Empirismus

Die *normative* Komponente wendet sich gegen das Bestreben empirischer Forschung, nur objektive, physisch erfahrbare, „greifbare" Beobachtungen und darauf gründende Theorien als Wissenschaft zuzulassen. Wertungen des Wissenschaftlers über Sinn und Ziel der Gesellschaft werden von der empirischen Forschung als subjektiv, unwissenschaftlich und metaphysisch oder spekulativ ausgeschlossen. Normative Wissenschaft geht genau den gegenteiligen Weg. Sie macht Sinn und Ziel von Gesellschaft zum Mittelpunkt ihrer Arbeit. Objektive, am naturwissenschaftlichen Ideal ausgerichtete Forschung sei in den Geistes- und Sozialwissenschaften unmöglich, da weder der Forscher selbst, noch sein Objekt sich aus den gesellschaftlichen Wertungen heraushalten könne. Die Gesellschaft oder auch nur winzige Teile von ihr lassen sich nicht auf dem Labor-Tisch separieren, kontrollieren und sezieren. Eine Wertfreiheit des Wissen-

124

schaftlers sei gar nicht wünschenswert, da er verpflichtet sei, seine Fähigkeiten für die Verwirklichung praktisch-menschlicher Ziele einzusetzen.

Die *ontologische* Komponente geht davon aus, daß eine Seins-Ordnung und ein Sinn des menschlichen Existierens bestehen müsse. Dies wird religiös-christlich oder auch humanistisch begründet. Die erstrebenswerte „gute Ordnung", d.h. „die Frage nach dem guten Leben und dem Bild des Bürgers und des Staatsmannes" (MAIER 1971, S. 13), wird als uralte, von Aristoteles und Platon bereits artikulierte und seither aktualisierte aber nie endgültig beantwortbare Frage angesehen. Politische Wissenschaft als Reflexion über den Sinn von Mensch und Gesellschaft im Lichte einer überzeitlichen Wahrheit, die vom politischen Philosophen in Umrissen erkennbar ist, rangiert vor der empirischen Kleinarbeit, die als vordergründige Fliegenbeinzählerei von Sozialtechnologen abgetan wird. Vielmehr stelle sich auch „heute die alte, zuerst von Thomas (d.h. von AQUIN, U. v. A.) formulierte Frage in neuer Gestalt: ob es nicht wichtiger sei, in großen Dingen weniges zu wissen als in den kleinen alles" (MAIER 1971, S. 13).

Lieber in den großen Dingen weniges wissen als in den kleinen alles?

Neben der politischen Philosophie sind Regierungslehre, zum Teil in bewußter Anknüpfung an die ältere „Staatskunstlehre", und Staatsbürgerkunde, weniger auch Außenpolitik oder Parlamentarismusforschung die wichtigsten Arbeitsgebiete der normativ-ontologisch orientierten Politikwissenschaftler. Begründet wurde die normativ-ontologische Richtung in der deutschen Politikwissenschaft von der sogenannten „Freiburger Schule" um Arnold Bergsträsser und später Wilhelm Hennis sowie Dieter Oberndörfer (vgl. OBERNDÖRFER 1966), aufgenommen wurde sie auch von der sogenannten „Münchner Schule" um Hans Maier, Nikolaus Lobkowitz und Manfred Hättich (vgl. MOHR 1988).

Methodisch stützt sich die normativ-ontologische Richtung auf die Methoden der Geisteswissenschaften, die hermeneutische Textinterpretationstechniken bevorzugen. Ohne sehr große Resonanz wurde versucht, die mehr rhetorische Technik der Topik wiederzubeleben, die es nach dem Vorbild der klassischen Rhetorik unternimmt, die plausiblen, annehmbaren Gesichtspunkte einer Argumentation herauszuarbeiten. Sie verlangt keine logischen, kausalen Schlüsse, sondern fordert die Vernünftigkeit der Ergebnisse. Der „gesunde Menschenverstand" ist ein wesentliches Hilfsmittel. Daneben wird die „Phänomenologie" benutzt, eine Methode der ganzheitlichen Zusammenschau, mit deren Hilfe das „Wesen" des Gegenstandes erfaßt werden soll. Im übrigen werden historische Arbeitsweisen gerade bei denjenigen Forschern bevorzugt, die im Bereich der politischen Ideengeschichte arbeiten.

5.1.2 Der kritisch-dialektische Ansatz

Auch bei der Bezeichnung dieser Perspektive ist sich die Wissenschaft nicht einig. Manche bezeichnen ihn als gesellschaftskritisch, andere als dialektisch-historisch. Jedenfalls soll er von dem traditionellen orthodox-marxistischen Ansatz abgegrenzt werden, der im Sinne eines „wissenschaftlichen Sozialismus" auf der Basis einer schulmäßigen Exegese der marxistischen Klassiker Marx, Engels und Lenin ein dogmatisches Gedankengebäude aufbaute. Zentrum des kritisch-dialektischen Ansatzes ist die soziologisch-philosophische Tradition der „kritischen

Abgrenzung vom „wissenschaftlichen Sozialismus"

125

Theorie" aus der sogenannten Frankfurter Schule von Max HORKHEIMER, Theodor W. ADORNO und Herbert MARCUSE, weiterentwickelt insbesondere von Jürgen HABERMAS (zur Frankfurter Schule vgl. JAY 1976).

Ausgangspunkt aller kritisch-dialektischen Theorieansätze sind Grundpositionen, die sich mit den Elementen Rekurs auf den frühen Marx, Geschichtlichkeit, Totalität und Dialektik beschreiben lassen. Marx' Kritik der bürgerlichen Gesellschaft als Basis und seine Utopie einer herrschaftsfreien Gesellschaft als das Ziel sowie die wesentlichen Grundkategorien seiner Kritik der politischen Ökonomie verbinden die kritisch-dialektischen Theorien. Im Gegensatz zu den Theorien des „wissenschaftlichen Sozialismus" werden aber die Marx'schen Frühschriften und das Entfremdungsproblem, das sich auch mit psychoanalytischen Kategorien verbinden läßt, und vor allem die Fragen der grundsätzlichen Revidierbarkeit einzelner Marx'scher Annahmen und Voraussagen in den Mittelpunkt gestellt.

Geschichtlichkeit der Gesellschaft

Der Nachdruck auf der Geschichtlichkeit des Gegenstandes, also der Gesellschaft, schließt unhistorische Kategorien aus, seien sie ontologisch (z.B. „gute Ordnung") oder nomologisch begründet (z.B. die Gesetzmäßigkeit von sozialem Verhalten, wie dies Empiriker zu begründen suchen). Gesellschaft ist nur als historischer Prozeß denkbar und muß deshalb auch wissenschaftlich immer neu begriffen werden. Sozialwissenschaftliche Forschung müsse deshalb immer die historische Komponente miteinbeziehen. Ohne sie seien weder allgemeine Werte, wie Ordnung, Demokratie, Herrschaft, ableitbar und konkretisierbar, noch soziales Verhalten in der modernen Industriegesellschaft erklärbar.

Mit der Forderung, den Gegenstand historisch zu begreifen, steht das Postulat nach einer gesamt-gesellschaftlichen Analyse, die ihre Arbeit ständig an einer Totalität der Gesellschaft orientiert, in engem Zusammenhang. Isolierung einzelner Werte und Ideen, einzelner „Subsysteme", oder Verhaltensmuster wird abgelehnt, da Gesellschaft immer nur als Ganzes zu erfassen sei. Hilfsmittel dazu ist die Einbeziehung der Dialektik als Methode. Das Einzelne müsse ständig in seinem dialektischen Zusammenhang mit dem Ganzen begriffen werden. Dialektik als Methode soll sowohl diese Beziehung von Teil und Ganzem umfassen aber besonders auch das Verhältnis von Forschungsobjekt und forschendem Subjekt. Der Sozialwissenschaftler müsse die Konsequenz aus der Tatsache ziehen, daß er gleichzeitig Beobachter und Gegenstand ist, da er sich ja selbst als Teil in der zu untersuchenden Gesellschaft befindet. Er ist also immer notwendig teilnehmender Beobachter.

Dialektik als Methode und Strukturprinzip

Dialektik ist aber mehr als nur Methode, sie ist auch Struktur- und Entwicklungsprinzip der Wirklichkeit. Die antagonistischen Widersprüche der Produktivkräfte und Klassen, aber auch die gesellschaftliche Dimension der materiellen produzierenden Basis und des institutionellen Überbaus, auch sie werden in einem dialektischen Verhältnis gesehen. Aus ihrer Synthese hat sich schließlich die herrschaftsfreie Gesellschaft zu entwickeln, und zwar in einem dialektischen historischen Prozeß, der die gesellschaftlichen Widersprüche und ihre Lösungsversuche vorwärts bewegt. Dabei hat man sich allerdings von der Orthodoxie eines gesellschaftlichen Fortschritts nur durch Klassenkampf verabschiedet.

Die kritisch-dialektischen Theorieansätze haben keine wirklich eigene sozialwissenschaftliche Methodologie entwickelt, sondern historische Methoden, hermeneutische Methoden der geisteswissenschaftlichen und philosophischen Text-kritik, aber auch empirische Forschungsmethoden rezipiert. Vertreter der kri-tisch-dialektischen Theorieansätze sind in den siebziger Jahren sicher Jürgen HABERMAS und Claus OFFE gewesen, die unmittelbar aus der Frankfurter Schule hervorgegangen sind. Aber auch die stärker dem Marxismus zugewandten Wis-senschaftler wie Johannes AGNOLI (1968) oder Elmar ALTVATER (1979, aber auch 1991) oder auch Joachim HIRSCH (1974) und Josef ESSER (1975) sind hier einzuordnen. Den anspruchsvollen Versuch einer Theorie der Politikwissen-schaft mit einer Theorie der Ökonomie und Politik zu verknüpfen, haben BLAN-KE/JÜRGENS/KASTENDIEK (1977) versucht. Mit dem Niedergang der Faszination der marxistischen Theorie ist auch das Profil der kritisch-dialektischen Politik-wissenschaft sehr viel verschwommener geworden. Von der historischen und neo-marxistischen Forschung haben sich viele gelöst und sich entweder empiri-schen, aber gleichwohl noch gesellschaftskritischen Arbeiten im Bereich der Politikfeldanalysen oder aber der Internationalen Politik und Ökonomie zuge-wandt.

5.1.3 Der empirisch-analytische Ansatz

Auch bei dieser Theorievariante ist man sich über die Benennung nicht einig. Sie wird auch – mehr polemisch – als empiristisch oder positivistisch oder genauer als neo-positivistisch bezeichnet. Sie selbst nennt sich lieber „rationalistisch" (GÖRLITZ 1972, S. 49), „kritisch rational" (POPPER 1966) oder „erfahrungswis-senschaftlich" (FALTER 1987, S. 295) oder sie bezeichnet sich einfach als die „moderne Methodologie der Sozialwissenschaft" (OPP 1970, S. 14). Freilich sind die Namen nicht völlig austauschbar. Reiner Positivismus ist etwas anderes als kritisch rationale Wissenschaftstheorie. Dennoch lassen sich gegenüber den bei-den anderen Paradigmen mehr gemeinsame als trennende Punkte finden.

Der Ausgangspunkt liegt im „Positivismus", der im 19. Jahrhundert als Kritik gegen den spekulativen Idealismus und die verstehenden geisteswissenschaftli-chen Methoden entstand. Nur positives Wissen, das physisch „erfahrbar" (empirisch) und durch systematische Beobachtung erfaßbar sei, könne wissen-schaftlichen Ansprüchen genügen. Alle übrigen Überlegungen zu Sinn, Wesen, Wert und Ziel von gesellschaftlicher Wirklichkeit seien reine Meta-Physik oder Spekulation und hätten in der Wissenschaft nichts zu suchen. Die Existenz einer „objektiven Wahrheit" wird abgelehnt. Wahr ist nur, was wirklich ist. Das Vor-bild seien die Naturwissenschaften, die mit ihrem Programm erfolgreich zeigten, daß sie „beschreiben, erklären, voraussagen" (describe, explain, predict) können.

Das Vorbild der naturwissenschaftlichen Theoriebildung wollen die empirisch-analytischen Theoretiker für die Sozialwissenschaften nutzen und darüber die Einheit der Wissenschaften wiederherstellen. Ziel des empirisch-analytischen Theoriebegriffs ist also die Beschreibung, Erklärung und Prognose der Wirklich-keit. Hier gibt es zwei verschiedene Orientierungen. Das *induktive* Verfahren beginnt „voraussetzungslos" mit dem Beobachten von einzelnen Ereignissen oder Verhalten in der Wirklichkeit. Die Beobachtungen werden systematisch in Protokollsätze gefaßt und daraus Hypothesen formuliert, die in vergleichbaren Einzelheiten und Einzelfällen nachgeprüft werden. Bestätigen sich so die Hypo-

Positivismus als Kritik des Idealismus

thesen an einer Reihe von Fällen, wird also eine Regelmäßigkeit entdeckt, so kann daraus ein „Gesetz" (eine nomologische oder nomothetische Aussage) und aus mehreren aufeinanderbezogenen Gesetzen eine Theorie gebildet werden, die besagt, daß unter ähnlichen Umständen mit bestimmter Wahrscheinlichkeit dasselbe Ereignis oder Verhalten auch in Zukunft eintreten wird. Ziel ist es also, „Wenn-dann-Aussagen" oder auch „Je-desto-Aussagen" aufzustellen.

Das *deduktive* Vorgehen bezweifelt die Möglichkeit, voraussetzungslos, als reiner Beobachter an die Wirklichkeit heranzutreten. Schon die Auswahlkriterien eines Wissenschaftlers, mit denen er sich für ein Forschungsobjekt entscheidet, basieren auf bestimmten Interessen und Perspektiven. Induktion sei deshalb Augenwischerei, da es kein voraussetzungsloses Forschen gebe. Deduktives Vorgehen bedeutet deshalb von vornherein die Aufstellung allgemeiner, generalisierbarer Annahmen oder Hypothesen, die dann in überprüfbare Bestandteile umgesetzt (operationalisiert) und an der Wirklichkeit getestet werden. Hält die Hypothese stand, kann sie vorläufig als richtig gelten. Mehrere verbundene Hypothesen ergeben eine Theorie. Hält sie aber nicht stand, wird sie „falsifiziert", so muß sie fallengelassen oder neu formuliert werden. Theorien können also niemals als „verifiziert", als endgültig bewiesen gelten, es sei denn sie wären so allgemein und umfassend, daß kein Fall in Gegenwart und Zukunft denkbar ist, der ihnen widerspricht. Dann sind sie aber inhaltsleer. Die wesentliche Aktivität des Wissenschaftlers bestehe deshalb nicht im Beweisen oder Verifizieren, sondern im Falsifizieren vorläufig als richtig angenommener Theorien.

Empirisch-analytische
Theorien verfügen
über großes Methodenrepertoire

Die empirisch-analytischen Theorien zeigen die am stärksten durchsystematisierte Forschungsmethodologie. Sie bieten ein vollständiges Programm von der „grand theory" über die Theorien mittlerer Reichweite bis zu den verschiedenen Bereichstheorien, die mit Hilfe von einer Fülle von Methoden (Hypothesenbildung, Operationalisierung) über Techniken der empirischen Analyse (Interview, Beobachtung, Inhaltsanalyse usw.) bis hin zu technischen Auswertungsverfahren bearbeitet werden. Ein Lehrbuch zu diesem schulmäßigen empirisch-analytischen Forschungsprozeß liegt durch H. v. ALEMANN (1977) vor.

In seiner strengen Form wird der empirisch-analytische Ansatz insbesondere in der empirischen soziologischen Sozialforschung benutzt. In der Politikwissenschaft ist er insbesondere in der empirischen Wahlforschung, Einstellungsforschung, Wertwandelforschung oder auch Parteienforschung und zum Teil in der Medienforschung zu Hause, wie sie insbesondere von der sogenannten „Mannheimer Schule", begründet von Rudolf WILDENMANN und heute repräsentiert von Max KAASE (vgl. z.B. BARNES/KAASE 1985) oder auch dem Berliner Jürgen FALTER vertreten wird.

In ihren weichen Form, ohne eine durchmathematisierte und immer quantifizierbare Methodologie einzusetzen, ist die empirisch-analytische Perspektive durchaus zum „main stream" der Politikwissenschaft als moderner Sozialwissenschaft geworden. Die allergrößten Teile der neueren Politikfeldanalysen, der vergleichenden Politikforschung und der politischen Soziologie, aber auch der internationalen Politik oder der Konfliktforschung sind empirisch-analytisch orientiert, wenn auch durchaus normative oder gesellschaftskritische Elemente eingewoben werden.

5.2 Ein nicht ganz sokratischer Trialog

Obwohl die drei wissenschaftstheoretischen Ansätze Idealtypen sind, die in reiner Form im politikwissenschaftlichen Alltag schwer erkennbar sind, existieren durchaus reale Personen, die für diese Positionen stehen, sie vertreten und für sie eintreten. Das „Funkkolleg Politik", das 1985/86 von den dritten Hörfunkprogrammen ausgesendet und in der politischen Erwachsenenbildung mit Begleitseminaren flankiert worden war, hat die Materialien in zwei Publikationsreihen veröffentlicht (v. BEYME/CZEMPIEL/KIELMANSEGG/SCHMOOCK 1987b im Verlag Kohlhammer sowie v. BEYME/CZEMPIEL/KIELMANSEGG 1987a im Fischer-Verlag). In der letzteren Veröffentlichung ist ein Streitgespräch zwischen drei Protagonisten der drei Positionen abgedruckt, das als Dialog, nein man muß in diesem Fall besser sagen Trialog, einen so farbigen Eindruck von den wesentlichen Diskussionspunkten zwischen den unterschiedlichen Perspektiven herauspräpariert, daß ich es sinnvoll finde, diese Quelle im Original hier wiederzugeben.

Zwei der drei Diskussionsteilnehmer haben wir als namhafte Fachvertreter des Bereichs politische Theorie oben schon porträtiert, Iring FETSCHER und Wilhelm HENNIS. Der dritte, der den empirisch-analytischen, oder wie er selbst sagt, den erfahrungswissenschaftlichen Ansatz in der Politikwissenschaft repräsentiert, ist Jürgen W. FALTER. Er ist 1944 geboren und gehört damit einer deutlich jüngeren Generation an. Er hat eine Professur für Politische Wissenschaft und Vergleichende Faschismusforschung an der FU Berlin inne, und er hat sich durch zahlreiche Veröffentlichungen zu Theorie, Methoden und zur politischen Willensbildung, insbesondere Wahlen, einen Namen gemacht (FALTER 1982, 1991, FALTER/GÖHLER 1986).

> Fetscher, Hennis und Falter als Protagonisten der drei Theorieansätze

Gesprächsleiter ist Peter Graf KIELMANSEGG, geboren 1937. Er war Professor in Köln und lehrt seit 1985 an der Universität Mannheim. Er hat Bücher über „Deutschland und der Erste Weltkrieg" (1980b), „Volkssouveränität" (1977) und „Nachdenken über die Demokratie" (1980a) geschrieben. Mit Wilhelm HENNIS und Ulrich MATZ hat er zwei Bände zum Problem der „Regierbarkeit" (1977/ 1979) herausgegeben, in denen er die „Unregierbarkeit" der modernen Demokratie durch Anspruchsdenken der Bürger und „Gegenregierungen" der Interessenverbände problematisiert. KIELMANSEGG steht insofern einer normativen Position nahe, die er allerdings nicht mit einer altkonservativen, sondern eher mit einer liberalen Haltung verknüpft.

> Kielmansegg als Moderator

Diskussion über den wissenschaftlichen und den philosophischen Umgang mit Politik (aus: v. BEYME u.a. 1987a, Bd. 1, S. 78 – 98)

„Prof. Graf Kielmansegg: Als Friedrich Schiller im Jahre 1789 seine Geschichtsprofessur in Jena übernahm, führt er sich ein mit einer Vorlesung über das Thema: „Was ist und zu welchem Ende studiert man Universalgeschichte?" Wir wollen heute nicht über Weltgeschichte debattieren, sondern über Politikwissenschaft, wir wollen also fragen: Was ist und zu welchem Ende studiert man Politikwissenschaft? (...) Die Angelsachsen sprechen von *Political Science,* und damit haben sie bereits in gewisser Weise eine Antwort auf die Frage gegeben: was das denn eigentlich sei, die Politikwissenschaft. Denn science ist keineswegs jede Wissenschaft, science, das sind die „harten" Wissenschaften, die Gesetze formulieren, die zuverlässiges Wissen bereitstellen: im wesentlichen die Naturwissenschaften. Wenn die Angelsachsen also die Wissenschaft von der Politik „Political Science" nennen, dann verbinden sie eine

ganz bestimmte Vorstellung von dieser Wisssenschaft mit dem Begriff. Herr Falter, ist das auch Ihr Verständnis dieser Disziplin?

Prof. Falter: Nicht das alleinige, aber so, wie ich sie betreibe: ja. Politikwissenschaft als Erfahrungswissenschaft, die fragt: was ist der Fall, *wie* ist etwas der Fall, und *warum* ist es so und nicht anders. Das heißt: Ziel erfahrungswissenschaftlich betriebener Politikwissenschaft ist m.E. die Beschreibung, die Erklärung und die Prognose von politischen Vorgängen, von politischen Ereignissen. Dabei erfordert Erklärung und Prognose einen Fundus an Gesetzeswissen, an Kenntnis über soziale und politische Regelmäßigkeiten, wobei dieser Art von Politikwissenschaft, wie ich sie betreibe, sicher die Annahme zugrunde liegt, daß politische Vorgänge zumindest teilweise regelhaft verlaufen, daß auf diese Weise sich Prognosen treffen lassen, Erklärungen durchführen lassen. Das Vorgehen einer so verstandenen, erfahrungswissenschaftlich betriebenen Politikwissenschaft ist systematisch und kumulativ, es ist gekennzeichnet vom Streben nach Nachprüfbarkeit und nach Objektivität. D.h., die Aussagen müssen von der Erfahrung widerlegt werden können, sie müssen überprüfbar sein, und sie sollten repräsentativ sein für das, worüber sie Aussagen machen, um verallgemeinerungsfähig zu sein. Das scheint mir eines der großen Probleme der Politikwissenschaft zu sein, daß genau diese letzten Kriterien sehr oft verletzt werden.

Prof. Graf Kielmansegg: (...) Nachdenken über Politik ist ja nichts Neues, keine Erfindung des 20. Jahrhunderts. Wie verhält sich eigentlich das Verständnis von Politikwissenschaft – ich sage es jetzt einmal überspitzt – als einer Naturwissenschaft der Politik zu dem, was Nachdenken über Politik in der Tradition der europäischen Geistesgeschichte gewesen ist?

Prof. Hennis: Ich kann leicht an die zentralen Begriffe von Herrn Falter anknüpfen. Selbstverständlich ist die Politik, auch nach meinem Verständnis – und ich glaube auch im Verständnis der ganzen Tradition – eine Erfahrungswissenschaft, sie ist auch Wirklichkeitswissenschaft. Sie handelt allerdings von einem Bereich, den wir anders erfahren, als der Naturwissenschaftler seine „Wirklichkeiten" erfährt. Die Politikwissenschaft setzt ein in der Antike mit der Erfahrung, die nur die Griechen machen, daß das Leben in einer gut geordneten politischen Gesellschaft dem Menschen eine Möglichkeit gibt, die ihm außerhalb dieser Gesellschaft – also, wie die Griechen es so schön sagen: den Barbaren – verwehrt ist. Die politische Wissenschaft ist in ihrem Ursprung eine Wissenschaft von dem in der Polis lebenden, in ihr leben könnenden Menschen. Der erste große Politikwissenschaftler, wenn man ihn denn doch so bezeichnen kann, Platon, reflektiert diese Erfahrung aus der Perspektive eines Philosophen, eines Gesetzgebers in einem – wenn ich einen Frankfurter Begriff gebrauchen darf – emphatischen Sinne, der zu wissen meint, wie diese Ordnung geordnet sein müsse, damit die Menschen zu ihrer vollen „Natur" kommen können. Und so, wie man gesagt hat, die gesamte Philosophie sei eine Fußnote zu Platon, so wird man auch sagen können, daß die gesamte politische Wissenschaft seitdem eine Reihe von Fußnoten zu Platon ist. Das beginnt mit seinem Schüler Aristoteles, der auf eine etwas niedrigere Erfahrungsebene herabtritt, also aus der Perspektive des Bürgers fragt, auch aus der Perspektive des leitenden Staatsmannes, aber kaum noch aus der Perspektive dieses emphatischen „Gesetzgebers". Wir fragen heute allenfalls noch aus der Perspektive des Bürgers, für den die Politik kaum noch als Bereich erfahrbar ist, in dem er zu seiner „Vollendung" kommen könnte, und er erfährt die Politik als Schicksal, als Möglichkeit, als Chance. So ähnlich erfährt sie auch der Politiker. Aus dieser Erfahrungsposition heraus wird heute gefragt. Ich glaube nicht, daß die Gleichsetzung dieses Erfahrungshorizontes mit dem der Naturwissenschaften irgend etwas wirklich in ihren Ergebnissen Vergleichbares bringen könnte. Ich fürchte, daß die Hoffnung Herrn Falters, daß im Bereich der Politik prognosefähige Aussagen gemacht werden können, auch weiterhin trügen wird. Nichts läßt erwarten, daß wir über den Status, den unsere Wissenschaft in bezug auf Prognosefähigkeit heute erreicht hat, je hinauskommen werden.

Prof. Graf Kielmansegg: Das Schlüsselwort, Herr Hennis, von der politisch gut geordneten Gesellschaft als dem Ziel, an dem sich das Nachdenken über Politik orientiert, erinnert mich an einen Begriff, Herr Fetscher, der in einer Skizze, die Sie zur Vorbereitung dieses Gesprächs gemacht haben, auftaucht: an die Formel von einem erkenntnisleitenden Interesse, das die Politikwissenschaft bestimmen müßte – das wäre ja ein solch erkenntnisleitendes Interesse, was Herr Hennis da eben skizziert hat. Vielleicht sagen Sie etwas zu der Frage, inwieweit die Auffassung, die Herr Hennis hier vorgetragen hat, Ihrem eigenen Verständnis von Politikwissenschaft entspricht.

Prof. Fetscher: Ich möchte noch einmal auf die Auffassung von Herrn Falter zurückgreifen. In der Naturwissenschaft ist, ohne daß es dem Wissenschaftler immer bewußt sein müßte, das erkenntnisleitende Interesse, Macht zu gewinnen, Macht über die Natur. Man kann natürlich auch Politikwissenschaft in diesem Sinne entwerfen und bietet dann dem Herrscher oder dem Herrschaftswilligen das Instrument an, mit dessen Hilfe er seine Ziele besser erreichen kann. Im Grunde genommen war das in der Tat eines der Konzepte, die bei Machiavelli eine Rolle gespielt haben. Wenn wir aber – in dem Punkt gehe ich mit Herrn Hennis ganz einig – die Geschichte in unserer Wissenschaft mit Plato und Aristoteles anfangen, haben wir ein anderes erkenntnisleitendes Interesse, nämlich das des Bürgers, unter optimalen gesellschaftlichen und politischen Bedingungen zu einem „guten Leben" zu gelangen. Nun ist keineswegs die platonsche Politeia ein Modell, an dem man sich heute noch als Norm orientieren könnte, aber der Gedanke, daß es darum geht, gesellschaftliche Ordnungen zu finden, in denen sich Menschen optimal entfalten und bewähren können – dieses Ziel, das man noch im einzelnen konkretisieren kann z.B. durch Bewahrung der Umwelt, bleibt für Politikwissenschaft maßgeblich. Ein ganz wichtiges normatives Ziel spielt dabei eine Rolle. Ich glaube, daß die von Herrn Falter apostrophierte Political Science durchaus eine, wenn auch – ich will nicht sagen: untergeordnete, aber doch begrenzte Rolle spielen kann. Natürlich muß man über kausale Relationen Bescheid wissen, aber das kann nicht der gesamte Umfang der Politikwissenschaft sein, weil man sich dann ja beliebigen Zielsetzungen wehrlos ausliefern würde, in deren Dienst diese Kenntnisse gestellt werden können. Die Political Science, die Herr Falter apostrophiert hat, kann selbstverständlich auch ein Diktator benützen.

Prof. Graf Kielmansegg: Ich würde jetzt gern zwei Herausforderungen an Sie zurückgeben, Herr Falter. Die eine: Was halten Sie von dem Vorwurf, den Herr Fetscher eben artikuliert hat – das, was Sie uns hier als Politikwissenschaft anbieten, werde zur Herrschaftswissenschaft, zu einer Wissenschaft, die den Herrschenden dient. Und die zweite, und vielleicht sollten Sie die vorwegnehmen: Herr Hennis hat gesagt, er glaube nicht daran, daß Politikwissenschaft jemals Prognosen werde machen können. Sie sind anderer Ansicht. Vielleicht sagen Sie zunächst einmal, ob Sie glauben, daß die Politikwissenschaft an dem einen oder anderen Punkt dieses Ziel doch schon erreicht hat, und wenn nicht, worauf Sie Ihre Hoffnung stützen, daß es anders kommen werde, um dann den Vorwurf von Herrn Fetschers „Herrschaftswissenschaft" aufzugreifen.

Prof. Falter: Die beiden Vorwürfe widersprechen sich ja. Entweder kann ich keine Prognosen machen, oder ich kann Herrschaftswissen bereitstellen. Das heißt also, Herrschaftswissen setzt eigentlich das voraus, was Herr Hennis leugnet. Und insofern ist Herr Fetscher mir ganz unwillentlich zur Seite gesprungen, was gar nicht typisch ist für die Situation. Typisch ist die Situation, wie die Meinungen am Tisch im Kopf der hier Vertretenen repräsentiert sind. Die Empirie ist in der deutschen Politikwissenschaft in einer gewissen Minderheitsposition, und sie wird von verschiedenen Seiten aus angegriffen. Angriff Nummer eins: Prognosen sind nicht möglich. Ich glaube, es sind eine ganze Reihe von Prognosen möglich, die relativ schlecht sind, sie sind so schlecht, wie die Prognosen der Meteorologie es bis vor einigen Jahren noch waren, bevor Satelliten zur Beobachtung des Wetters hochgeschossen worden sind. Das heißt, wir können immerhin mit einer überzufälligen Eintreffenswahrscheinlichkeit voraussagen, wie Wahlen ausgehen, wie wir bestimmte Wählergruppen ansprechen müssen, damit sie entsprechend beeinflußbar sind im Sinne demokratischer Normen, aber auch im Sinne undemokratischer Normen, und wir sind sicherlich in der Lage, relativ gute Prognosen zu machen über Sozialisationserfolge, über Sozialisationsprozesse, d. h. also Ausbildungsprozesse politischer Bildung, und ich glaube, selbst die normativen Programme, die Herr Hennis und auch Herr Fetscher mit anderer Zielsetzung vertreten, müssen auf solchen Erkenntnissen basieren, oder sie bleiben so etwas wie Alltagspolitik. Und das können die Politiker sehr oft besser als die Politikwissenschaftler, die das gleiche tun.

Prof. Hennis: Herr Falter, ich bin mit Ihnen einig, daß alle Wissenschaft auf Kenntnissen beruhen muß. Die Frage ist nur, von welcher Art, von welchem Charakter diese Kenntnisse sind. Ich glaube, Sie verwechseln technisch präzises, völlig eindeutiges Wissen, bei dem Sie exakt berechnen können, jedenfalls soweit die Lage es erlaubt, mit dem uns zugänglichen Wissen. Beim Bau eines Hochhauses würde keine Baugenehmigung erteilt werden, wenn die Statik nicht exakt durchgerechnet wäre in bezug auf Material und alles, was dazugehört. Sie verwechseln Herrschaftswissen mit solchem exakten Wissen oder setzen es mit ihm gleich. Sicher verfügen auch Sie über ein gewisses „Herrschaftswissen" im Umgang mit Ihren Kindern, mit Ihren Kollegen, mit Ihrer Frau, mit Menschen. Das ist von sehr unterschiedlicher Exaktheit, und dennoch ist es ein plausibles Erfahrungswissen. Und im Bereich der Politik werden wir mit dieser Art von Wissen, das „plausibel", mehr oder weniger „stimmig" ist, mal auch ganz danebengehen kann, leben müssen. Technisches Wissen eindeutig präziser Art steht uns im Bereich der Geschichte und Politik nicht zur Verfügung. Wenn Sie auf die Wahlforschung verweisen, so macht dieser Hinweis sicher deutlich, daß Ihre Art von Politikwissenschaft, die sich ja selbst als Unterfall einer bestimmten Sozialwissenschaft versteht, herausgewachsen ist aus der Markt- und Meinungsforschung. Da möchte man eben gerne zuvor wissen, bevor man die Milch in Halbliterpackungen oder als volle Liter abpackt, in welchem Prozentsatz man diese Packungen abnimmt. Das kann man machen. Hinterher sind es dann sicherlich nicht ganz exakt so viele gewesen, wie man vorherberechnet hat. Aber eine gewisse Exaktheit kann man in diese Dinge schon hineinbringen, mehr nicht. Jedenfalls würde man auf diesem Status des Wissens nie ein Hochhaus errichten können.

Prof. Graf Kielmansegg: Darf ich vielleicht eine Frage anschließen, Herr Hennis. Wenn es denn so ist, daß es sich um ungewisse Erfahrungen handelt, mit denen wir versuchen, die Politik zu begreifen, warum bedarf es dann überhaupt einer Wissenschaft, die sich dieses Gegenstandes annimmt? Könnte man nicht sagen, es ist ein Bereich, der überhaupt nur einer gewissen Art von Lebenserfahrung zugänglich ist, aber nicht eigentlich einer akademisch betriebenen Wissenschaft?

Prof. Hennis: Wenn wir absehen von bestimmten Gebieten der Naturwissenschaft, vor allem dem Paradigma der modernen Naturwissenschaft, der Physik, so ist alles Wissen, das wir im Bereich des Geistigen gewinnen, des Menschlichen, von der Art, daß von ihm mehr oder weniger gewonnen werden kann. Es ist gelehrtes Wissen, aber es ist nicht präzises Wissen. Wenn Sie, Graf Kielmansegg, am Anfang gesagt haben, die Angelsachsen würden unseren Fachbereich Political *Science* nennen, so ist erst in den letzten vier Jahrzehnten der Begriff „Science" im Sinne der Naturwissenschaften verstanden worden. Kein Bacon, kein Hobbes, kein Shaftesbury, niemand ist bis vor wenigen Jahrzehnten auf die Idee gekommen, den Begriff „Science" in „Political Science" „scientistisch", also naturwissenschaftlich zu verstehen. Es geht um Wissenschaft, die sich von ihren Anfängen an differenziert hat in praktische und theoretische Wissenschaft, solche, die eindeutige und präzise Kenntnisse einzig als Wissenschaft anerkennt, und solche, in der wir uns mit weniger eindeutigem, eben weil es sich um menschliches Handeln dreht, mit sogenanntem praktischen Wissen begnügen müssen. Immerhin handelt es sich aber um Kenntnisse, um Wissen, sogar um ein Wissen höchst bedeutender Art. Dieses Wissen, ethisches Wissen, politisches Wissen, ökonomisches Wissen ist nicht als absolut präzises Wissen zur Hand, dennoch ist das, was gewußt werden kann, von größter Bedeutung. Es ist ein Wissen, das gewonnen werden muß und das von den Wissenschaften auf einem Status gewonnen – oder vielleicht gewonnen werden kann, der von der Ebene des Alltagswissens ausgehen muß. Ethik, Politik und Ökonomie sublimieren gewissermaßen Alltagswissen, von ihm gehen sie aus, während die Naturwissenschaften davon von vornherein absehen und mit Modellen arbeiten. Eine Politikwissenschaft, die nur mit Modellen arbeiten würde, würde sich in Wolkenkuckucksheimen bewegen; eine Wirklichkeitswissenschaft wäre sie nicht. Der Begriff der Wissenschaft ist in unserer ganzen abendländischen

132

Tradition so vielfältig und differenziert, daß es mir außerordentlich abwegig erscheint, die politische Wissenschaft nun auf einen bestimmten Begriff hin festlegen zu wollen.

Prof. Fetscher: Ich würde gerne etwas Allgemeines dazu sagen. Ich erinnere mich an eine der frühen Arbeiten, mit denen ich mich beschäftigte. Es war die Philosophie des Grafen Paul Yorck von Wartenburg, der sagte: Die Praxis der Philosophie ist Pädagogik und Politik. Die Politikwissenschaft hat es mit dem Praktischwerden von Philosophie zu tun und kann daher nicht auf bloße Beschreibung oder kausale Forschung begrenzt werden, obgleich das sicher *auch* dazugehört. Als Beispiel für die Ambivalenz praktischer Kenntnisse naturwissenschaftlicher Art nenne ich die Kenntnis bestimmter Ressentiments in einem Bevölkerungsteil, die selbstverständlich auch demagogisch genutzt hervorragende Erfolge zu erzielen erlaubt. Das ist eine exakte, in Grenzen exakte Beschreibung. Aber daraus folgt ja nun noch nicht irgendeine Verhaltensnorm. Ich glaube nicht, daß bei einer so praxisnahen Wissenschaft wie der Politikwissenschaft auf eine normative Orientierung verzichtet werden kann. Man kann sagen, gut, der Physiker kann – auch das ist heute ja inzwischen umstritten – sozusagen frei von ethischen Normen seine Untersuchungen anstellen. Ein Sozialpsychologe, der z.B. das „Manipulationspotential" untersucht, das in einer Bevölkerung vorhanden ist, wäre, glaube ich, dazu verpflichtet, sich auf eine verantwortbare ethische Norm hin zu orientieren.

(...)

Prof. Graf Kielmansegg: Woher nehmen wir denn die Normen, an denen sich die Politikwissenschaft nach Ihrem Verständnis orientieren soll? Ist das ein willkürlicher Griff oder wo liegen, wenn es denn kein willkürlicher Griff ist, die Gründe, die wir für eine bestimmte Entscheidung angeben können?

Prof. Fetscher: Das ist in der Tat nicht so leicht zu sagen. Wir sind in gewisser Weise als Europäer doch wohl gehalten, aus einer Reflexion über unsere Tradition eines an Freiheit und Gerechtigkeit orientierten Denkens und Handelns diese Normen zu beziehen. Das heißt nicht unkritisch sie aufzugreifen, aber doch in der Reflexion auf das, was von Denkern, die sich mit den Fragen freiheitlicher gesellschaftlicher Organisation beschäftigt haben, an Normen entfaltet worden und ansatzweise auch gelebt worden ist, weiterzudenken. Herr Hennis hat mit Recht auf die antike Polis hingewiesen als den Ursprung, der sicher nicht einfach auf unsere Welt übertragen werden kann, obgleich auch das immer wieder versucht worden ist in den Townships in den Vereinigten Staaten und woanders, bis hin zu den Sowjets, wie sie Hannah Arendt interpretiert hat. Hinzu kommen auch die Erfahrungen des Scheiterns und der begrenzten Möglichkeit der Realisation solcher Normen. Also: aus der Geschichte, das ist die eine Antwort. Die zweite Antwort ist die von Jürgen Habermas gegebene: aus einem freien Diskurs unter allen Beteiligten. Eine ideale Norm, da dieser herrschaftsfreie Diskurs aller Beteiligten unter den gegenwärtigen Bedingungen einfach noch nicht stattfinden kann. Das ist eine höchst abstrakte normative Idee. Weil wir heute nicht mehr den Mut haben und in einem postmetaphysischen Zeitalter auch nicht mehr imstande sind, Normen metaphysisch oder religiös zu begründen, bleibt ehrlicherweise nur eine solche Lösung.

Prof. Graf Kielmansegg: Herr Hennis, darf ich Sie auch fragen, woher nehmen wir unsere Idee von dem, was die gute und die richtige Ordnung sei, auf die hin sich die Politikwissenschaft auszurichten hat?

Prof. Hennis: Die nehmen wir – ich zitiere Max Weber – daher, wo wir solche Normen vielleicht finden, wenn wir sie noch haben, aus unserer „Brust". Jedenfalls nicht aus irgendeiner Metaphysik, aus irgendeiner Ontologie. Wir können sie auch nicht aus irgendeiner Tradition übernehmen, wir können sie ganz sicher auch nicht in einem rationalen Diskurs gewinnen. Das würde bedeuten, daß wir den Menschen auf ein rationales Wesen reduzieren. Aber er ist nicht deshalb, weil er ein rationales Wesen ist, etwa fähig, Gerechtigkeit oder Ungerechtigkeit zu erfahren. Liebe, Mitleid, all das hat mir Ratio nichts zu tun, ist im Grunde nicht diskursfähig und schlägt unter bestimmten historischen Erscheinungen, Mächten, Religionen, Sippenbeziehungen, wie immer die Konstellationen sein mögen, in die Geschichte hinein und wird dann vielleicht auch „diskutiert", sicher in der Wissenschaft, wenn es eine freie Wissenschaft gibt, reflektiert. Das zu reflektieren ist dann die besondere Aufgabe, die gerade auch unserer Wissenschaft zugewiesen wird. Aber jedenfalls „hat" man diese Normen nie in einem unproblematischen Sinn. In bestimmten historischen Perioden verfestigen sie sich. Sie werden dann konventionell. Sie gehen in das Recht ein, in die Grundlagen der Verfassungsordnung. Und dann wechseln diese Normen wieder, wenn die Probleme andere geworden sind. Man kann dies mit besonderer Deutlichkeit sehen im Verhältnis – das gehört ja zum Politischen hinzu – der Staaten untereinander. Es ist für uns heute selbstverständlich, daß die höchste Aufgabe der Politik die Bewahrung des Friedens ist. Wir werden bereit sein, große Kompromisse mit anderen Prinzipien zu machen, um dieses Prinzip wahren zu können. Vor 50 oder 100 Jahren hätte man solche Kompromisse unter gar keinen Umständen geschlossen. So läuft es also in der Geschichte, nur so kann ich die Frage beantworten. Wir entnehmen diese Werte, solange wir dort noch welche finden, aus unserer Brust, aus unserem Herzen, aus unserem Kopf als lebendige historische Menschen und suchen uns darüber im politischen Prozeß zu einigen.

Prof. Fetscher: Darf ich noch einen Punkt hinzufügen, bevor Herr Falter mit Recht zu seiner Erwiderung einsetzt. Wir entnehmen ja diese Normen auch dem Widerspruch zwischen zu Ideologie gewordenen moralischen Selbstaussagen und der damit im Widerspruch stehenden Realität. Ich glaube, man brauchte nur auf konkrete Beispiele aus der jüngsten deutschen Geschichte hinzuweisen, wo die Ideologie ja eine Norm als existierend und wegweisend behauptet hat und die Realität dem so eklatant widersprach, daß man schon durch den Aufweis dieser Ideologiehaftigkeit Kritik üben konnte. Und das gehört wesentlich zur Aufgabe der Politikwissenschaft.

Prof. Graf Kielmansegg: Herr Falter, in der Skizze, mit der Sie dieses Gespräch vorbereitet haben, findet sich der sehr dezidierte Satz: Werturteile sind nicht wahrheitsfähig. Sagt dieser Satz nicht, daß das, was Ihre beiden Gesprächspartner als Aufgabe der Politikwissenschaft beschrieben haben, mit dem, was Sie für Wissenschaft halten, nichts zu tun hat?

Prof. Falter: Es müßte heißen: sind erfahrungswissenschaftlich gesehen, aus der Political-Science-Perspektive, nicht wahrheitsfähig, da sie kognitiven Sätzen, d.h. Sätzen über die Welt, wie sie ist und wie sie geworden ist, nichts an zusätzlichem Gehalt hinzufügen. Das heißt, wir lernen nicht mehr über die Welt, wenn wir sie in Gut und Böse, in moralisch verwerflich oder akzeptabel einteilen. Nehmen wir einmal Aussagen wie: Die Wähler der Christlich-Demokratischen Union setzen sich zu 65 % aus der Sozialschicht X und zu 35 % aus der Sozialschicht XY zusammen. Ob ich das gut finde oder nicht, trägt nichts zum Wahrheitsgehalt bei. Das heißt mit anderen Worten: Wir sind nicht in der Lage, auf Grund von derart empirisch ermitteltem Wissen etwas zur Normendiskussion im Hinblick auf die Setzung und Legitimation von Normen beizutragen. Wir können aber etwas ganz anderes, und das geschieht m. E. viel zu selten, von der empirischen Seite aus. Und da muß man sich auch an die eigene Brust schlagen. Wir können zumindest untersuchen, wie bestimmte normative Vorstellungen sich in der Realität auswirken, wir können auf die Einlösbarkeit und auf die Uneinlösbarkeit empirisch hinweisen. Wir können darauf hinweisen, welche Normen möglicherweise, empirisch gesehen, unverträglich sind. Wir untersuchen selbstverständlich andauernd, wie Normen Personen, politisch Handelnde anleiten in ihrem Verhalten. Wir untersuchen also Normen als unabhängige Variable oder als abhängige Variable in der Sprache des empirischen Wissenschaftlers. Was wir nicht tun können, das ist, Normen legitimatorisch zu begründen aus erfahrungswissenschaftlichen Sätzen.

Prof. Graf Kielmansegg: Wohl aber, wenn ich Sie richtig verstanden habe, das Gegenteil, nämlich Normen außer Kraft setzen. Sie haben von der Uneinlösbarkeit gesprochen. Das ist, logisch betrachtet, nicht das gleiche. Aber es läuft in gewisser Weise auf das gleiche hinaus.

Da hätte ich gerne eine Illustration. Wo hätte Erfahrungswissenschaft die Uneinlösbarkeit von Normen nachgewiesen?

Prof. Falter: Ich kann erfahrungswissenschaftlich Normen nicht widerlegen, nicht wahr. Das ist ganz selbstverständlich. Ich kann aber sagen, sie sind pragmatisch unsinnig, weil ich etwas fordere, das nicht eingelöst werden kann, etwa die Vorstellung des ununterbrochen politisch tätigen, allumfassend informierten, total durchrationalisierten Staatsbürgers, der von Rat zu Rat, von Rätehierarchie zu Rätehierarchie rennt, um dort seine Interessen zu vertreten.

Prof. Fetscher: Da ist Common sense.

Prof. Hennis: Braucht man dafür eine empirische politische Wissenschaft? Wonach ich Sie fragen würde, Herr Falter: Was sind eigentlich Ihre Fragen? Oder, wenn ich noch mehr konzentrieren kann: Was ist Ihre Frage und nicht nur Ihre Fragebögen?

Prof. Falter: Meine Frage ist: wie bestimmte Bereiche des Politischen funktionieren, was ausschlaggebend ist für politisches Verhalten von Bürgern, von Menschen, für politische Partizipation oder Nichtpartizipation. Und meine eigene Frage, wenn Sie mich nach meiner Forschung fragen, und das ist die, die mich bewegt seit Jahren: Was motiviert Leute dazu, für extremistische Parteien der Linken oder der Rechten zu stimmen, in verschiedenen historischen Perioden, sei es für die NSDAP, für eine stalinistisch orientierte KPD, für die DKP usw.

Prof. Fetscher: Es ist sicher eine interessante Frage, Herr Falter, das wird niemand leugnen. Aber eigentlich wollte ich Ihnen vorhin etwas entgegenkommen, indem ich auf die Ideologiekritik hingewiesen habe. Die kann ja durchaus empirisch vorgehen: Hier ist die Norm, zu der man sich öffentlich bekennt, dort das Verhalten, das mit ihm kontrastiert. Wertfrei gesagt: Die Norm ist offenbar hier ein „nützliches Tarnmittel". Von einem wertfreien Standpunkt aus sagen wir: Gut, das ist sehr geschickt. Es ist in vieler Hinsicht außerordentlich nützlich, so zu tun oder öffentlich den Eindruck zu erwecken, als orientiere man sich an Normen – ich will nicht polemisch werden –, z.B. an Unbestechlichkeit und Wahrheitsliebe und dergleichen, aber praktizieren sollte man sie lieber nicht, denn man hat sehr viel mehr Erfolg, wenn man sie nur zum Schein befolgt. Das wäre zu konstatieren. Sie können als empirischer Wissenschaftler nicht gut sagen, Politiker sollten sich gefälligst an die von ihnen plakativ vorgetragenen Normen halten. Das geht über Ihr Wissenschaftsverständnis hinaus.

Prof. Falter: Über die empirische Wissenschaft, nicht wahr. Natürlich kann ich ja auch einmal die Rolle wechseln und selber normativ argumentieren. Nur: Professionalisierung bedeutet Arbeitsteilung, und Sie praktizieren diese Arbeitsteilung genauso wie ich. Sie sind vermutlich nicht so zu Hause auf dem Gebiete der Meinungsforschung, der historischen Wahlforschung und ähnlichem mehr, was ich praktiziere. Dafür können Sie möglicherweise sehr viel mehr rational, mit Vernunftgründen Normen legitimieren, begründen, argumentieren gegen eine, für eine Norm. Und ich könnte selbstverständlich sagen, jemand, der nicht seinen Normen, die er geäußert hat, entsprechend lebt, wird unglaubwürdig.

Prof. Fetscher: ...à la longue schadet das!

Prof. Falter: Das sind empirische Aussagen, wiederum. Damit habe ich nicht gesagt, niemand darf gegen die Normen, die er predigt, verstoßen.

Prof. Hennis: Ist „unglaubwürdig" ein empirischer Begriff, oder ist es ein normativer Begriff?

Prof. Graf Kielmansegg: Ich glaube, daß wir diese Frage jetzt auf sich beruhen lassen. Herr Hennis, Sie haben vorhin im Hinblick auf eine Bemerkung, die Herr Falter gemacht hat, nämlich, daß Menschen nicht ausschließlich und in jedem Augenblick für die Politik leben wollen, gefragt: Brauchen wir, um das zu wissen, eigentlich eine Politikwissenschaft? Ich möchte das aufgreifen und sagen: Ja, wozu brauchen wir sie denn eigentlich? Ganz konkret bezogen auf diejenigen, die sich dem Studium dieses Faches – wie auch immer – zuwenden: Welche guten Gründe kann man denn nennen, sich dem Studium der Politikwissenschaft zuzuwenden? Ich glaube, aus dem, was gesagt worden ist, folgen bereits einige Antworten auf diese Frage. Aber man sollte sie vielleicht noch einmal ausdrücklich formulieren. Herr Falter: Wie würden Sie diese Frage Ihren Studenten beantworten? Warum hat es seinen guten Sinn, Politik zu studieren?

Prof. Falter: Ich beantworte sie sehr differenziert. Ich sage, erstens hat es in der gegenwärtigen Situation sehr wenig Sinn, Politik z.B. als einen Diplomstudiengang zu studieren, ohne dabei eine zusätzliche Absicherung auch intellektueller Art zu haben, ich meine jetzt nicht nur wirtschaftlich-ökonomischer Art. Ich finde, eine Kombination eines politikwissenschaftlichen Studiums mit einem Geschichtsstudium, einem Nationalökonomiestudium, einem Jurastudium – das ist eine vorzügliche Angelegenheit. Auf Grund meiner Erfahrung rate ich heutzutage Studenten in der Studienberatung ab, Politikwissenschaft allein – ohne diese zusätzliche Dimension – zu studieren. Aus ganz pragmatischem Grunde natürlich auch, aus dem wirtschaftlichen. Die Berufsaussichten für Politologen sind miserabel, darüber sind wir uns einig. Das gilt nicht nur für Politologen, sondern auch für Soziologen, für Anthropologen und einige andere -logen. Aber es gibt natürlich auch ein inhaltliches Problem. Es ist eine faszinierende Sache, Politikwissenschaft zu studieren; wir haben dies in der einen oder anderen Form mitgemacht. Es ist eine faszinierende Sache, es zu lehren, weil natürlich unser Schicksal in einem ungewöhnlichen Maße von Politik und politischen Entscheidungen bestimmt wird. Und es ist zu fragen: a) Welche Einflußnahmen haben wir darauf? b) Wie sieht etwa der Handlungsspielraum aus von Politikern in politischen Handlungssituationen? Das geht jetzt in den Bereich der Policy Science, d.h. also einer angewandten empirischen Politikwissenschaft hinein, die in den USA im Augenblick sehr im Schwange ist. c) Natürlich das rein kontemplative Interesse daran. Was ist das Movens der Dinge, das Bewegende der Dinge im politischen Raum? Was bewegt Wähler, extremistisch zu wählen, um auf meine Frage von vorhin zurückzukommen – das ist etwas, was ich deswegen untersuche, weil ich es normativ, von meiner Perspektive her, natürlich beklagenswert finde.

Prof. Graf Kielmansegg: Der zweite Teil der Antwort ist für uns der interessantere, denn der Frage der Berufschancen von Studenten der Politikwissenschaft können wir hier nicht weiter nachgehen. Aber die andere Frage: Welche Art von Wissen kann man eigentlich erwerben und welchen Sinn hat es, gerade diese Art von Wissen zu erwerben, das ist die Frage, die mich interessiert.

Prof. Hennis: Ich glaube, es hat sich nun doch eine große Übereinstimmung herausgestellt. Es hat sich ergeben, daß Herr Falter die Politikwissenschaft eben doch nicht so studiert und betreibt wie ein Naturwissenschaftler. Sie haben gesagt, die Politik sei von schicksalhafter Bedeutung. Genau das ist der Grund, warum diese Disziplin einmal ins Leben trat. Noch immer machen wir die Erfahrung der Bedeutung der Politik: Als relativ glückliche und dankbare Menschen, die unter einer menschenwürdigen politischen Ordnung leben können, oder als kreuzunglückliche und verzweifelte und verfolgte unter anderen Systemen. Ich meine, alles andere, die Differenzierung dann nach Forschungsinteressen und Richtung, ist demgegenüber sekundär. Ich finde, Sie haben damit anerkannt, Herr Falter, daß es eine spezifische, philosophische, lebenserfahrungsmäßige Dimension des Politischen gibt, die rein erfahrungswissenschaftlich von Ihnen nicht erfaßt werden kann, die Sie schon mitbrachten, als Sie Politikwissenschaftler wurden.

Prof. Fetscher: Politikwissenschaft gibt es in einem akzeptablen Sinne nur in einer demokratischen, offenen und veränderbaren Gesellschaft, und sie sollte dazu dienen, diese Gesellschaft möglichst vielen Menschen verständlicher zu machen und die Veränderungsmöglichkeiten, die Einflußmöglichkeiten offenzulegen, die es in ihr gibt; aber sie muß sich auch an Normen

136

demokratischen politischen Zusammenlebens orientieren. Ich glaube, das ist für uns selbstverständlich. Vielleicht wird der Akzent von denen, die Policy Science treiben, und denen, die
Politikwissenschaft stärker vom Sozialphilosophischen her begreifen, unterschiedlich gesetzt.
Ich würde auch diese These von Herrn Falter unterstützen: Politikwissenschaft ist eine Syn-
thesewissenschaft, die nur aufbauen kann auf sehr gründlichen Kenntnissen der modernen
Geschichte, der Wirtschaftswissenschaft, der Soziologie und der Rechts-wissenschaft. Sie
kann sozusagen nicht allein stehen. Es war ein Irrtum in der Aufbauphase unserer neugegrün-
deten Wissenschaft, daß wir das übersehen haben. Eine andere negative Folge in den letzten
zehn Jahren war die immer weitergehende Auffächerung in immer kleinere Teilgebiete. Es
gibt leider Politikwissenschaftler, die sich nur noch mit lokalpolitischen Spezialfragen beschäftigen, wodurch der eigentliche Sinn dieser Wissenschaft verlorengeht, nämlich: Stärkung
und Festigung demokratischer Überzeugungen und Durchsichtigkeit gesellschaftlicher und
politischer Verhältnisse in einem Land wie der Bundesrepublik, das ja leider nicht so durch-
sichtig und überschaubar ist wie die antike Polis.

Prof. Graf Kielmansegg: Offenbar besteht Übereinstimmung dahingehend, daß es bei dem
Wissen, das das Studium der Politikwissenschaft vermittelt, das die Politikwissenschaft selbst
erarbeitet, das derjenige, der sie studiert, erwerben kann, um eine Art von Orientierungswis-
sen geht. Es ist kein Wissen, das unmittelbar zur Ausübung bestimmter Professionen befähigt,
sondern ein Wissen, das uns hilft, uns in der Gesellschaft, in der wir leben, und in der Welt, in
der wir leben, besser zu orientieren, urteilsfähiger zu werden in dieser Welt. (...)"

5.3 Pragmatische Synthesen in der Realität

Drei Politikwissenschaftler – drei Antworten auf die Frage, was Politikwissenschaft leisten kann und soll. FALTER will Gesetzmäßigkeiten aus der Beobachtung gesellschaftlicher Wirklichkeit herausarbeiten. Er will dem naturwissenschaftlichen Ideal gemäß aus der Beschreibung und Erklärung von Tatsachen
Prognosen über zukünftige Ereignisse ableiten, sowie die Astrophysik exakt eine
Sonnenfinsternis vorhersagen kann. KIELMANSEGG überspitzt bewußt in seiner
Zusammenfassung, wenn er sagt, es gehe FALTER darum, „eine Physik der Gesellschaft, eine Physik der Politik zu entwickeln". Was wir haben, sei bisher allenfalls eine Meteorologie der Politik, die das gegenwärtige Wetter gut beschreibt und sein Zustandekommen erklärt, aber nur kurzfristige Voraussagen
sicher machen kann. Bei langfristigen Prognosen ist sie nicht treffsicherer als die
Bauernregeln. HENNIS lehnt eine solche naturwissenschaftliche Betrachtung der
Gesellschaft rundheraus ab. Das ewig neue, aber auch ewig gleiche Nachdenken
über Politik muß zum praktischen Handeln befähigen. Politikwissenschaft bleibe
deshalb im Kern praktische Philosophie. Die strikte Trennung von normativer
philosophischer Reflexion und wissenschaftlicher Wirklichkeitserforschung
werde dem Gegenstand Politik nicht gerecht. Dem stimmt auch FETSCHER zu.
Aber er will einen vorwärtsweisenden Bezugspunkt der Politik ins Auge fassen,
nicht auf die griechische Polis zurückweisende ewige Wahrheiten reflektieren.
Seine Hauptfrage gilt den Interessen. Sein kritisches Politikverständnis fragt:
Welchem Interesse soll Politik, soll Politikwissenschaft dienen? Wie kann ein
Mißbrauch von Wissenschaft für Herrschaftszwecke verhindert werden? Seine

Antwort ist die strikte Bindung der Politikwissenschaft und der Politik an die Ideale der Demokratie, an Freiheit – Gleichheit – Brüderlichkeit als immer noch gültige, nicht eingelöste Parolen der französischen Revolution.

Im letzten Jahrzehnt sind die drei Grundpositionen, die unsere drei Protagonisten noch wacker verteidigen, in die Defensive geraten. Die normativ-ontologischen Positionen zuerst, die hauptsächlich noch im Umkreis der „Zeitschrift für Politik" und ihres Münchner Herausgeberkollegiums gepflegt wird. Die kritisch-dialektischen sind vom Niedergang des Marxismus und der Hoffnungen auf einen demokratischen Sozialismus schwer getroffen worden. Die strenge empirisch-analytische Wissenschaftstheorie, die eigentlich als Referenztheorie nun ihren Sieg feiern könnte, ist jedenfalls nicht zur herrschenden Lehre dogmatisiert worden.

Postmoderne Theorien machen ihr die Dominanz streitig. Sie lehnen jeden Methodenzwang ab. Paul FEYERABEND (1976) propagiert eine Art anarchistische Wissenschaftstheorie des „anything goes". Es soll keine Hierarchie von Wissen oder der Theorien sondern ein radikales Nebeneinander bei Gleichzeitigkeit und Gleichberechtigung aller Bestandteile des Wissens geben („Supermarkt der Ideen"). Die erfahrungsgeleiteten Entscheidungen freier Bürger seien zuverlässiger als die verzerrten Regeln der Wissenschaft, denn „Fachleute sind voll von Vorurteilen, man kann ihnen nicht trauen und muß ihre Empfehlungen genau untersuchen" (FEYERABEND 1979, S. 145, kritisch dazu BÖHRET u.a. 1988, S. 416). Dieses Mißtrauen gegenüber den Experten der Technokratie, den Fachleuten des ewigen industriellen Wachstums wird auch geteilt von ökologischen und fundamentalistischen Positionen, die Rationalität mit Herrschaft der Technik, die in Rüstung und Krieg ihre größten Triumphe feiert, gleichsetzen. Newton und Descartes, Physik und Vernunft seien direkt für die spätere Atombombe verantwortlich.

> „In der New-Age-Bewegung gingen naturwissenschaftliche Erkenntnis eine krude Verbindung mit dem neuen Mystizismus ein. Ernstzunehmende Gelehrte begannen im Stil der alten prämodernen Kultursoziologie über Typen des Denkens zu spekulieren, nicht nur im *Neo-Obskurantismus*, zu dem Capra sich vielfach hinreißen ließ" (v. BEYME 1991b, S. 228).

Fritjof CAPRA (1985) ist aber nicht der einzige, der Rationalität als Irrweg geißelt. Auch Teile der Frauenbewegung, die eine neue feministische Wissenschaftslehre zu etablieren versuchen, lehnen Rationalität als destruktives männliches Prinzip ab. In der deutschen Politikwissenschaft sind erst wenige Ansätze einer feministischen Theorie sichtbar, im Gegensatz zu einer sehr viel fortgeschritteneren Debatte in der deutschen Soziologie. Dennoch meint v. BEYME, vor einem verkürzten Wissenschaftsbegriff im politischen Feminismus warnen zu müssen:

> „Die Frauenbewegung scheint dazu verurteilt, viele Fehler der früheren großen Emanzipationsbewegungen noch einmal zu wiederholen. Einer der schwerwiegendsten Fehler ist die Aufgabe eines humanen Wissenschaftskonzeptes und die Stilisierung einer gruppenspezifischen Wissenschaftslehre. Es kann nicht geleugnet werden, daß Frauen in der Forschung aufgrund ihrer spezifischen Erfahrungen eine vernachlässigte Sicht der Dinge in die Hypothesenbildung und bei der Bewertung empirischer Befunde einbringen. Das ist auch nach einer empirisch-analytischen Wissenschaftsauffassung zulässig. Diese aber wird in der feministischen Theorie kaum vertreten. Wo sie auftauchte (GÖTTNER-ABENDROTH 1987), wurde die mit ihr verbundene säuberliche Scheidung von vorwissenschaftlicher Reflexion und methodischer wissenschaftlicher Arbeit als eine positivistische, typisch männliche Verengung gewer-

Postmoderne Theorie der Politik?

Feministische Politik-Theorie

tet (MIES 1987, S. 43f.). Nicht wenige Theoretikerinnen hielten selbst das Bemühen um Objektivität für ein männliches Ideal, das nur bedeute, daß Frauen ihre ‚Stimme einem Chor von Feinden liehen' (KELLER 1986, S. 190)" (v. BEYME, 1991b, S. 301).

Die Breite der Debatte in der Frauenbewegung wird – aus männlicher Sicht – bei Klaus von BEYME (1991b, S. 296-321) differenziert rezipiert und kritisiert mit vielen Literaturverweisen auf die originalen Quellen.

Auch weitere neue Ansätze der Theoriebildung, ob die Theorien zur Selbstorganisation von Systemen (Autopoiese), zur Lebenswelt und Postmaterialismus oder zur Risikogesellschaft (BECK 1986) mit ihren möglichen Folgerungen für die Wissenschaftstheorie werden in dem Band v. BEYMEs (1991b) in einer beeindruckend umfassenden Darstellung und Kritik gewürdigt, wie man sie bisher in der Literatur sonst nicht findet. Auch er bietet aber am Schluß keinen Königsweg an, sondern schließt mit einem Plädoyer für die Pluralität des Theorienangebotes:

Plädoyer für Pluralität

„Die Theorie der Politik ist kein wirtschaftlicher Markt mit einem mörderischen Verdrängungswettbewerb. Der Theorienmarkt ähnelt eher den Organisationsformen des politischen Marktes. Er gleicht einem Netzwerk von komplementären Austauschbeziehungen unter Einschluß vieler Asymmetrien und hält die Mitte zwischen älteren hierarchischen Machtbeziehungen und den wenig machtstrukturierten Austauschbeziehungen eines nicht oligopolistischen Marktes" (v. BEYME 1991b, S. 357).

Also doch: anything goes? In der Theoriebildung sicher, hier ist Pluralität unabdingbar. In der Methodologie kaum, denn hier sollte sich Wissenschaft weiterhin vom bloßen Glauben und vom Mythos absetzen.

6 Zum Schluß: Politikbegriffe – Politik begriffen?

Im ersten Teil dieser „Grundlagen der Politikwissenschaft" habe ich versprochen, den Text nicht ohne eine Klärung dessen, was unter Politik und was unter Politikwissenschaft nun verstanden werden soll zu beschließen. Ich will dies bewußt erst zum Ende des Textes versuchen, weil ich davon überzeugt bin, daß die LeserInnen diesen Überlegungen jetzt, wo sie durch das Labyrinth der Fachgeschichte, Studienmöglichkeiten, Fachinhalte, Berufsperspektiven und Theoriedebatten sich bis hierher durchgefunden haben, besser folgen können. Diese Überlegungen zum Politikbegriff folgen einigen früheren Darstellungen von mir (v. ALEMANN/FORNDRAN 1990, S. 34ff., v. ALEMANN 1991, S. 490ff.) und führen sie weiter zu neuen Schlußfolgerungen.

6.1 Auf der Suche nach dem Politikbegriff

Seit über Politik systematisch nachgedacht und mit kritischem Abstand des Analytikers diskutiert wird, im Grunde also seit den frühen klassischen Politiklehren eines Aristoteles oder eines Machiavelli, wird die Bestimmung von Politik immer wieder neu versucht.

„Alle Politik ist Kunst" – so beginnt der erste Satz von H. von TREITSCHKES „Politik" (1897) und er fährt fort: „Sie bewegt sich in der Welt der historischen Thaten, verwandelt sich und treibt neue Bildungen hervor, während wir reden. Daher muß jede Theorie mangelhaft bleiben." Seit dieser Absage an jede Politikwissenschaft zugunsten der Kunst des Staatsmannes ist in der zurückliegenden Zeit, in der sich Politik als Wissenschaft etablierte, bis heute keineswegs wachsende Einigkeit über den Begriff von Politik erzielt worden. Ob Macht, Konflikt, Herrschaft, Ordnung oder Friede die eigentliche Substanz von Politik seien, bleibt umstritten.

Die Vielzahl der kontroversen Politikbegriffe soll im folgenden nach drei Dimensionen in Gegensatzpaaren geordnet aufgezeigt werden. Abschließend wird ein Lösungsvorschlag aus meiner Sicht vorgetragen.

Gouvernementale vs. emanzipatorische Politikbegriffe

1. *Gouvernementale versus emanzipatorische Politikbegriffe.* Ausgehend von der „Staatskunst", die bereits durch TREITSCHKE oben angesprochen wurde, stehen als zentrale Konzepte „Führung", „Herrschaft", „Macht" und „Hierarchie" im Vordergrund des gouvernementalen Politikbegriffs.

„Politik ist die Lehre von den Staatszwecken und den besten Mitteln zu ihrer Verwirklichung" – so definierte der Brockhaus (1903, Bd. 13, S. 236) um die

140

Jahrhundertwende. In jüngerer Zeit formulierte A. BERGSTRÄSSER (1961): „Unter Politik verstehen wir den Begriff der Kunst, die Führung menschlicher Gruppen zu ordnen und zu vollziehen." O.K. FLECHTHEIM (1958, S. 70) hat den Staats- mit dem Machtbegriff verknüpft: „Die politische Wissenschaft läßt sich als derjenige Spezialzweig der Sozialwissenschaften definieren, der sachlich-kritisch den Staat unter seinem Machtaspekt sowie alle sonstigen Machtphäno-mene unter Einbeziehung sonstiger Zielsetzung insoweit untersucht, wie diese Machtphänomene mehr oder weniger unmittelbar mit dem Staat zusammenhängen." War der Staat im 19. Jahrhundert die Kategorie des Politischen schlechthin, so blieb die „Macht" bis heute auch in der internationalen Politikwissenschaft eine der wichtigsten Grundkategorien der Politik. Dies freilich nicht ohne Kritik, denn trotz aller Versuche seit Max WEBER zur Konkretisierung des Begriffs blieb der schwer faßbare, amorphe Charakter von Macht ein Problem für eine Politikwissenschaft, die bei einer Machtfixierung immer in der Gefahr steht, zur „technischen Handlangerin der Macht und der Mächtigen" (SONTHEIMER 1966, S. 209) zu werden.

Ein emanzipatorischer Grundbegriff von Politik setzt deshalb gerade an Machtbeschränkung durch Teilhabe, Partizipation, Gleichheit und Demokratisierung an. „Praktisch-kritische politische Wissenschaft zielt auf eine politische Theorie, die die Befunde der Gesellschaftskritik integriert. Im Begriff der Demokratie gewinnt sie einen Leitbegriff für die Analyse der politisch relevanten Herrschaftsstrukturen der Gesellschaft" (KAMMLER 1972, S. 20f; vgl. NARR/NASCHOLD 1971).

2. *Normative versus deskriptive Politikbegriffe.* Die verschiedenen Dimensionen des Politikbegriffs sind keine sich ausschließenden Kategorien, denn sicher ist auch der zuletzt genannte Demokratiebegriff zu den normativen Kategorien zu rechnen. Deutlicher wird dies noch bei Definitionen wie „Politik ist Kampf um die rechte Ordnung" (Otto SUHR), „Politische Wissenschaft ist die Wissenschaft von der Freiheit (Franz L. NEUMANN, beide zit. nach v.d. GABLENTZ 1965, S. 14) oder „Der Gegenstand und das Ziel der Politik ist der Friede ... Der Friede ist die politische Kategorie schlechthin" (STERNBERGER 1961, S. 18). Was Politik eigentlich sein soll, d.h. ein normativer Soll- oder Zielwert wird zur Grundkategorie des Politischen erhoben. Wobei hier häufig, wie besonders beim Begriff „rechte Ordnung", harmonisierende Gemeinwohlvorstellungen angeboten werden, die einer Ethik der Politik vorangestellt werden. Als politische Programmwissenschaft wird eine solche Zuspitzung auf einen Sollwert als Essenz der Politikwissenschaft kritisiert von Autoren, die eine rein deskriptive Definition von Politik vertreten. „Politik (ist) gesellschaftliches Handeln ..., welches darauf gerichtet ist, gesellschaftliche Konflikte über Werte verbindlich zu regeln" – so hat G. LEHMBRUCH (1968, S. 17) die verbreitete Politikdefinition der Systemtheorie, besonders durch D. EASTON repräsentiert, ins Deutsche adaptiert. In jüngster Zeit hat insbesondere R. MÜNCH (1982) mit seiner „Soziologie der Politik" den systemtheoretischen Ansatz von T. PARSONS weiterentwickelt.

3. *Konfliktorientierte versus konsensbezogene Politikbegriffe.* Bereits die eben auf deutsch zitierte „authoritative allocation of values" ging vom Konflikt als Grundtatsache der Politik aus. Sozialwissenschaftliche Konflikttheorien (vgl. z.B. L. COSER oder R. DAHRENDORF) sehen im Konflikt das entscheidende *Agens* jeden Sozialen Wandels – im Gegensatz zu älteren Harmonielehren, die

Normative vs. deskriptive Politikbegriffe

Konfliktorientierte vs. konsensbezogene Politikbegriffe

nur aus dem Konsens das Gemeinwohl gefördert sehen. Voraussetzung für die Einsetzung des Konflikts als Grundkategorie in liberalen Politiktheorien im weitesten Sinne ist allerdings die Existenz einer flexiblen und gerade dadurch stabilen Struktur von Spielregeln für die friedliche Austragung von Konflikten zwischen sozialen Gruppen. Diese Struktur sei mit der pluralistischen Gesellschaft in der repräsentativ-parlamentarischen, von Parteien und Interessengruppen geprägten Demokratie erreicht.

Auch der marxistische Politikbegriff basiert auf Konflikt, kritisiert aber an den liberal-pluralistischen Theorien, daß sie unhistorisch, affirmativ und interessengeleitet seien, da sie die gegebenen Spielregeln als Schranken der Gleichheit keineswegs in Frage stellten. „Politik ist der Kampf der Klassen und ihrer Parteien, der Staaten und der Weltsysteme um die Verwirklichung ihrer sozialökonomisch bedingten Interessen und Ziele" (KLAUS/BUHR 1975, S. 941).

Konflikt wird hier nicht als ewig treibendes Bewegungsgesetz im Spiel der Kräfte, sondern als historisch eingrenzbar auf Klassenkonflikte und aufhebbar in der Zukunft des Kommunismus gesehen. Zahlreiche und differenzierte sozialistische und marxistische Autoren haben darauf hingewiesen, daß gesellschaftliche Konflikte nicht mit der Aufhebung des Grundwiderspruchs, des Klassenantagonismus, enden. Auch für die ehemaligen sozialistischen Gesellschaften wurde immer stärker der Fortbestand nichtantagonistischer Widersprüche und Konflikte konzediert.

Die älteren konsensbezogenen, harmonieorientierten Politikkonzepte, die auf die „gute Ordnung" fixiert waren, wurden bereits angesprochen. Neuerdings ist auch in manchen ökologisch und alternativ orientierten Ansätzen eine ganzheitliche, organologische Natur- und Gesellschaftssicht zu beobachten, die sich rationaler kritischer Auseinandersetzung zu entziehen sucht.

Die jüngere Diskussion des Politikbegriffes der Politikwissenschaft hat die Suche nach dem verbindlichen Wesensbegriff aufgegeben und sieht Politik in der Gesellschaft grundsätzlich mehrdimensional strukturiert (vgl. z.B. ROHE 1978; BÖHRET u.a. 1988). Ich habe in diesem Text schon mehrfach auf diesen neuen Konsens in der deutschen Politikwissenschaft verwiesen mit dem angelsächsischen Begriffstrio polity, policy und politics.

Institutionell: polity Politik hat nach dieser Auffassung erstens eine institutionelle Dimension, die durch Verfassung, Rechtsordnung und Tradition festgelegt ist. Regierungen, Parlamente und Gerichte, Ämter, Schulen und Körperschaften sind die deutlich sichtbaren Institutionen der verfaßten Rechtsordnung. Auch die Grundsätze der politischen Willensbildung werden durch Institutionen kanalisiert: Wahlen, Grundrechte der Meinungsfreiheit, Parteien und Verbände. Die beiden übrigen Dimensionen von Politik, Inhalt und Verlauf, werden durch die institutionelle Form in Bahnen gelenkt; der Handlungsspielraum wird durch die Institutionen abgesteckt. Im Englischen nennt man diese institutionelle Dimension von Politik *polity*.

Inhaltlich: policy Politik hat zweitens eine normative, inhaltliche Dimension, die auf Ziele, Aufgaben und Gegenstände von Politik verweist. Die Gestaltung und Aufgabenerfüllung von Politik ist von den Interessen in der Gesellschaft abhängig. Da diese individuellen, materiellen und ideellen Interessen äußerst vielfältig und durch die Knappheit der Mittel gegensätzlich und widersprüchlich sein müssen, ist der inhaltliche Gestaltungsraum von Politik mit Konfliktstoff gefüllt. Die inhaltliche Dimension von Politik kann man in der englischen Begrifflichkeit als *policy* bezeichnen.

Politik hat drittens eine prozessuale Dimension, die auf die Vermittlung von Interesse durch Konflikt und Konsens abstellt. Dieser ständige Prozeß der politischen Willensbildung und Interessenvermittlung kann allein durch das Studium der Institutionen oder der Inhalte nicht begriffen werden. Alle Formen der Macht und ihrer Durchsetzung, die formellen Formen der verfaßten Rechtsordnung wie auch informelle und verborgene, sind für den politischen Prozeß zu berücksichtigen. Für die dritte Dimension des Politikbegriffs hat die englische Sprache das Wort *politics* anzubieten.

Prozessual: politics

Alle drei – die institutionelle Form als *polity*, der normative Inhalt als *policy* und der prozessuale Verlauf als *politics* – machen zusammen das aus, was man als Politik bezeichnen kann. Politik ist also kein bestimmter Raum in der Gesellschaft, sondern Politik ist ein dreifaches Prinzip, das institutionell, normativ und prozessual bestimmt wird. Es ist nicht alles politisch in der Gesellschaft; aber fast alles kann politisch relevant werden, wenn es mit einem drei Prinzipien verbunden werden kann (vgl. v. ALEMANN 1991, S. 492f.). Aber dieser Konsens in der deutschen Politikwissenschaft macht mich ein bißchen mißtrauisch. Polity, policy, politics: Ist das wirklich alles? Ist das so einfach? Sind die diskutierten Schlüsselbegriffe völlig obsolet?

6.2 Schlüsselbegriffe der Politikwissenschaft

Fragt man die deutschen Politikwissenschaftler, wie BÖHRET (1985, S. 308) es getan hat, in einer Umfrage ganz konkret, was sie selbst für die unverzichtbaren Begriffe der Politikwissenschaft halten, so erhält man eine überaus schillernde Palette, die viel bunter ist als die drei Grundfarben des Politikbegriffs polity, policy und politics: Die 256 Befragten haben 639 verschiedene Begriff benannt, von denen 414 jeweils nur einmal auftauchten (von Abrüstung bis zur Wirtschaftsdemokratie). Die 25 meistgenannten Begriffe der Hochschullehrer waren die in Tabelle 9 folgenden:

Auffallend ist, daß eher „traditionelle" Begriffe am häufigsten genannt werden. Zumindest in den „unverzichtbaren" Begriffen scheint der Konsens über den Kernbestand der Politikwissenschaft nicht gefährdet zu sein. (Dies trifft übrigens sowohl für Hochschullehrer als auch für den „Mittelbau" zu, der in der gleichen Befragung weitgehend dieselben Begriffe nannte.) Tatsächlich überwiegen die traditionell auf Willensbildung, d.h. auf die „Politics-Dimension", bezogenen Begriffe wie Konflikt, Interesse, Macht, Konsens (die vier am meisten genannten Begriffe), gefolgt von eher „systemtheoretischen" (Struktur, Organisation, Entscheidung) und eher „klassischen" Begriffen (wie Herrschaft, Staat, Legitimität, Demokratie), die auf die „Polity-Dimension verweisen (vgl. BÖHRET u.a. 1988, S. 9).

Tabelle 9: Unverzichtbare Grundbegriffe deutscher Politikwissenschaftler

Begriffe	n
Konflikt(e)	117
Interesse	110
Macht	66
Konsens	58
Herrschaft	46
Willensbildung	37
System	36
Struktur	33
Organisation	30
Entscheidung(en)	30
Bedürfnis	28
Partizipation	27
Konkurrenz	27
Einfluß	26
Legitimität	25
Ideologie(n)	24
Prozeß	24
Gruppe	24
Klasse	23
Staat	22
Verhandlung/Verhandeln/bargaining	22
Wert(e)	21
Demokratie	19
Institution(en)	17
Legitimation	17

Quelle: BÖHRET 1985, S. 308

Die vier erstgenannten Begriffe Konflikt, Interesse, Macht und Konsens verdienen eine besondere Würdigung. Sie werden explizit auch von Manfred G. SCHMIDT hervorgehoben, wenn er resümiert:

„Die beste Politologie ist diejenige, die Fragen der institutionellen Ordnung, der ideengeschichtlichen Grundlagen der Konflikts-, Konsens- und Machterwerbsprozesse und der Substanz politischer Entscheidungen gleichermaßen berücksichtigt" (SCHMIDT 1985, S. 139).

Die von ihm nicht besonders genannten Interessen kann man durchaus in seinem Entscheidungsbegriff, der ja von Interessen getragen werden muß, aufgehoben sehen. Ich will diese vier wichtigsten Begriffe kurz näher skizzieren.

Konflikt als Lackmustest **1. Konflikt.** Der Begriff Konflikt ist im sozialwissenschaftlichen Theorienstreit recht häufig zum Auslöser von Konflikten geworden (vgl. zum folgenden besonders PRÄTORIUS 1991, S. 298ff.). Die Frage danach, wie hältst du es mit dem Konflikt oder hältst du zum Konsens, spaltete die Sozialwissenschaften in zwei Lager. Konsens wurde nicht nur in einem politischen Konservativismus und den entsprechenden politikwissenschaftlichen Begleittheorien als gesellschaftliche Harmonie unter dem Dach des Gemeinwohl verkörpernden Staates propagiert, sondern auch von soziologischen Theorieentwürfen des Funktionalismus bei Talcott Parsons, der die Integrationselemente und damit den Konsens von Gesellschaftssystemen stark in den Vordergrund rückte. Dagegen stellte z.B. Ralf Dahrendorf den gesellschaftlichen Konflikt als ein natürliches und nicht notwendig systemgefährdendes Element beim Erhalt und beim Wandel von Gesellschaften. Der Konflikt spielte aber schon in den älteren Sozialtheorien des 19. Jahrhunderts eine grundlegende Rolle. Insbesondere in den kollektiven Wirtschaftsentwürfen bei Karl Marx, aber auch in den individualistischen theoretischen Überlegungen des französischen Soziologen Emile Durkheim. Marx sah den Konflikt durch antagonistische Klassengegensätze als grundsätzliche Widersprüche mit Interessenkollisionen bedingt. Nur durch einen konfliktorischen Systemwandel, eine Revolution, sei eine Fortentwicklung und Veränderung der Gesellschaft denkbar. Klassenkampf sei die natürliche Folge der gesellschaftlichen Interessenkonflikte. Emile Durkheim sah konfliktorische Elemente eher in den individuellen Biographien des einzelnen, die durch widersprüchliche Erwartungen der Gesellschaft hervorgerufen werden, bedingt. Die Privatisierung von Konflikten beim Individuum führt zu individueller Entfremdung und Anomie.

In den Sozialwissenschaften der fünfziger Jahre wird Konflikt aus den kollektiven Interessengegensätzen von Kapital und Arbeit oder den individuellen Antworten auf gesellschaftliche widersprüchliche Erwartungshaltungen zu einem allgemeinen Element menschlicher Beziehungen erhoben. Bei Ralf Dahrendorf wird Konflikt zu einem wesentlichen Wandlungsgaranten gesellschaftlichen Fortschritts. Konflikte werden geregelt, führen zu Kompromissen und zeitweiligem Gleichgewicht, das aber immer labil bleibt und zu neuen Konflikten führen kann. Konflikte sind nicht mehr dichotomisch (durch einen einfachen Gegensatz, also bipolar gekennzeichnet), sondern in der pluralistischen Gesellschaft durch vielfältige Überlappungen der Interessen und der Mitgliedschaften in Gruppen und der unterschiedlichen Rollenerwartungen facettenreich gebrochen.

2. Interesse. Eines der am häufigsten gebrauchten Fremdwörter der deutschen Sprache ist das Interesse. Das weist auf eine Schwierigkeit hin. Interesse ist ein außerordentlich vieldeutiger Begriff. Schon in einer Enzyklopädie der Aufklärung hieß es 1793:

Interesse als Verknüpfungsbegriff

„Das Interesse ist das Band der menschlichen Gesellschaften... In allen Staaten, die das Eigentum eingeführt, kann keine andere Triebfeder als das Interesse stattfinden, und dieses wahre Interesse jeden Privatmannes in den Gewerben, stimmt auch mit dem gemeinschaftlichen Besten, und dem Zusammenhang des Nahrungsstandes überein" (vgl. FISCH u.a. 1982, S. 305).

Der Begriff „Interesse" prägt seit 200 Jahren die Gesellschaft, die Gesellschaftspolitik und die Gesellschaftswissenschaften (vgl. v. ALEMANN/FORNDRAN 1983). Das Wort ist so allgegenwärtig in Umgangssprache und wissenschaftlichem Diskurs, daß es wohl gerade deshalb unter den politischen Grundbegriffen eher ein Schattendasein geführt hat. Über Macht und Herrschaft, Konflikt und Konsens wurde mehr diskutiert als über das scheinbar so unscheinbare Interesse. Schaut man allerdings weniger in die Bemühungen von politischen Philosophie und Theorie, sondern auf die Analysen materieller politischer Prozesse, dann ergibt sich ein anderes Bild. Interessengruppen, öffentliches Interesse, nationales Interesse, Interessenvermittlung sind in Innenpolitik, politischer Soziologie, Verfassungspolitik und internationaler Politik vielgebrauchte begriffliche Instrumente. Der Interessenbegriff in den Sozialwissenschaft hat insbesondere drei Aspekte, die wichtig erscheinen:

Drei Dimensionen von Interesse

– die *individuelle* Dimension von Interessen in Bezug auf die Grundbedürfnisse und Antriebe der einzelnen Menschen;

145

- der *materielle* Aspekt von Interesse, der besonders die ökonomische Grund-struktur einer Gesellschaft zu vermitteln in der Lage ist und
- der *gesellschaftliche* Aspekt von Interesse, der die Verknüpfung von ind-ividuellen und kollektiven, materiellen und immateriellen Interessen thema-tisiert.

Während der Bedürfnisbegriff auf den Einzelnen konzentriert ist, leistet gerade der Interessenbegriff eine Verknüpfung von Individuum und Gesellschaft, die im Zentrum aller sozialwissenschaftlichen Forschung steht. Ist die Politikwissen-schaft deshalb eine „Wissenschaft vom Interesse?" Sicher nicht allein, aber zwei-fellos hat der Interessenbegriff einen zentralen Stellenwert, sowohl in der politi-schen Soziologie als der Analyse von Interessenvermittlung, aber auch in der internationalen Politik, wo die nationalen Interessen einen wichtigen Stellenwert haben.

Macht als universelles
Phänomen in der Politik

3. Macht. Die Vieldeutigkeit des Wortes Interesse wird vom Begriff Macht eher noch übertroffen. Macht ist sicher ein universelles Phänomen (vgl. zum folgen-den HANKE 1991). In allen Formen der Vergesellschaftung, auf allen Ebenen von sozialen und politischen Beziehungen gibt es Macht. Macht sei in den Sozi-alwissenschaften so allgegenwärtig, wie der Begriff Energie in der Physik. In der sozialwissenschaftlichen Literatur wird meist von dem Machtbegriff von Max WEBER ausgegangen, der formulierte Macht sei „jede Chance, innerhalb einer sozialen Beziehungen den eigenen Willen auch gegen Widerstreben durchzuset-zen, gleichviel worauf diese Chance beruht". Aber dies ist nur eine scheinbar konkrete Begriffsbildung. Max WEBER selbst nennt die Macht soziologisch amorph. Der Machtbegriff Max WEBERs ist formal, wertneutral und deskriptiv. Es wird keine moralische Bewertung zwischen gerechter und ungerechter Macht vorgenommen. Ein solches pragmatisches Urteil über den zweckmäßigen Ge-brauch von Macht als Mittel der Politik wurde durch Machiavelli in das politi-sche Denken eingeführt. Diese „realistische" Betrachtungsweise wird bis in die Gegenwart von Vertretern eines normativen Politikbegriffes als moralisch blind verworfen. Andererseits ist sie gerade in der internationalen Politik und in der „realistischen Schule" bis heute akzeptiert. In der traditionellen Politikwissen-schaft wurde Machtanalyse immer auf die beobachtbare, manifeste Macht kon-zentriert. Die amerikanischen Politologen BACHRACH und BARATZ (1962, S. 947ff.) haben auf ein „zweites Gesicht der Macht", hingewiesen, nämlich auf die Vorentscheidungen, über das, was eigentlich überhaupt entschieden werden soll, auf Grundstrukturen der Machtausübung, die so gefestigt sind, daß sie sich in sichtbaren Entscheidungen nicht ausdrücken müssen. Sie zeigen sich in „Nicht-Entscheidungen" und „Nicht-Ereignissen", die als solche gar nicht öffentlich zur Diskussion gestellt und entschieden werden müssen. Mächtige können entschei-den, was ein Ereignis ist, und was entschieden werden kann.

Konsens: ohne Konsens
herrscht Chaos oder
Diktatur

4. Konsens. Die Bedeutung des Begriffes Konsens beruht darauf, daß ein politi-sches System ohne ein Minimum an Übereinstimmung über Spielregeln der Konfliktaustragung und über grundlegende Verfassungsnormen nicht bestehen kann (vgl. hierzu MASSING 1991, S. 315ff.). Auch der Begriff Konsens ist durchaus mehrdeutig. Konservative Theoretiker verlangen einen weiteren Kon-sensspielraum für die Anerkennung von Autorität und Ordnung innerhalb des Staates. Vertreter der Pluralismustheorie gehen davon aus, daß es einen allge-

146

meinen Konsens nicht gibt, außer darüber, daß grundlegende Spielregeln der Konfliktaustragung respektiert werden. Sie reduzieren Konsens allein auf Verfahrensregeln, die dem sonstigen Konfliktaustrag entzogen sind. Die neo-pluralistische Theorie von Ernst FRAENKEL faßte den notwendigen gesellschaftlichen Bereich weiter. Nach dem Wert-Relativismus der Weimarer Verfassung, der eine scheinbar legale Machtergreifung zuließ, sei es notwendig einen verfassungsrechtlich, gesetzlich und durch Konventionen verbindlichen Rahmen zu definieren, der dem alltäglichen Konflikt entzogen ist.

Dem Konsens wird so die Funktion zugesprochen, einen Beitrag zur Legitimation des sozialen und politischen Systems zu leisten. Denn erst durch den Konsens, der Wert und Norm beinhaltet, wird das Vertrauen, daß der pluralistische Willensbildung- und Entscheidungsprozeß unter bestimmten Randbedingungen auch Gerechtigkeitsansprüche erfüllt, gerechtfertigt. Über die Pluralismustheorie hinausgehend hat Jürgen HABERMAS mit seinem Modell des praktischen Diskurses dem Konsens einen neuen Stellenwert gewiesen. Gesellschaftliche Problembestände sind in diesem Diskurs thematisiert, um im Rahmen eines vernünftigen Gesprächs, eines herrschaftsfreien Dialogs zu einer neuen Form des Konsens zu gelangen. Ein solcher Diskurs muß allerdings einigen Bedingungen genügen. Um zum Konsens zu führen, muß der praktische Diskurs von Handlungszwängen frei sein, die Teilnehmer und Themen dürfen nicht willkürlich beschränkt werden, jede Form von Macht und Herrschaft muß ausgeschaltet sein und ausschließlich sollen die besseren Argumente für die kooperative Wahrheitssuche benutzt werden. Ob dieses Diskursmodell allerdings realisierbar ist, bleibt umstritten. Insgesamt bleibt die Frage nach dem gesellschaftlich notwendigen Minimalkonsens ein Grundproblem der politischen Theorie.

Diese vier Schlüsselbegriffe – Konflikt, Interesse, Macht und Konsens – haben deutsche Politikwissenschaftler in einer Umfrage von 1985 am häufigsten als unverzichtbare Grundbegriffe bezeichnet – aber neben 635 anderen Begriffen! Herrschaft und Willensbildung, System und Struktur folgen auf den nächsten Plätzen, sind sie deshalb soviel weniger wichtig? Öffentlichkeit, Gemeinwohl oder Verbindlichkeit werden überhaupt nicht unter den ersten 25 Begriffen genannt. Für mich ist der erste dieser drei Begriffe außerordentlich wichtig. Denn nur im Kontext mit Öffentlichkeit werden Konflikte und Konsens, Macht und Interessen zu politischen, nicht mehr nur privaten Begriffen.

Ich setze den Begriff „öffentlich" nicht mit „staatlich" gleich, wie bei öffentlichem Recht oder öffentlicher Hand gemeint. Mit dem Begriff der Öffentlichkeit ist nicht nur die öffentliche Sichtbarkeit verknüpft, sondern auch Allgemeinheit und Verallgemeinerbarkeit. Das bringt Öffentlichkeit, ohne damit zu verschmelzen, in enge Verbindung mit dem Begriff Verbindlichkeit, den PATZELT in seiner sehr lesenswerten neuen Einführung in die Politikwissenschaft als Grundlage seines Politikbegriffs verwendet, wenn er definiert:

Bedeutung von Öffentlichkeit

„Politik ist jenes menschliche Handeln, das auf die Herstellung allgemeiner Verbindlichkeit, v.a. von allgemein verbindlichen Regelungen und Entscheidungen, in und zwischen Gruppen von Menschen abzielt" (PATZELT 1992, S. 14).

Diese Herstellung von Verbindlichkeit ist mir allerdings allzu sehr auf die Erstellung von Regeln abgestellt, berücksichtigt doch etwas zu wenig Strukturen und inhaltliche Entscheidungen. Die Bedeutung der Begriffe Öffentlichkeit und Allgemeinheit, die ich dagegen betonen möchte, relativiert auch die alte Debatte, ob für die Politikwissenschaft nun der Macht- oder der Herrschaftsbegriff wichtiger sei. Denn öffentliche, öffentlich legitimierte und legitimierbare Macht ist nichts anderes als Herrschaft.

Resümierend will ich mich deshalb gerne auf die vier in der Umfrage meistgenannten Politikbegriffe – Konflikt, Interesse, Macht und Konsens – einlassen, aber diese mit dem notwendigen Adjektiv „öffentlich" verbinden. Dies führt uns auch zurück zur alten Wurzel des Politikbegriffs, zur polis. Im Gegensatz zur Sphäre des privaten Haushalts, des oikos, war politikos das die Gemeinde, die Stadt, die Öffentlichkeit betreffende.

Mein Vorschlag einer Definition lautet deshalb:

Politik ist öffentlicher Konflikt von Interessen unter den Bedingungen von öffentlichem Machtgebrauch und Konsensbedarf.

Politikwissenschaft wäre demnach folgerichtig diejenige Sozialwissenschaft, die sich mit der so verstandenen Politik wissenschaftlich beschäftigt – und zwar in den Dimensionen der politischen Form (polity), der politischen Inhalte (policy) und der politischen Prozesse (politics).

Beziehen wir diese nun gefundene Begriffsbestimmung von Politik und Politikwissenschaft auf unsere eingangs kolportierten Urteile und Vorurteile zurück, die der per Anhalter reisende Politikwissenschaftsstudent zu hören bekommen kann, dann kann man nun wenigstens nicht mehr behaupten, die Politikwissenschaft sei eine unbekannte Wissenschaft. Allerdings hat man als Anhalter selten das Glück, solange mitgenommen zu werden, daß man dem Fahrer, der ja durchaus unterhalten werden möchte, den ganzen Stoff dieses Textes erzählen kann. Es sei denn, man reist per Anhalter durch die Galaxis und nimmt sich über dem Planeten Erde, in unserem Sonnensystem schwebend, das bißchen Zeit, den Stoff dieses Kurses als Reiseführer durch die Politikwissenschaft im Unwahrscheinlichkeitsdrive auf ein paar Sekunden komprimiert zu nutzen. Und dazu müßte Douglas ADAMS noch einen weiteren Fortsetzungsband seines Kultbuches „Per Anhalter durch die Galaxis" (1981) schreiben.

Vielleicht reicht dem Anhalter dann als Kurzfassung: die Politologie ist wie die Meteorologie eine sehr komplizierte Wissenschaft, die gut erklären kann, warum das Wetter auf der Erde und die Politik daselbst heute so kommen mußte, die Politik und das Wetter von morgen recht gut voraussagt (denn meistens bleibt es ziemlich gleich), die aber langfristig nie weiß, ob der Luftzug des Schmetterlings in Nepal einen Hurrikan in Florida übermorgen verursachen wird oder ob der Platzregen vor dem Wahllokal in Buxtehude den Bundeskanzler im nächsten Monat stürzen kann. Wer weiß?

7 Epilog

Carl BÖHRET (1985) hat mit seinem Bericht für das 1. Wissenschaftliche Symposion der Deutschen Vereinigung für Politische Wissenschaft (November 1984) in Hannover eine beeindruckende Bilanz zum Stand und zur Orientierung der Politikwissenschaft in Deutschland gezogen. Diese Bilanz ist vollgepackt mit Zahlen, Daten und Tabellen über die Orientierung der deutschen Politologen zwischen der traditionellen Institutionenkunde, der modernen Politikfeldanalyse, der soziologischen Politikforschung und der politischen Theorie. Ich habe in diesem Text mehrfach daraus zitiert. Mit einem sehr persönlichen Fazit schließt er „als Angehöriger der allmählich alternden ‚Zwischengeneration'" seine Untersuchung ab. Sein Epilog ist ein so farbig-persönliches Bekenntnis zur Vielfalt der Denk- und Forschungsansätze, daß ich ihn hier als Ausklang meiner Grundlagen der Politikwissenschaft dokumentieren möchte:

– „Einstmals habe ich gelernt, daß Politik ein gar komplexes und zugleich höchst einfaches Phänomen sei. Daß sie an Institutionen und Werte gebunden sei und in konfliktreichen Prozessen verlaufe.

– Einstmals habe ich gelernt, daß Politik nur richtig zu erforschen sei, wenn sie in ihren historischen Wurzeln erfaßt, empirisch erkannt und ‚theoretisch' erklärt werden; Theoriebildung sei nötig, aber doch recht kompliziert.

– Einstmals hat uns Ernst FRAENKEL gelehrt, daß Politikwissenschaft dies alles beachten, aber zugleich auch *Moral*wissenschaft sein müsse. Und Gert von EYNERN hat schon früh die grundlegende Bedeutung der Ökonomie für die Analyse und für das Verständnis von Politik hervorgehoben usw.

– Einstmals war *dies alles zusammen* nötig, um Politik begreifen, studieren, erforschen zu können.

– Einstmals haben wir wohl ‚unbedacht' (ja unwissend!) Policy-Forschung betrieben – und waren doch auch arg konventionell: Institutionen und Verfahren waren uns wichtig, politische Ideen schienen die Auseinandersetzungen politischer Kräfte erklären zu helfen; aber zweifellos war auch Statistik und Dokumentenanalyse erforderlich.

– Einstmals haben wir so einen vielfältigen Zugang zur wissenschaftlichen Beschäftigung mit Politik gefunden. Nicht zuletzt um uns von den Lehrern abzuheben, suchten wir nach neuen ‚Feldern'. Manche von uns (auch ich) entdeckten diese im angloamerikanischen Ausland – und dort zugleich aufreizend neue Methoden. Plötzlich sprach man über Politik mit dreifacher Zunge: da gab es politics, policy und polity; sehr nützlich gegenüber der kontinentalen ‚Einfalt'! Und alle hatten ihre kleinen Politikfelder, die sie akribisch beackerten.

- *Später* haben viele von uns entdeckt, daß das, was wir *einstmals* gelernt hatten, noch weiter galt und wieder zur Geltung kommen mußte, je mehr man Politik wieder umfassender verstehen wollte.
- Es war wohl ganz wichtig, den Fokus zu ändern, Methodisches zu ‚lieben‘. Den einen oder anderen ‚Klassiker‘ besonders hervorzuheben. Hat dies alles die ‚Kernbereiche‘ wesentlich verändert? Müssen wir heute unter dem Einfluß von Policy-Forschung Policy Science konventionelle Ansätze vergessen? Mußten wir dies unter dem Einfluß der Renaissance der Politischen Ökonomie? Gewiß nicht. Aber wir haben wohl immer viel dazugelernt.
- Ich sehe für mich keinen Anlaß und für mein Verständnis von Politikwissenschaft keine Notwendigkeit, die Grundlinien der wissenschaftlichen Arbeit zu verändern. Ich will offen bleiben für viele ‚Ansätze‘; ich fertige eine *Politikfeldanalyse* dann an, wenn mich mein Erkenntnisinteresse dorthin drängt — und dann versuche ich das so professionell wie möglich zu tun (Beispiel: regionale Wirtschaftsförderung im Vergleich). Ich bin *Institutionalist*, wenn mich eine neue Fragestellung reizt (Beispiel: Vergleich von TA-Institutionalisierungen). Ich argumentiere heftig normativ, wenn es nötig ist und ich forsche mittels Computer und historischer Quellenanalyse, wenn ich es brauche. Wenn es das Erkenntnisinteresse und der Gegenstand erfordern, dann mache ich das alles auch gleichzeitig.

  Wie einstmals gelernt, so setze ich mich weiterhin dafür ein, daß in der Politikwissenschaft die Vielfalt der Denk- und Forschungsansätze erhalten bleibt; in den jeweiligen Kernbereichen des Fachs wie in den (zunächst) modisch erscheinenden Feldern.

  Gewiß, nicht jeder von uns kann oder will ‚auf allen Hochzeiten tanzen‘; aber jeder von uns soll andere auf Hochzeiten tanzen lassen. Sie müssen sich nur an die Grundregel aller Wissenschaft halten“ (BÖHRET 1985, S. 318-320).

So schließt BÖHRET. Er verrät uns seine „Grundregel aller Wissenschaft“ leider nicht. Mein Vorschlag einer solchen Grundregel lautet: Wissenschaft ist kritische Neugier gebändigt durch nachvollziehbare Methodik.

Literaturverzeichnis

ADAMS, Douglas: Per Anhalter durch die Galaxis. Frankfurt 1981 (zuerst London 1979)

ADORNO, Theodor W./ALBERT, Hans/DAHRENDORF, Ralf/HABERMAS, Jürgen/PILOT, Harald/POPPER, Karl R.: Der Positivismusstreit in der deutschen Soziologie. Neuwied 1969

AGNOLI, Johannes/BRÜCKNER, Peter: Die Transformation der Demokratie. Frankfurt a.M. 1968

ALBRECHT, Ulrich/ALTVATER, Elmar/KRIPPENDORFF, Ekkehart (Hrsg.): Was heißt und zu welchem Ende betreiben wir Politikwissenschaft? Kritik und Selbstkritik aus dem Berliner Otto-Suhr-Institut. Opladen 1989

ALEMANN, Heine von: Der Forschungsprozeß. Eine Einführung in die Praxis der empirischen Sozialforschung. Stuttgart 1977

ALEMANN, Ulrich von (Hrsg.): Partizipation - Demokratisierung - Mitbestimmung. Opladen 1975

ALEMANN, Ulrich von: Politikbegriffe. In: D. NOHLEN (Hrsg.) 1991, S. 490-493

ALEMANN, Ulrich von/FORNDRAN, Erhard (Hrsg.): Interessenvermittlung und Politik. Opladen 1983

ALEMANN, Ulrich von/FORNDRAN, Erhard: Methodik der Politikwissenschaft. Eine Einführung in Forschungspraxis und Arbeitstechnik. Stuttgart 1990, 4. Aufl.

ALEMANN, Ulrich von/SCHATZ, Heribert/SIMONIS, Georg (Hrsg.): Gesellschaft - Technik - Politik. Opladen 1983 (auch Kurs Nr. 3224 der FernUniversität Hagen)

ALMOND, Gabriel A./POWELL, G. Bingham (Hrsg.): Comparative Politics. Boston 1966

ALMOND, Gabriel A./VERBA, Sidney: Civic Culture. Political Attitudes and Democracy in Five Nations. Princeton 1963

ALTVATER, Elmar/HOFFMANN, Jürgen/SEMMLER, Willi: Vom Wirtschaftswunder zur Wirtschaftskrise - Ökonomie und Politik in der Bundesrepublik. Berlin 1979

ALTVATER, Elmar: Die Zukunft des Marktes. Ein Essay über die Regulation von Geld und Natur nach dem Scheitern des "real existierenden Sozialismus". Münster 1991

ARNDT, Hans-Joachim: Die Besiegten von 1945. Versuch einer Politologie für Deutsche samt Würdigung der Politikwissenschaft in der Bundesrepublik Deutschland. Berlin 1978

BACHRACH, Peter/BARATZ, Morton: Two Faces of Power. In: American Political Science Review 56 (1962), S. 148ff.

BANDEMER, Stephan von/CORDES, Henry: Policy-Forschung und Regierungslehre. Der politikwissenschaftliche Beitrag zur Erklärung politischer Ergebnisse. In: Stephan v. BANDEMER/Göttrik WEWER (Hrsg.): Regierungssystem und Regierungslehre. Opladen 1989, S. 289-306

BARGEL, Tino: Zur Verbesserung der Lehre in den Sozialwissenschaften. In: Soziologie 1990, H. 1, S. 7-22

BARNES, Samuel H./KAASE, Max (Hrsg.): Political Action. Mass Participation in Five Western Democracies. Beverly Hills/London 1979

BECK, Ulrich: Risikogesellschaft. Auf dem Weg in eine andere Moderne. Frankfurt a.M. 1986

BELLERS, Jürgen: Politikwissenschaft und ihre Nachbardisziplinen. In: J. BELLERS/R. ROBERT 1988, S. 73-97

BELLERS, Jürgen/ROBERT, Rüdiger (Hrsg.): Politikwissenschaft I. Grundkurs. Münster 1988

BELLERS, Jürgen/GROBE, Daniela/HAASE,Ingo/JACHERTZ, Stefanie: Münsteraner Politologen auf dem Arbeitsmarkt. Eine empirische Verbleibsstudie über die Absolventenjahrgänge 1972 bis 1988. In: PVS 31 1990, S. 661-671

BERG-SCHLOSSER, Dirk/MÜLLER-ROMMEL, Ferdinand (Hrsg.): Vergleichende Politikwissenschaft. Opladen 1987

BERGSTRÄSSER, Arnold: Politik in Wissenschaft und Bildung. Freiburg i.Br. 1961

BERMBACH, Udo: Über die Vernachlässigung der Theoriegeschichte als Teil der Politischen Wissenschaft. In: ders. (Hrsg.): Politische Theoriegeschichte. Probleme einer Teildisziplin der Politischen Wissenschaft. PVS, Sonderheft 15. Opladen 1984, S. 9-31

BERMBACH, Udo: Zur Frage von "Professionalisierung" und Fachidentität. Eine Diskussionsbemerkung. In: H.H. HARTWICH (Hrsg.) 1987, S. 127-130

BERMBACH, Udo/BLANKE, Bernhard/BÖHRET, Carl (Hrsg.): Spaltungen der Gesellschaft und die Zukunft des Sozialstaats. Beiträge eines Symposiums aus Anlaß des 60. Geburtstages von Hans-Hermann Hartwich. Opladen 1990

BERNSDORF, Wilhelm/KNOSPE, Horst (Hrsg.): Internationales Soziologenlexikon. 2 Bde., Stuttgart 1980/84

BEYME, Klaus von: Möglichkeiten und Grenzen der vergleichenden Regierungslehre. In: PVS 5, 1966, S. 63-99

BEYME, Klaus von: Die parlamentarischen Regierungssysteme in Europa. München 1970

BEYME, Klaus von: Gewerkschaften und Arbeitsbeziehungen in kapitalistischen Ländern. München 1977a

BEYME, Klaus von: Ökonomie und Politik im Sozialismus. Ein Vergleich der Entwicklung in den sozialistischen Ländern. München 1977b

BEYME, Klaus von: Interessengruppen in der Demokratie. München 1980, 5. Aufl.

BEYME, Klaus von: Parteien in westlichen Demokratien. München 1984, 2. Aufl.

BEYME, Klaus von (Hrsg.): Politikwissenschaft in der Bundesrepublik Deutschland. Opladen 1986a

BEYME, Klaus von: Die deutsche Politikwissenschaft im internationalen Vergleich. In: K. v. BEYME 1986b, S. 12-26

BEYME, Klaus von: Was heißt und zu welchem Ende studiert man Politikwissenschaft? In: K. v. BEYME u.a. 1987a, S. 25-36

BEYME, Klaus von: Der Vergleich in der Politikwissenschaft. München 1988

BEYME, Klaus von: Das politische System der Bundesrepublik Deutschland nach der Vereinigung. München 1991a, 6. vollst. überarb. Aufl.

BEYME, Klaus von: Theorie der Politik im 20. Jahrhundert. Von der Moderne zur Postmoderne. Frankfurt a.M. 1991b

BEYME, Klaus von: Die politischen Theorien der Gegenwart. München 1992a

BEYME, Klaus von: Auf dem Weg zur Wettbewerbsdemokratie? Der Aufbau politischer Konfliktstrukturen in Osteuropa. In: KOHLER-KOCH, Beate (Hrsg.): Staat und Demokratie in Europa. Opladen 1992b, S. 149-167

BEYME, Klaus von/CZEMPIEL, Ernst-Otto/KIELMANSEGG, Peter Graf (Hrsg.): Funk-Kolleg Politik. Bd. 1 und 2. Frankfurt a. M. 1987a

BEYME, Klaus von/CZEMPIEL, Ernst-Otto/KIELMANSEGG, Peter Graf/SCHMOOCK, Peter (Hrsg.): Politikwissenschaft. Eine Grundlegung. 3 Bde., Stuttgart 1987b

BEYME, Klaus von/SCHMIDT, Manfred G. (Hrsg.): Die Politik in der Bundesrepublik Deutschland. Opladen 1990

BLANKE, Bernhard/JÜRGENS, Ulrich/KASTENDIEK, Hans: Kritik der Politischen Wissenschaft. 2 Bde., Frankfurt a.M. 1975

BÖHRET, Carl: Entscheidungshilfen für die Regierung. Modelle - Instrumente - Probleme. Opladen 1970

BÖHRET, Carl: Zum Vollzug von Verwaltungspolitik. In: Thomas ELLWEIN/Joachim Jens HESSE (Hrsg.): Verwaltungsvereinfachung und Verwaltungspolitik. Baden-Baden 1985, S. 271-301

BÖHRET, Carl: Zum Stand und zur Orientierung der Politikwissenschaft in der Bundesrepublik Deutschland. In: H.H. HARTWICH (Hrsg.) 1985, S. 216-330

BÖHRET, Carl: Folgen. Entwurf für eine aktive Politik gegen schleichende Katastrophen. Opladen 1990

BÖHRET, Carl: Hans-Hermann Hartwich, dem langjährigen Vorsitzenden der DVPW zum 60. Geburtstag. In: U. BERMBACH u.a. 1990, S. 269ff.

152

BÖHRET, Carl/JANN, Werner/KRONENWETT, Eva: Handlungsspielräume und Steuerungspotential der regionalen Wirtschaftsförderung. In: PVS-Sonderheft 10, 1979, S. 76-110

BÖHRET, Carl/HUGGER, Werner: Test und Prüfung von Gesetzentwürfen. Köln 1980

BÖHRET, Carl/FRANZ, Peter: Die parlamentarische Technologiefolgenabschätzung - Funktion, Probleme und Organisationsmodelle. In: H.-H. HARTWICH (Hrsg.): Politik und die Macht der Technik. Opladen 1986, S. 162-182

BÖHRET, Carl/JANN, Werner/KRONENWETT, Eva: Innenpolitik und politische Theorie. Ein Studienbuch. Opladen 1988, 3. neubearb. u. erw. Aufl.

BOGUMIL, Jörg/IMMERFALL, Stefan: Wahrnehmungsweisen empirischer Sozialforschung. Zum (Selbst-)Verständnis des sozialwissenschaftlichen Erfahrungsprozesses. Frankfurt a.M. 1985

BOLDT, Hans: Politikwissenschaft und Rechtswissenschaft. In: D. NOHLEN/R.-O. SCHULTZE (Hrsg.) 1989, S. 841

BRACHER, Karl Dietrich u.a.: Die nationalsozialistische Machtergreifung. Studien zur Errichtung des totalitären Herrschaftssystems in Deutschland 1933/34. Opladen 1960, 3. Aufl. 1974

BRACHER, Karl Dietrich: Die Auflösung der Weimarer Republik. Villingen 1955, 2. Nachdruck Düsseldorf 1984

BRACHER, Karl Dietrich: Die deutsche Diktatur. Entstehung, Struktur, Folgen des Nationalsozialismus. Köln/Berlin 1969, 6. Aufl. 1979

BRACHER, Karl Dietrich: Zeit der Ideologien. Stuttgart 1982

BRUDER, Wolfgang: Empirische Verwaltungsforschung in der Bundesrepublik Deutschland. Opladen 1981

BRUNNER, Georg: Vergleichende Regierungslehre. Paderborn 1979

BRYCE, James: Modern Democracies, London 1923 (dt. München 2 Bde. 1926)

BÜCHMANN, Georg: Geflügelte Worte. Berlin 1972, 32. Aufl.

BÜCKER-GÄRTNER, Heinz/GRUNOW, Dieter/HEGNER, Friedhelm/NEUBAUER, G.: Sozialwissenschaftler in der öffentlichen Verwaltung. Frankfurt a.M./New York 1977

CAPRA, Fritjof: Wendezeit - Baustein für ein neues Weltbild. Bern 1985 (zuerst engl. 1982)

CORDES, Henry: Die Lehr-Enquete 1986. Bericht über die Ergebnisse der Umfrage zur politikwissenschaftlichen Lehre im zweiten Halbjahr 1986. In: H.H. HARTWICH (Hrsg.) 1987, S. 225-256

CZADA, Roland/SCHMIDT, Manfred G. (Hrsg.): Verhandlungsdemokratie, Interessenvermittlung, Regierbarkeit. Festschrift für Gerhard Lehmbruch. Opladen 1993

CZEMPIEL, Ernst-Otto: Internationale Politik. Ein Konfliktmodell. Paderborn u.a. 1981

CZEMPIEL, Ernst-Otto: Friedensstrategien. Paderborn u.a. 1986

CZEMPIEL, Ernst-Otto: Machtprobe. Die USA und die Sowjetunion in den achtziger Jahren. München 1989

CZEMPIEL, Ernst-Otto: Weltpolitik im Umbruch. Das internationale System nach dem Ende des Ost-West-Konflikts. München 1991

DAHLMANN, Friedrich Christoph: Die Politik. Frankfurt a.M. 1968 (zuerst 1835)

DEUTSCH, Karl W.: The Analysis of International Relations. Englewood Cliffs 1968

DEUTSCH, Karl W.: Politische Kybernetik. Modelle und Perspektiven. Freiburg 1969 (zuerst engl.: The Nerves of Government, 1966)

DEUTSCH, Karl W.: Das Wachstum des Wissens und die Lernfähigkeit der Menschen. Berlin 1978

DEUTSCH, Karl W./FRITSCH B.: Zur Theorie der Vereinfachung. Reduktion von Komplexität in der Datenverarbeitung für Weltmodelle. Königstein 1981

DEUTSCHER HOCHSCHULVERBAND (Hrsg.): Hochschullehrerverzeichnis Bundesrepublik Deutschland. Universitäten, Fachhochschulen. Bochum 1991

DILTHEY, Wilhelm: Einleitung in die Geisteswissenschaften. Leipzig 1883

DOEKER, Günther (Hrsg.): Vergleichende Analyse politischer Systeme. Comparative Politics. Freiburg 1971

DOWNS, Anthony: Ökonomische Theorie der Demokratie. Tübingen 1968 (zuerst engl. 1966)

DYE, Thomas R.: Understanding Public Policy. Englewood Cliffs 1972

DYE, Thomas R.: Policy Analysis. What governments do, why they do it, and what difference it makes. Tuscaloosa 1976

EASTON, David: A Systems Analysis of Political Life. New York 1965

EBBIGHAUSEN, Rolf/GROTTIAN, Peter/GRÜHN, Dieter/J_KLI, Zoltán/OST, Reinhard/OSTERHOLZ, Uwe/PREISSER, Rüdiger/SÄMANN, Ulrich: Berliner Politologen auf dem Arbeitsmarkt. Suche nach einer neuen Identität? Verbleibsstudie über die Absolventenjahrgänge 1974-1980. In: PVS 24 1983, S. 113-130

EISFELD, Rainer: Ausgebürgert und doch angebräunt. Deutsche Politikwissenschaft 1920-1945. Baden-Baden 1991

ELLWEIN, Thomas: Klerikalismus in der deutschen Politik. München 1955

ELLWEIN, Thomas: Das Regierungssystem der Bundesrepublik Deutschland. Opladen 1963

ELLWEIN, Thomas: Politische Verhaltenslehre. Stuttgart 1964, 7. Aufl. 1972

ELLWEIN, Thomas: Regieren und Verwalten. Eine kritische Einführung. Opladen 1976

ELLWEIN, Thomas: Politische Praxis. Beiträge zur Gestaltung des politischen und sozialen Wandels. Opladen 1987a

ELLWEIN, Thomas: Politische Wissenschaft. Beiträge zur Analyse von Politik und Gesellschaft. Opladen 1987b

ELLWEIN, Thomas/ZOLL, Ralf (Hrsg.): Politisches Verhalten. 11 Bde., München 1969-1980

ELLWEIN, Thomas/HESSE, Joachim Jens: Das Regierungssystem der Bundesrepublik Deutschland. Opladen 1987, 6. neubearb. u. erw. Aufl., 7. Aufl. 1992

ESSER, Joseph: Einführung in die materialistische Staatsanalyse. Frankfurt a.M. 1975

EYNERN, Gert von: Grundriß der Politischen Wirtschaftslehre I. Opladen 1968, 2. Aufl. 1972

FALTER, Jürgen W.: Der "Positivismusstreit" in der amerikanischen Politikwissenschaft. Opladen 1982

FALTER, Jürgen W.: Die drei "Schulen" der deutschen Politikwissenschaft. In: K. v. BEYME u.a. (Hrsg.) 1987a, S. 295-300

FALTER, Jürgen W.: Hitlers Wähler. München 1991

FALTER, Jürgen W./GÖHLER, Gerhard: Politische Theorie. Entwicklung und gegenwärtiges Erscheinungsbild. In: K. v. BEYME (Hrsg.) 1986a, S. 118-141

FETSCHER, Iring: Die Demokratie. Grundfragen und Erscheinungsformen. Stuttgart u.a. 1972, 2. Aufl.

FETSCHER, Iring: Wer hat Dornröschen wachgeküßt? Das Märchen-Verwirrbuch. Frankfurt a.M. 1974

FETSCHER, Iring: Rousseaus politische Philosophie. Frankfurt a.M. 1975

FETSCHER, Iring: Grundbegriffe des Marxismus. Eine lexikalische Einführung. Hamburg 1976

FETSCHER, Iring: Terrorismus und Reaktion. Köln 1977

FETSCHER, Iring: Großbritannien. Gesellschaft - Staat - Ideologie. Frankfurt a.M. 1978, 3. Aufl.

FETSCHER, Iring: Überlebensbedingungen der Menschheit. München 1980

FETSCHER, Iring: Neokonservative und Neue Rechte. München 1983

FETSCHER, Iring/MÜNKLER, Herfried (Hrsg.): Politikwissenschaft. Begriffe - Analysen - Theorien. Ein Grundkurs. Reinbek 1985a

FETSCHER, Iring/MÜNKLER, Herfried (Hrsg.): Pipers Handbuch der politischen Ideen. 5 Bde., München 1985b

FEYERABEND, Paul: Wider den Methodenzwang. Frankfurt a.M. 1976

FEYERABEND, Paul: Erkenntnis für freie Menschen. Frankfurt a.M. 1979

FIEBELKORN, Joachim/KÖHLER, Uwe/MONHEIMIUS, Ilka/SCHRAMM, Thomas/WITTMANN, Ingrid: Zu allem fähig - zu nichts zu gebrauchen? Berliner Politologen auf dem Arbeitsmarkt. Verbleibsuntersuchung der Absolventenjahrgänge 1979-1986. Berlin 1989

FINIFTER, Ada W. (Hrsg.): Political Science. The State of the Discipline. Washington 1983

FISCH, Jörg/KOSELLECK, Reinhard/ORTH, Ernst Wolfgang: Interesse. In: BRUNNER, Otto u.a. (Hrsg.): Geschichtliche Grundbegriffe, Bd. 3. Stuttgart 1982, S. 305ff.

FLECHTHEIM, Ossip K.: Grundlegung zur politischen Wissenschaft. Meisenheim a. Glan 1958

FRIEDRICH, Carl J.: Der Verfassungsstaat der Neuzeit. Berlin 1953

FRIEDRICH, Carl J.: Demokratie als Herrschafts- und Lebensform. Heidelberg 1966

FRAENKEL, Ernst/BRACHER, Karl Dietrich (Hrsg.): Staat und Politik. Das Fischer Lexikon. Frankfurt a.M. 1957, Neuauflage 1966

FUNKE, Manfred/JACOBSEN, Hans-Adolf/KNÜTTER, Hans-Hellmuth/SCHWARZ, Hans-Peter (Hrsg.): Demokratie und Diktatur. Geist und Gestalt politischer Herrschaft in Deutschland und Europa. Bonn 1987

GABLENTZ, Otto Heinrich von der: Einführung in die Politische Wissenschaft. Köln und Opladen 1965

GIEGLER, Helmut/KÄRNER, Hartmut: Soziologen und Politologen - Wer sie sind und was sie wollen. Zur Typologie von Gesellschaftswissenschaften. In: Soziologie, H.2 (1989), S. 155-174

GÖHLER, Gerhard: Die Wiederbegründung der Deutschen Hochschule für Politik. Traditionspflege oder wissenschaftlicher Neubeginn? In: G. GÖHLER/B. ZEUNER (Hrsg.) 1991, S. 144-164

GÖHLER, Gerhard/ZEUNER, Bodo (Hrsg.): Kontinuitäten und Brüche in der deutschen Politikwissenschaft. Baden-Baden 1991

GÖRLITZ, Axel: Politikwissenschaftliche Propädeutik. Hamburg 1972

GÖRLITZ, Axel/VOIGT, Rüdiger: Rechtspolitologie. Opladen 1985

GÖRLITZ, Axel/PRÄTORIUS, Rainer (Hrsg.): Handbuch Politikwissenschaft. Grundlagen - Forschungsstand - Perspektiven. Reinbek 1987

GÖTTNER-ABENDROTH, Heide: Zur Methodologie von Frauenforschung. In: Beiträge zur feministischen Theorie und Praxis, Köln 1987, S. 35-39

GROTTIAN, Peter: Politologin oder Politologe - Suche nach einer Identität. In: I. FETSCHER/H. MÜNKLER (Hrsg.) 1985a, S. 637-648

GROTTIAN, Peter: Politikwissenschaftler auf dem Arbeitsmarkt. In: K. v. BEYME 1986a; S. 78-88

GRÜHN, Dieter: Sozialwissenschaftler in der Grauzone des Arbeitsmarktes. Bielefeld 1984

HANKE, Peter: Macht und Herrschaft. In: E. HOLTMANN (Hrsg.) 1991, S. 341-344

HARTMANN, Jürgen (Hrsg.): Vergleichende politische Systemforschung. Köln 1980

HARTMANN, Jürgen: Vergleichende Regierungslehre. In: K. v. BEYME (Hrsg.) 1986a, S. 168-179

HARTMANN, Jürgen: Vergleichende Systemlehre. In: HOLTMANN (Hrsg.) 1991, S. 658-661

HARTWICH, Hans-Hermann (Hrsg.): Politik im 20. Jahrhundert. Braunschweig 1974, 4. neubearb. Aufl.

HARTWICH, Hans-Hermann: Sozialstaatspostulat und gesellschaftlicher status quo. Opladen 1978, 3. Aufl.

HARTWICH, Hans-Hermann (Hrsg.): Policy-Forschung in der Bundesrepublik Deutschland. Ihr Selbstverständnis und ihr Verhältnis zu den Grundfragen der Politikwissenschaft. Opladen 1985

HARTWICH, Hans-Hermann (Hrsg.): Politikwissenschaft. Lehre und Studium zwischen Professionalisierung und Wissenschaftsimmanenz. Opladen 1987

HARTWICH, Hans-Hermann (Hrsg.): Macht und Ohnmacht politischer Insitutionen. Tagungsbericht des 17. Wissenschaftlichen Kongreß der DVPW. Opladen 1989

HAUFF, Volker/SCHARPF, Fritz W.: Modernisierung der Volkswirtschaft. Frankfurt a.M. 1975

HELLER, Hermann: Staatslehre. Leiden 1934

HELLSTERN, Gerd-Michael/WOLLMANN, Helmut (Hrsg.): Handbuch zur Evaluierungsforschung. Opladen 1984

HENNIG, Eike/SAAGE, Richard (Hrsg.): Konservativismus - eine Gefahr für die Freiheit? Für Iring Fetscher. München 1983

HENNIS, Wilhelm: Politik als praktische Philosophie. Neuwied 1963

HENNIS, Wilhelm: Politik als praktische Wissenschaft. München 1968

HENNIS, Wilhelm: Demokratisierung. Zur Problematik eines Begriffs. Opladen 1970

HENNIS, Wilhelm: Die mißverstandene Demokratie. Freiburg 1973

HENNIS, Wilhelm: Organisierter Sozialismus. Stuttgart 1977

HENNIS, Wilhelm/KIELMANSEGG, Peter Graf/MATZ, Ulrich (Hrsg.): Regierbarkeit. Studien zu ihrer Problematisierung. Bd. I und II. Stuttgart 1977 und 1979

HESSE, Joachim Jens: Policy-Forschung zwischen Anpassung und Eigenständigkeit. In: H. H. HARTWICH (Hrsg.) 1985, S. 30ff.

Hessisches Ministerium für Erziehung und Volksbildung: Die politischen Wissenschaften an den deutschen Hochschulen. Wiesbaden 1949

HIMMELMANN, Gerhard: Arbeitsorientierte Arbeitslehre. Opladen 1977

HIRSCH, Joachim: Staatsapparat und Reproduktion des Kapitals. Frankfurt a.M. 1974

HOLTMANN, Everhard (Hrsg.): Politik-Lexikon. München/Wien 1991

HONOLKA, Harro: Reputation, Desintegration, theoretische Umorientierungen. Zu einigen empirisch vernachlässigten Aspekten der Lage der Politikwissenschaft in der Bundesrepublik Deutschland. In: K. v. BEYME (Hrsg.) 1986a, S.41-61

HORKHEIMER, Max/ADORNO, Theodor W.: Soziologische Exkurse. Frankfurt a.M. 1972

JÄNICKE, Martin (Hrsg.): Politische Systemkrisen. Köln 1973

JÄNICKE, Martin: Blauer Himmel über der Ruhr - eine optische Täuschung. In: PVS-Sonderheft 9, 1977, S. 343-355

JÄNICKE, Martin (Hrsg.): Umweltpolitik. Opladen 1978

JÄNICKE, Martin: Wie das Industriesystem von seinen Mißständen profitiert. Opladen 1979

JÄNICKE, Martin: Staatsversagen. Die Ohnmacht der Politik in der Industriegesellschaft. München 1986

JÄNICKE, Martin/SIMONIS, Udo Ernst/WEIGMANN, G. (Hrsg.): Wissen für die Umwelt. 17 Wissenschaftler bilanzieren. Berlin 1985

JANN, Werner: Policy-Forschung als angewandte Sozialforschung. In: KLAGES, Helmuth (Hrsg.): Arbeitsperspektiven angewandter Sozialforschung. Opladen 1985, S.64-118

JANN, Werner: Politikwissenschaftliche Verwaltungsforschung. In: K. v. BEYME (Hrsg.) 1986a, S.209-230

JAY, Martin: Dialektische Phantasie. Frankfurt a.M. 1976

KAMMLER, Jörg: Gegenstand und Methode der politischen Wissenschaft. In: ABENDROTH, Wolfgang/LENK, Kurt (Hrsg.): Einführung in die politische Wissenschaft. München 1972, 2. erw. Aufl., S.9-24

KASTENDIEK, Hans: Die Entwicklung der westdeutschen Politikwissenschaft. Frankfurt a.M. 1977

KELLER, Evelyn F.: Liebe, Macht und Erkenntnis. Männliche oder weibliche Wissenschaft. München 1986

KIELMANSEGG, Peter Graf: Volkssouveränität. Stuttgart 1977

KIELMANSEGG, Peter Graf: Nachdenken über Demokratie. Stuttgart 1980a

KIELMANSEGG, Peter Graf: Deutschland und der Erste Weltkrieg. Stuttgart 1980b

KISSLER, Leo: Rechtssoziologie für die Rechtspraxis. Neuwied/Darmstadt 1984

KISSLER, Leo (Hrsg.): Computer und Beteiligung. Beiträge aus der empirischen Partizipationsforschung. Opladen 1988

KISSLER, Leo: Die Mitbestimmung in der Bundesrepublik Deutschland. Modell und Wirklichkeit. Marburg 1992

KLAUS, Georg/BUHR, Manfred (Hrsg.): Philosophisches Wörterbuch. 2 Bde., Berlin (Ost) 1972

KÖNIG, René (Hrsg.): Handbuch der empirischen Sozialforschung. 14 Bde., Stuttgart 1973

KOHLER-KOCH, Beate: Rechenschaftsbericht des Vorstandes vom 8. Okt. 1991. In: DVPW-Rundbrief Nr. 105, Darmstadt 1991, S.10-19

KOLWIJK, Jürgen von/WIEKEN-MAYSER, Maria (Hrsg.): Techniken der empirischen Sozialforschung. 8 Bde., Oldenburg 1975ff.

KOMMISSION für wirtschaftlichen und sozialen Wandel: Gutachten, veröff. durch die Bundesregierung. Göttingen 1977

KONEGEN, Norbert: Politikwissenschaft und Wissenschaftstheorie. In: J. BELLERS/R. ROBERT (Hrsg.) 1988, S.98-153

KROMREY, Helmut: Empirische Sozialforschung. Modelle und Methoden der Datenerhebung und Datenanwendung. Opladen 1990, 4. Aufl. (auch als Kurs Nr. 3607 der FernUniversität Hagen)

KUHN, Hans-Werner/MASSING, Peter (Hrsg.): Politische Bildung in Deutschland. Entwicklung - Stand - Perspektiven. Opladen 1980

KUHN, Thomas S.: Die Struktur wissenschaftlicher Revolutionen. Frankfurt a.M. 1967

LABAND, Paul u.a. (Hrsg.): Handbuch der Politik. 2 Bde., Leipzig 1912/13

LANDFRIED, Christine: Politikwissenschaft und Politikberatung. In: K. v. BEYME (Hrsg.) 1986a, S.100-115

LEHMBRUCH, Gerhard: Proporzdemokratie. Politisches System und politische Kultur in der Schweiz und in Österreich. Tübingen 1967

LEHMBRUCH, Gerhard: Einführung in die Politikwissenschaft. Stuttgart u.a. 1968, 2. veränderte Aufl.

LEHMBRUCH, Gerhard: Parteienwettbewerb im Bundesstaat. Stuttgart 1976

LEHMBRUCH, Gerhard: Wandlungen der Interessenpolitik im liberalen Korporatismus. In: Ulrich v. ALEMANN/Rolf G. HEINZE (Hrsg.): Verbände und Staat. Opladen 1979, S. 50-71

LEHMBRUCH, Gerhard: Concertation and the Structure of Corporatist Networks. In: J. GOLDTHORPE (Hrsg.): Order and Conflict in Contemporary Capitalism. Oxford 1984

LEHMBRUCH, Gerhard: Die deutsche Vereinigung. Strukturen und Strategien. In: PVS 32, 1991, S. 585-604

LEHMBRUCH, Gerhard/SCHMITTER, Philippe C. (Hrsg.): Patterns of Corporatist Policy-Making. Beverly Hills/London 1982

LEHNER, Franz: Einführung in die Neue Politische Ökonomie. Königstein 1981

LEHNER, Franz: Vergleichende Regierungslehre. Opladen 1989, 2. Aufl. 1991 (auch Kurs Nr. 4659 der FernUniversität Hagen)

LENK, Kurt/FRANKE, Berthold: Theorie der Politik. Eine Einführung. Frankfurt a.M. 1987 (auch als Kurs Nr. 3206 der FernUniversität Hagen)

LEPSIUS, M. Rainer: Denkschrift zur Lage der Soziologie und der Politischen Wissenschaft im Auftrag der DFG. Wiesbaden 1961

LIPSET, Seymour M./ROKKAN, Stein: Cleavage Structures, Party Systems, and Voter Alignements. In: dies. (Hrsg.): Party Systems and Voter Alignements. New York 1967, S. 1-64

LUHMANN, Niklas: Soziale Systeme. Frankfurt a.M. 1984

MAIER, Hans: Politikwissenschaft. In: E. FRAENKEL/K.D. BRACHER (Hrsg.) 1966, S. 260-270

MAIER, Hans: Politik als Gegenstand wissenschaftlicher Forschung. In: L. REINISCH (Hrsg.): Politische Wissenchaft heute. München 1971, S.1-14

MAIER, Hans: Die ältere deutsche Staats- und Verwaltungslehre. München 1986

MAIER, Hans u.a. (Hrsg.): Politik, Philosophie, Praxis. Festschrift für Wilhelm Hennis zum 65. Geburtstag. Stuttgart 1988

MANHEIM, Jarol B./RICH, Richard C.: Empirical Political Analysis. Research Methods in Political Science. New York 1986

MASSING, Peter: Konsensus. In: D. NOHLEN/R.-O. SCHULTZE (Hrsg.) 1989, S.456-458

MATZ, Ulrich: Bemerkungen zur Lage der deutschen Politikwissenschaft. In: Zeitschrift für Politik, Heft 1/1985, S.1-7

MAYNTZ, Renate (Hrsg.): Implementation politischer Programme. Bd. I u. II. Königstein 1980 und Opladen 1983

MEYER, Klaus: Hermann Heller. Eine biographische Skizze. In: PVS 8 (1967), S. 293-314

MICHELS, Robert: Zur Soziologie des Parteiwesens in der modernen Demokratie. Untersuchungen über die oligarchischen Tendenzen des Gruppenlebens. Leipzig 1911

MICKEL, Wolfgang W. (Hrsg.): Handlexikon zur Politikwissenschaft. München 1983

MICKEL, Wolfgang W./ZITZLAFF, Dietrich (Hrsg.): Handbuch zur politischen Bildung. Bonn 1988

MIES, Maria: Frauenforschung oder feministische Forschung. In: Beiträge zur feministischen Theorie und Praxis, Köln 1987, S.40-60

MISSIROLI, Antonio: Die Deutsche Hochschule für Politik. St. Augustin 1988

MITRANY, David: A Working Peace System. London 1944

MÖBUS, Gerhard: Die politischen Theorien von der Antike bis zur Renaissance. Köln/Opladen 1964

MOHR, Arno: Die Durchsetzung der Politikwissenschaft an deutschen Hochschulen und die Entwicklung der Deutschen Vereinigung für Politische Wissenschaft. In: K. v. BEYME (HRSG.) 1986a, S. 62-77

MOHR, Arno: Politikwissenschaft als Alternative - Stationen einer wissenschaftlichen Disziplin auf dem Wege zu ihrer Selbständigkeit in der Bundesrepublik Deutschland. 1945-
1965. Bochum 1988

MÜLLER, Ferdinand F./SCHMIDT, Manfred G.: Empirische Politikwissenschaft. Stuttgart 1979

MÜNCH, Richard: Basale Soziologie. Opladen 1982

MUSZYNSKI, Bernhard (Hrsg.): Deutsche Vereinigung. Probleme der Integration und der
Identifikation. Opladen 1991

NARR, Wolf-Dieter/NASCHOLD, Frieder: Theorie der Demokratie. Stuttgart 1971

NASCHOLD, Frieder: Politische Wissenschaft. Freiburg 1970

NASSMACHER, Hiltrud: Vergleichende Politikforschung. Eine Einführung in Probleme und
Methoden. Opladen 1991

NEUMANN, Franz (Hrsg.): Politische Theorien und Ideologien. Handbuch. Baden-Baden 1977,
2. Aufl.

NOHLEN, Dieter: Vergleichende Analyse politischer Systeme. Vergleichende Methode. In: D.
NOHLEN/R.-O. SCHULTZE (Hrsg.) 1989, S. 1077-1085.

NOHLEN, Dieter (Hrsg.): Wörterbuch Staat und Politik. München 1991

NOHLEN, Dieter/SCHULTZE, Rainer-Olaf (Hrsg.): Pipers Wörterbuch zur Politik. Bd. 1: Politikwissenschaft. München 1989

NUSCHELER, Franz/STEFFANI, Winfried: Pluralismus. München 1972

OBERNDÖFER, Dieter (Hrsg.): Wissenschaftliche Politik. Freiburg 1966

OFFE, Claus: Leistungsprinzip und industrielle Arbeit. Frankfurt a.M. 1970

OFFE, Claus: Strukturprobleme des kapitalistischen Staates. Frankfurt a.M. 1972

OFFE, Claus: Krisen des Krisenmanagements. In: Martin JÄNICKE (Hrsg.): Herrschaft und
Krise. Opladen 1973, S. 197-223

OFFE, Claus: Berufsbildungsreform. Eine Fallstudie über Reformpolitik. Frankfurt a.M. 1975

OFFE, Claus: Die Institutionalisierung des Verbandseinflusses - eine ordnungspolitische
Zwickmühle. In: Ulrich von ALEMANN/Rolf G. HEINZE (Hrsg.): Verbände und Staat. Vom
Pluralismus zum Korporatismus. Opladen 1979, S. 72-91

OFFE, Claus/HEINZE, Rolf G.: Organisierte Eigenarbeit. Frankfurt a.M. 1990

OLSON, Mancur: Die Logik kollektiven Handelns. Tübingen 1968 (zuerst engl. 1966)

OPP, Karl-Dieter: Methodologie der Sozialwissenschaften. Reinbek 1970

PARSONS, Talcott: Das System moderner Gesellschaften. München 1972

PATZELT, Werner J.: Einführung in die Politikwissenschaft. Grundriß des Faches und studi-
umbegleitende Orientierung. Passau 1992

POPPER, Karl W.: Logik der Forschung. Tübingen 1966

PRÄTORIUS, Rainer: Konflikt/Konflikttheorie. In: D. NOHLEN (Hrsg.) 1991, S.298-301

PRZEWORSKI, Adam/TEUNE, Henry: The Logic of Comparative Inquiry. New York 1970

RASCHKE, Joachim/SARETZKI, Thomas: Politologe/Politologin. In: Blätter zur Berufskunde,
Bd. 3, hrsg. von der Bundesanstalt für Arbeit. Bielefeld 1991

REHM, Hermann: Politik als Wissenschaft. In: P. LABAND u.a. (Hrsg.) 1912/13, Bd. 1, S.7-11

RITTBERGER, Volker: Evolution and international organization. Towards a new level of socio-
political integration. Den Haag 1973

RITTBERGER, Volker: Die Bundesrepublik Deutschland - eine Weltmacht? Außenpolitik nach
vierzig Jahren. In: Aus Politik und Zeitgeschichte B 4-5/1990a, S. 3-19

RITTBERGER, Volker (Hrsg.): International Regimes in East-West Politics. London 1990b

RITTBERGER, Volker (Hrsg.): Theorien der Internationalen Beziehungen. Bestandsaufnahme
und Forschungsperspektiven. PVS-Sonderheft 21, Opladen 1990c

RÖHRING, Hans-Helmut/SONTHEIMER, Kurt: Handbuch des deutschen Parlamentarismus.
München 1970

ROHE, Karl: Politik. Begriffe und Wirklichkeiten. Eine Einführung in das politische Denken.
Stuttgart u.a. 1978

ROSECRANCE, Richard: Der neue Handelsstaat. Herausforderungen für Politik und Wirtschaft.
Frankfurt a.M./New York 1987

RUDZIO, Wolfgang: Das politische System der Bundesrepublik Deutschland. Opladen 1991, 3.
überarb. u. akt. Aufl.

RUPP, Hans Karl/NOETZEL, Thomas: Macht, Freiheit, Demokratie. Anfänge der westdeutschen Politikwissenschaft. Biographische Annäherungen. Marburg 1991

SABINE, George H.: A History of Political Theory. New York u.a. 1961, 3. Aufl. (zuerst 1937)

SCHARPF, Fritz W.: Demokratietheorie zwischen Utopie und Anpassung. Konstanz 1970

SCHARPF, Fritz W.: Planung als politischer Prozeß. Frankfurt a.M. 1973

SCHARPF, Fritz W.: Politische Durchsetzbarkeit innerer Reformen. Göttingen 1974

SCHARPF, Fritz W.: Institutionelle Bedingungen der Arbeitsmarkt- und Beschäftigungspolitik. In: Aus Politik und Zeitgeschichte B 6/1983, S. 3-15

SCHARPF, Fritz W.: Sozialdemokratische Krisenpolitik in Europa. Frankfurt a.M. 1987

SCHARPF, Fritz W.: Die Handlungsfähigkeit des Staates am Ende des zwanzigsten Jahrhunderts. In: PVS 32, 1991, S. 621-653

SCHARPF, Fritz W./REISSERT, Bernd/SCHNABEL, Fritz: Politikverflechtung. 2 Bde., Kronberg 1976 u. 1977

SCHARPF, Fritz W. u.a.: Implementationsprobleme offensiver Arbeitsmarktpolitik. Das Sonderprogramm der Bundesregierung für Regionen mit besonderen Beschäftigungsproblemen. Frankfurt a.M. 1982

SCHELSKY, Helmut: Die Arbeit tun die anderen. Opladen 1975

SCHMID, Josef: Die CDU. Organisationsstrukturen, Politik und Funktionsweisen einer Partei im Föderalismus. Opladen 1990

SCHMIDT, Manfred G.: CDU und SPD an der Regierung. Ein Vergleich ihrer Politik in den Ländern. Frankfurt a.M. 1980

SCHMIDT, Manfred G.: Wohlfahrtsstaatliche Politik unter bürgerlichen und sozialdemokratischen Regierungen. Frankfurt a.M./New York 1982

SCHMIDT, Manfred G.: Politikwissenschaft. In: H.H. HARTWICH (Hrsg.) 1985, S.137-142

SCHMIDT, Manfred G.: The Politics of Labour Market Policy. In: Hans KEMAN/Franz LEHNER/Manfred G. SCHMIDT (Hrsg.): Managing Mixed Economies. Beverly Hills/London 1987, S. 4-53

SCHMIDT, Manfred G.: Einführung. In: ders. (Hrsg.): Staatstätigkeit. PVS-Sonderheft 19. Opladen 1988a, S. 1-35

SCHMIDT, Manfred G.: Sozialpolitik. Historische Entwicklung und internationaler Vergleich. Opladen 1988b (auch Kurs Nr. 3216 der FernUniversität Hagen)

SCHMIDT, Manfred G.: Staatsfinanzen. In: K. v. BEYME/M. G. SCHMIDT (Hrsg.) 1990, S. 36-75

SCHMIDT, Manfred G.: Regieren in der Bundesrepublik Deutschland. Opladen 1992 (auch Kurs Nr. 3203 der FernUniversität Hagen)

SCHMIDT, Manfred G.: Demokratietheorie. Kurs-Nr. 3217 der FernUniversität. Hagen 1993

SCHMITTER, Philippe C./LEHMBRUCH, Gerhard: Trends Toward Corporatist Intermediation. Beverly Hills/London 1979

SCHNEIDER, Hans-Heinz: Die "alte" Hochschule für Politik. In: Otto-Suhr-Institut (Hrsg.): Das Otto-Suhr-Institut an der FU Berlin. Berlin 1962, S.5-31

SCHÖRKEN, Rolf: Die öffentliche Auseinandersetzung um neue Lehrpläne für politische Bildung und das Konsensproblem. In: FISCHER, Kurt Gerhard (Hrsg.): Zum aktuellen Stand der Theorie und Didaktik der politischen Bildung. Stuttgart 1975, S.9-15

SCHUBERT, Klaus: Politikfeldanalyse. Eine Einführung. Opladen 1991 (auch Kurs Nr. 3222 der FernUniversität Hagen)

SCHUMPETER, Joseph A.: Kapitalismus, Sozialismus und Demokratie. München 1975 (zuerst engl. 1942)

SCHWARZ, Hans-Peter: Vom Reich zur Bundesrepublik. Deutschland im Widerstreit der außenpolitischen Konzeptionen in den Jahren der Besatzungsherrschaft. 1945-1949. Neuwied 1966

SCHWARZ, Hans-Peter (Hrsg.): Handbuch der deutschen Außenpolitik. München/Zürich 1976, 2. Aufl.

SCHWARZ, Hans-Peter : Zwischenbilanz der KSZE. Stuttgart 1977

SCHWARZ, Hans-Peter : Geschichte der Bundesrepublik. Bd. 2: Die Ära Adenauer. Gründerjahre der Republik 1949-1957. Stuttgart/Wiesbaden 1981

SCHWARZ, Hans-Peter: Geschichte der Bundesrepublik. Bd. 3: Die Ära Adenauer. Epochen-
    wechsel 1957-1963. Stuttgart/Wiesbaden 1983
SCHWARZ, Hans-Peter: Die gezähmten Deutschen. Von der Machtbesessenheit zur Machtver-
    gessenheit. Stuttgart 1985
SCHWARZ, Hans-Peter: Adenauer. Der Aufstieg: 1876-1952. Stuttgart 1986
SCHWARZ, Hans-Peter: Adenauer. Der Staatsmann: 1952-1967. Stuttgart 1991
Sekretariat der Kultusministerkonferenz (Hrsg.): Empfehlungen der Studienreformkommissi-
    on Politikwissenschaft/Soziologie. Bd. 1: Politikwissenschaft. Bonn 1985
SENGHAAS, Dieter: Abschreckung und Frieden. Studien zur organisierten Friedlosigkeit.
    Frankfurt a.M. 1969
SENGHAAS, Dieter (Hrsg.): Kritische Friedensforschung. Frankfurt a.M. 1971
SENGHAAS, Dieter (Hrsg.): Imperialismus und strukturelle Gewalt. Analysen über abhängige
    Reproduktion. Frankfurt a.M. 1972
SENGHAAS, Dieter (Hrsg.): Peripherer Kapitalismus. Analysen über Abhängigkeit und Unter-
    entwicklung. Frankfurt a.M. 1974
SENGHAAS, Dieter: Weltwirtschaftsordnung und Entwicklungspolitik. Plädoyer für Dissozia-
    tion. Frankfurt a.M. 1977
SENGHAAS, Dieter: Von Europa lernen. Entwicklungsgeschichtliche Betrachtungen. Frankfurt
    a.M. 1982
SENGHAAS, Dieter: Europa 2000. Ein Friedensplan. Frankfurt a.M. 1991
SIMONIS, Georg: Studium und Arbeitstechniken der Politikwissenschaft. Kurs Nr. 4650, Fer-
    nUniversität Hagen 1992
SONTHEIMER, Kurt: Zum Begriff der Macht als Grundkategorie der politischen Wissenschaft.
    In: D. OBERNDÖRFER 1966, S.197-209
SONTHEIMER, Kurt: Das politische System Großbritanniens. München 1972
SONTHEIMER, Kurt: Das Elend unserer Intellektuellen. Linke Theorie in der Bundesrepublik
    Deutschland. Hamburg 1976
SONTHEIMER, Kurt: Antidemokratisches Denken in der Weimarer Republik. München 1962,
    2.Aufl. 1980
SONTHEIMER, Kurt: Wilhelm Hennis: Ein Denker gegen den Strom. In: H. MAIER u.a. (Hrsg.)
    1988, S.10ff.
SONTHEIMER, Kurt: Grundzüge des politischen Systems der Bundesrepublik Deutschland.
    München 1971, 14. Aufl. 1989
SONTHEIMER, Kurt/RÖHRING, Hans H. (Hrsg.): Handbuch des politischen Systems der Bun-
    desrepublik Deutschland. München 1977
SPIEGEL-SPEZIAL: Studieren heute. Welche Uni ist die beste? Hamburg 1990
SPIEGEL-SPEZIAL: Welche Uni ist die beste? SPIEGEL-Rangliste der deutschen Hochschulen.
    Hamburg 1993
STAMMEN, Theo: Politikwissenschaft. In: E. HOLTMANN (Hrsg.) 1991, S.454-459
STEFFANI, Winfried: Die Untersuchungsausschüsse des Preußischen Landtags zur Zeit der
    Weimarer Republik. Düsseldorf 1960
STEFFANI, Winfried (Hrsg.): Pluralismus ohne Tranparenz. Opladen 1973
STEFFANI, Winfried: Parlamentarische und präsidentielle Demokratie. Strukturelle Aspekte
    westlicher Demokratien. Opladen 1979
STEFFANI, Winfried: Pluralistische Demokratie. Opladen1980
STEIN, Martin: Qualifikation und berufliche Situation von Sozialwissenschaftlern. For-
    schungsstand und Forschungsbedarf. Bochum, SIT wp-7/1990
STERNBERGER, Dolf: Der Begriff des Politischen. Frankfurt a.M. 1961
STIER-SOMLO, Fritz: Politik. Leipzig 1907, 3. Aufl. 1916
STIER-SOMLO, Fritz: Grund- und Zukunftsfragen deutscher Politik. Bonn 1917
STREECK, Wolfgang/SCHMITTER, Philippe C. (Hrsg.): Private Interest Government. Beyond
    Market and State. London 1985
STURM, Roland: Policy-Forschung. In: K. v. BEYME (Hrsg.) 1986b, S.231-249
STURM, Roland: Industriepolitik. Baden-Baden 1991
THRÄNHARDT, Dietrich: Geschichte der Politikwissenschaft und der politischen Ideen. In: J.
    BELLERS/R. ROBERT (Hrsg.) 1988, S.30-51

160

TOCQUEVILLE, Alexis de: Über die Demokratie in Amerika. München 1984 (zuerst 1834)

TREITSCHKE, Heinrich von: Politik. Leipzig 1897f. (zuerst 1865)

TSATSOS, Dimitris Th.: Einführung in das Grundgesetz: Grundbegriffe, Grundprobleme. Stuttgart 1976

WEBER, Max: Gesammelte politische Schriften, hg.v. Johannes Winckelmann. Tübingen 1964

WEHLER, Hans Ulrich: Geschichte als Sozialwissenschaft. Frankfurt a.M. 1973

WEIHE, Ulrich: System, Systemtheorie. In: D. NOHLEN/R.-O. SCHULTZE (HRSG.) 1989, S.1006-1013

WELZ, Frank/MAIER, Uwe: Der Soziologe als Akteur auf dem Arbeitsmarkt? Eine empirische Untersuchung zur Situation Freiburger SoziologInnen der Abschlußjahrgänge 1980 bis 1989. In: SOZIOLOGIE, Heft 1/1992, S.13-41

WEWER, Göttrik: Politikwissenschaft und Zeitdiagnose in der Bundesrepublik Deutschland. In: aus politik und zeitgeschichte B 46 1989, S.32-45

WILBERT, Jürgen: Politikbegriffe und Erziehungsziele im Politischen Unterricht. Weinheim 1978

WILLKE, Helmut: Systemtheorie entwickelter Gesellschaften. Weinheim 1989

WINDHOFF-HERITIER, Adrienne: Politikimplementation. Königstein 1980

WINDHOFF-HERITIER, Adrienne: "Policy" und "Politics". Wege und Irrwege einer politikwissenschaftlichen Policy-Theorie. In: PVS 24, 1983, S. 347-360

WINDHOFF-HERITIER, Adrienne: Sozialleistungen: Strukturen und Selektivitäten. Zur Implementation und Wirkungsweise unterschiedlicher Sozialleistungen in drei Städten (Forschungsberichte des Landes NRW, Bd. 3195). Opladen 1985

WINDHOFF-HERITIER, Adrienne: Policy-Analyse. Eine Einführung. Frankfurt a.M. 1987a

WINDHOFF-HÉRITIER, Adrienne (Hrsg.): Verwaltung und ihre Umwelt. Festschrift für Thomas Ellwein zum 60. Geburtstag. Opladen 1987b

WINDHOFF-HERITIER, Adrienne: Stadt der Reichen - Stadt der Armen. Politik in New York City. Frankfurt a.M. 1991

WITTKÄMPER, Gerhard W.: Politikwissenschaft und politische Bildung. In: J. BELLERS/R. ROBERT (Hrsg.) 1988, S.244-275

WITTKÄMPER, Gerhard W.: Politikwissenschaft und Beruf. In: BELLERS/ROBERT (Hrsg.) 1988, S. 276-316

ZAPF, Wolfgang: Karl W. Deutsch zum 80. Geburtstag. In: WZB-Mitteilungen, Heft 56, Juni 1992, S.5-6

ZOLL, Rainer: Vorwort des Herausgebers. In: Th. ELLWEIN 1987a, S.7-17

ZORN, Philipp: Politik als Staatskunst. In: P. LABAND u.a. (Hrsg.) 1912/13, Bd. 1, S.1-7